햇볕정책의 종언

햇볕정책의 종언 증보판

- 선군정치의 끝이 보인다 -

이영일 | 지음

전예원

_ 차례

제1장 서론-대북정책을 원점에서 재조명하자

북한군은 2008년 7월 11일 미명 금강산 해변 가를 산책하던 관광객 1명을 총격으로 살해한 사건이 발생했다. 북측은 관광객이 넘어서는 안 될 북측 금지구역을 넘어왔기 때문에 총격을 가했다는 것이다. 그러나 북측의 관광객에 대한 총격살인은 금강산 관광에 따른 관광객의 신변보장에 관한 합의위반이다.

북한은 이른바 햇볕정책의 옥동자를 사살했다

북한군은 2008년 7월 11일 미명 금강산 해변 가를 산책하던 관광객 1명을 총격으로 살해했다. 북측은 관광객이 넘어서는 안 될 북측 금지 구역을 넘어왔기 때문에 총격을 가했다는 것이다. 그러나 북측의 관광객에 대한 총격살인은 금강산 관광에 따른 관광객의 신변보장에 관한 합의위반이다. 설령 관광객이 무의식 중에 북측 금지구역을 월경했더라도 사전 경고나 검문을 통해 응분의 처벌로서 벌금을 과하도록 한 남북합의를 크게 위반한 과잉대응이었다. 특히 김정일 위원장이 자신의 구상이라고 말하는 6·15선언상의 '우리민족끼리'의 원칙에도 전혀 부합하지 않는 조치였다. 아무 무장도 하지 않고 관광지 해변에서 새벽산책을 하고 있는 중년여성을 정조준 총격 살해한 것은 어떠한 명분으로도 정당화될 수 없는 만행이 아닐 수 없다.

우리 정부에서는 남북공동으로 현장을 합동으로 조사, 진상을 구명하고 책임의 소재를 가린 후 재발방지책을 강구할 것을 제안하였다. 그러나 북측에서는 금지구역을 월경하도록 방치한 남측에 모든 책임을 전가하고 특히 북한군 당국은 8월 3일자 성명을 통해 앞으로도 북한군은 금지구역을 넘어올 경우 총격을 가할 것이며 금강산 구역에 체류하고 있는 남측인원 중 불필요한 인원을 추방시키겠다고 남측에 통보해 왔다. 적반하장도 이만저만이 아니다. 합리적으로는 상상할 수 없는 만행과 폭언을 내뱉고 있는 것이다.

우발사고 아닌 북측의 계획적인 도발

이번 북한군의 총격으로 목숨을 잃은 박왕자 여인의 죽음은 결코 우발적 사고가 아니고 북한군 당국, 북한군의 최고책임자인 김정일 국방위원장 자신의 명령으로 이루어진 것임을 이번 8월 3일자 성명은 입증하고도 남음이 있다. 이 성명은 한마디로 김대중, 노무현 양대 정권이 그토록 내외에 햇볕정책의 옥동자라고 자랑하던 금강산관광사업의 파탄을 의미할 뿐만 아니라 이 사업의 배경이 된 햇볕정책이 끝장났음을 말하는 것이다.

그간 북한은 김대중, 노무현 양 정권 시절에는 남측에서 말하는 햇볕정책을 액면 그대로 받아들이지 않았다. 햇볕정책을 표방하는 대북 조공(朝貢)정책, 즉 겉으로는 남한 내부의 여론무마용으로 햇볕정책이라고 하지만 실질적으로는 김정일 위원장의 선군정치에 압도되어 한반도평화유지라는 명분을 내걸고 남측이 북측에 물자를 갖다 바치는 일종의 조공정책이라고 북측은 선전하였고 이러한 논리의 문맥에서 금강산 관광이나 개성공단사업을 대내적으로 정당화해 왔던 것이다. 북측은 그간 남측이 쌀과 비료를 북한에 보내오는 것을 김정일 위원장의 선군정치의 성과라고 주장했고 북한 군부와 주민들의 대다수는 이런 주장을 어처구니없게도 사실로 믿어 왔던 것이다.

김대중식 햇볕정책 거부에 대한 의도적인 반발

그러나 지난 대통령선거는 북한의 비핵화와 개혁개방을 요구하는 이명박 씨가 대통령에 당선됨으로 해서 대북 조공정책의 다른 표현인 햇볕정책이 설 자리를 잃게 되었다. 이명박 정권의 출범과 더불어 김대중, 노무현 정권의 대북정책은 그 기조가 근본부터 달라지기 시작했다. 북한정권은 한국에서의 정권교체의 초기에는 새 정부의 대북정책의 추이를 지켜보다가 대북 조공정책으로서의 햇볕정책을 더 이상 기대할 수 없음이 분명해지자 이명박 정권을 반통일 세력, 민족반역의 역도로 몰아붙이기 시작했다. 동시에 일체의 대남 접촉과 대화를 전면 거부하면서 현 정부를 상대로 김대중·노무현 정권이 표방해 온 조공정책으로서의 햇볕정책을 승계할 것이냐 아니면 남북대결과 대치상태를 격화시킬 것이냐를 놓고 양자택일을 강요하기 시작했다. 북한은 이명박 정부로 하여금 6·15선언과 10·4남북정상합의를 무조건 승계할 것을 강력히 요구해왔다.

그러나 이명박 정부는 김·노 정권과는 달리 북측이 인도적 차원의 대북지원을 요구할 경우에 한해서 지원할 것임을 천명하고 북한이 구체적으로 요구도 하지 않는데 식량과 비료를 덮어놓고 갖다 주는 종래의 대북정책을 뒤따르지 않았다. 북한은 당황했고 마침내 정치적으로 대남강공정책을 구사함으로써 그들의 요구를 관철시키려 하고 있다. 박왕자 여인의 죽음은 바로 북측의 이러한 대남태도의 변화가 몰고 온 도발의 시작이며 앞으로도 이와 유사한, 아니 이보다 훨씬 더 한 도발이 있을 수 있다. 동서 해상이나 휴전선 일대에서, 때로는 미사일 발사로, 심지어 핵 공갈까지도 불사할 수 있다.

당당한 대응만이 도전 극복의 길

이제 이명박 정부는 더 이상 어정쩡한 입장을 취해서는 안 된다. 주어진 정세 속에 내포된 여러 가능성 가운데서 현재 또는 미래를 내다보면서 가장 유리한 정책을 선택하고 실천해야 한다. 우선 당면해서는 북측이 박왕자 여인의 총살을 사죄하고 재발방지를 보장하지 않는 한 금강산 관광은 당연히 중단시켜야 한다. 현대아산의 기업이익에 얽매여 국민의 생명을 희생시킬 가능성을 열어두는 것은 국민의 생명

과 재산을 지켜야 할 정부의 의무를 저버리는 것이기 때문이다. 개성
공단에 대한 정책도 신변보장에 대한 확실한 안전판의 구축을 요구해
야 하며 이러한 요구가 수용되지 않을 경우 협력중단을 각오해야 한다.

  일부 친북 이론가들은 이명박 정부의 대북정책이 오늘의 남북한 관
계를 악화시킨 원인인 만큼 북측이 요구하는 6·15선언과 10·4 남북
정상간 합의의 승계를 약속하여 남북관계를 이전의 상태로 복원시켜
야 한다고 주장한다. 이들은 특히 미국과 북한관계가 개선될 조짐이
보이기 때문에 이명박 정부가 현재의 대북정책을 그대로 밀고나가다
가는 통미봉남(通美封南)의 함정에 빠져 외교적 고립을 면할 수 없다
고 경고한다.

  그러나 이들의 주장은 김대중·노무현 양 정권이 저지른 잘못된 대
북정책을 그대로 연장 승계하라는 소리에 지나지 않는다. 김대중·노무
현 양 정권은 남북정상회담이라는 이름하에 평양을 방문하여 김정일
위원장을 만났다. 심지어 김대중 대통령은 값비싼 입북료(入北料)를
선납(先納)하고 김정일 위원장을 만난 것이다.[1] 그러나 김정일 위원장
은 한 번도 한국을 방문하지 않았다. 남한 대통령들이 북한을 찾아오
거나 오게 하여 이들이 내놓는 대북제안을 김정일 위원장의 입장에서
검토하고 북한정권의 논리와 철학으로 그 내용을 재구성하고 마치 시
혜를 베푸는 듯이 내놓는 대남정책이 이른바 6·15남북공동선언이고
10·4남북정상간 합의라는 것이다.

  그는 이 합의를 남측이 준수할 것을 요구하면서도 그 자신은 서울
답방약속은 지키지 않았다. 앞으로도 답방할 의사가 없음을 작년 10월
노무현대통령에게 분명히 밝혔다.

---

1) 대북불법송금 특검이 밝힌 것만으로도 4억 5천만 달러에 이르고 있다.

김정일의 답방 없는 정상회담은 올바른 정상회담이 아니다

지금까지 모든 정상회담은 나라나 국력의 크기와 관계없이 방문 상대방의 초청이 있을 경우 반드시 답방하고 상대국 국민들에게 우의와 친선을 다짐하는 것이 통례로 되어 있다. 한반도 주변 4대강국의 국가원수로서 한국을 답방하지 않은 국가원수는 한 사람도 없다. 김정일은 틈틈이 중국을 방문하고 러시아를 답방하기도 한다. 그러나 그는 한국 방문만은 이를 거부하고 외면했다. 2000년 6·15선언 제5항은 김정일의 답방을 명문화하고 있다. 그러나 이 합의는 이미 무시되었다. 이렇게 볼 때 결국 남한 대통령들의 방북은 정상적 의미의 정상회담이라고 볼 수 없다. 북측 논리에 따른다면 김정일에 대한 남한 대통령들의 배알이거나 알현에 지나지 않았던 것이다.

김대중 대통령과 그를 수행했던 임동원 전 통일부 장관은 남북정상회담을 마치고 귀국한 후 김정일 위원장이 통일 후에도 미군이 한반도에 주둔하는 것을 지지했다고 말했다. 그러나 우리 국민들은 그가 서울에 와서 육성으로 국민들에게 그런 말을 들려준다면 그의 진의를 다소라도 믿겠지만 김대중과 임동원이 간접으로 전하는 김정일 위원장의 말을 액면대로 믿을 수는 없는 것이다. 북한 공산주의자들은 항상 한입으로 두말하기가 일수였고 합의위반을 밥 먹듯 하기 때문이다.

북측이 진정으로 6·15선언과 10·4남북정상합의를 이명박 정부가 승계하기를 원한다면 김정일 위원장은 우선 서울 답방 약속을 지키고 남북관계개선에 대한 자기의 의지와 뜻을 한국 국민들에게 육성으로 설명하고 약속해야 한다. 제3의 서해교전이나 제2의 박왕자 여인의 죽음 같은 비극을 되풀이하지 않을 것임을 한국 국민들에게 확실히 약속해야 한다.

확고한 전략적 비전으로 상황에 대처

이명박 정부가 유념해야 할 두 번째 중요한 과제는 남북한 관계의 현상과 장래에 대해 확고한 전략적 비전을 갖는 것이다. 현재 북한이 가지고 있는 폭력은 결코 만만히 볼 수는 없다. 핵실험에 성공했다지만 성공한 핵실험을 바탕으로 실전 배치 가능한 무기를 제조하는 데는 실험에 못지않게 많은 돈과 기술과 시간이 필요하기 때문에 현재 북한이 도달한 무기화의 수준을 정확히 속단할 수는 없다.

따라서 북한의 핵 공갈은 일단 한국만의 단독대처 과업이 아니기 때문에 차치해둔다고 하자. 그러나 외화벌이 수단으로 그간 북측이 개발한 미사일이나 재래식 무기, 그리고 북한군의 현재의 배치상태는 결코 경시할 수 없는 것은 사실이다. 북한이 가진 이러한 폭력은 그것이 다소라도 행사될 경우 한반도 정세를 긴장시키고 한국에 대한 국제사회의 투자심리를 위축시켜 외자유치를 어렵게 할 수도 있다.

그러나 현시점에서의 북한의 도발은 어느 경우에나 전면전으로 확대될 수 없다. 남한에 대한 북한의 도발은 적대적 심리전 이상의 수준을 넘어서지 못할 것이다. 한국의 북한공세에 대한 대처도 전면전을 불러올 만큼 강력한 것일 수도 없다. 한반도에는 아직도 주한미군의 전쟁억지 기능이 살아있기 때문이다. 그러나 북한의 군사도발로서 관광객 피살이나 해상도발은 그 규모와 관계없이 북한이 외교적으로 살아남기 위해 추진하고 있는 유엔안보리의 제재(1787결의 등)해제나 미국의 테러지원국 지정굴레를 벗어나는데 결코 도움이 되지 않는다. 따라서 우리는 북한의 폭력이 1950년대와 같은 한국전을 재발시킬 것으로 우려할 필요는 없다. 북한의 오판으로 전쟁이 재발한다면 그것은 한국에 큰 재앙을 불러오겠지만 그것은 동시에 북한정권을 지구상에서 소멸시키는 결과를 가져올 것이다. 지구최빈국으로 전락한 오늘의 북한이 자멸을 바라지 않는 한 전면전을 도발할 수는 없을 것이다. 지금도 북한은 주한미군의 전쟁억지 기능을 믿고 심리전 차원에서 군사수단을 이용한 도발을 틈틈이 시도해보곤 한다. 이런 관점에서 볼 때 현 사태는 북한의 어떠한 형태의 도발이 있더라도 전면전을 각오할 필요 없이 한국의 외교, 안보, 심리전 수행능력의 범위 내에서 충분히 대응 가능한 상황임을 직시해야 한다.

북한의 진로시계는 개혁개방 쪽을 가리키고 있는지 오래다

현재 북한의 진로를 알리는 시계바늘은 북한체제의 개혁과 개방 쪽을 가리키고 있다. 김정일 위원장과 그의 선군정치세력들이 시계바늘의 움직임을 억지로 붙잡고 있을 뿐이다.

에너지와 식량과 원자재가 태부족한 나라가 외부의 지원만으로 정권을 유지한다는 것은 불가능해졌다. 북한을 돕던 사회주의 강국들인 중국이나 러시아도 이제는 냉전시절의 우방이었던 북한을 무상으로 지원할 체제를 오래전에 벗어났다. 개방된 시장경제국가로 변했기 때문이다. 이제 개혁 개방을 하지 않고는 북한정권은 더 이상 유지될 수 없는 한계상황에 도달했다. 개혁개방을 통해 주민들에게 빵을 주는 체제를 만들지 못하는 한 김정일정권은 외부의 침략세력 아닌 내부인민의 저항에 직면하기 직전의 상황에 놓여있다. 북한에서 현재 일어나고 있는 탈북현상은 김정일정권에 대한 인민저항의 수동적 표현이지만 앞으로는 능동적 저항의 상황이 임박했음을 예고하는 것이다. 북한정권의 외부세계에 대한 정보독점도 탈북자들의 북한 내왕, 휴대전화의 확산 등으로 와해되고 있고 개혁개방만이 살길이라는 인식이 북한

체제 내부로 깊이 스며들기 시작했다.

이러한 전망에서 볼 때 북한이 일으키는 대소도발이나 불장난을 지나치게 심각한 위협으로 받아들일 필요가 없다. 의연히 심리전 차원의 대응을 하면서 김대중·노무현시대의 잘못된 정책으로 회귀하는 우를 범해서는 안 된다. 그렇다고 북한에 대한 국력의 우위만을 믿고 지나친 강경책을 구사하는 우를 범해서도 안 된다. 북측에 대화의 문호는 항상 열어두되 대화를 간청할 필요도 없고 대화에 매달리거나 대화를 구걸하는 추태를 보여서는 더더욱 안 될 것이다. 지금 대화와 지원을 필요로 하는 쪽은 한국이 아니라 북한이기 때문이다. 이것이 남북한 관계의 현상에 맞는 상식적 처방이다.

치밀한 내부점검과 통합정치를 추구해야 한다

이명박 정부가 유념해야 할 세 번째 중요한 과제는 국내 친북세력의 준동을 다스리는 지혜를 발현하는 것이다. 그간 김대중·노무현대통령의 집권10년 동안이야말로 친북좌익세력들에게는 한국정부 수립 이래 가장 행복한 세월이었다. 시민단체이건, 대북지원NGO이건 간에 친북좌익세력들은 가장 우대받는 세력이었다. 광주(光州)사태와 관련하여 국가로부터 훈장을 받고 국가유공자가 되어 정부보조금은 물론 국내 항공기 이용특혜를 받는 사람의 총수가 천여 명을 넘었으며 국가보안법위반 등으로 전 정권에서 수형생활을 한 시국사범의 대부분 인사들이 민주화유공인사로 재분류되어 국가유공자로 된 사람의 숫자도 부지기수이다. 이들이 운영하는 시민단체나 NGO는 정부가 제공하는 지원금을 사실상 독식했고 국영기업체의 임직원이 되어 일거에 중산층 이상의 소득수준을 갖게 되었다. 또 민주평통자문위원들의 대대수도 이들로 충원되었다. 방송사의 PD나 기자들, 언론단체의 간부들도 이들이거나 이들 자녀의 상당수가 차지했다. 이들에게는 잃어버린 10년이 가장 행복했던, 살맛나는 10년이었다.

이명박 정부의 정권인수위원회는 이러한 사람들의 실태를 파악하고 이들이 새 정권에 대할 태도를 면밀히 파악하고 대비하는 지혜가 요청되었다. 그러나 인수위는 새 정부에서 나눠 쓸 감투에만 혈안이 되었을 뿐 좌파정권으로부터 인수받은 정권의 효율적 운영에 대해서는 아무런 대책을 강구하지 못했다. 이들 세력들을 심층 연구해온 사람들의 어느 누구도 인수위나 새 정부에 기용된 사람은 전무했다. 우파에서 우파로 정권이 바뀐 것으로 착각한 상태에서 정권의 밑그림을 그린다고 헛발질을 하다가 민심의 이반만 초래했던 것이다. 촛불시위는 바로 이러한 배경에서 성공을 거둘 수 있었고 대통령은 임기 3개월 만에 대국민 사과를 되풀이하는 수모를 겪어야 했다.

이제는 더 이상 좌고우면할 필요가 없다. 미진한 정권교체 과업을 계속 추진하면서 차분히 정권안정화의 기틀을 마련해야 한다. 정권안정화의 기초는 공권력의 엄정한 확립, 법치의 확립뿐이다. 경찰이 폭력시위배들에게 매 맞지 않는 나라만 만들어도 이명박 정권은 청사에 길이 남을 업적을 세우게 될 것이다. 한국의 선진화는 공권력의 확립, 법치의 확립에서부터 시작되어야 한다.

과거 구정권의 비리나 권위주의 통치 때문에 박탈된 권리를 회복시킨 김대중, 노무현정권의 조치가 다소 지나친 점이 있더라도 우리 국민들에게 돌아간 수익처분을 시정한다는 이름하에 빼앗는 우를 범해서는 안 된다. 그러나 이들이 현 정부를 타도하고 친북좌파정부를 되찾기 위해 자기 돈을 써가면서 유모차에 애를 태우고 나와 경찰의 강경진압의 명분을 봉쇄하는 등의 투쟁을 준비하고 추진하는 행위는 결코 방치되어서는 안 된다. 민주국가에서의 심판은 선거일 뿐 합법정부를 정복하려는 폭력시위는 내란죄를 구성하기 때문에 결코 방치되어서는 안 된다. 또 일사부재리의 원칙에 비추어 국가유공자의 지위는 박탈하지 않는다고 하더라도 국가유공자를 만드는 과정상의 비리나 위원회정치의 잘못된 유산과 행태에 대해서는 반드시 관련 학계를 통해 폭로, 비판해야 한다. 가짜 국가유공자들을 국민의 세금으로 우대하는 잘못된 역사를 승계했다고 평가받는 정부가 되지 않으려면 반드시 짚고 넘어가야 할 불가피한 조치이기 때문이다.

이들 친북좌파행동을 정당화하는 대학 내의 이론가들도 적지 않다. 이명박 정부로 하여금 김·노정부의 대북정책이 옳았기 때문에 이를 승계하라고 주장하면서 박왕자 여인의 죽음을 놓고는 살인을 자행한 북한을 비판하기보다는 이명박 정부의 대북정책 때문에 이런 사건이 일어났다고 정부를 비판하는 무리들이 이 범주에 속한다. 통미봉남이라는 용어는 한국 사회과학에서 통용되는 용어가 아니다. 친북좌파들이 북한을 옹호하기 위해 만들어낸 말장난이다. 현시점에서 한미관계는 이민사회 성립으로부터 경제협력, 안보협력, 문화교류, 가치관면에서 결코 뗄 수 없는 관계에 있다. 북한이 아무리 미국에 접근하고 가까워진다고 하여도 한미관계의 오늘의 심도를 능가할 수는 없다. 북한이 남한과의 대화를 단절한다고 해서 북한이 받는 불이익에 비교하면 남한이 입는 외교안보상의 부담은 아무 것도 아니다.

북의 핵개발 지원으로 햇볕정책은 끝장났다

좌파이론가들은 김 · 노 정권 시절의 대북정책이 좋았기 때문에 한반도의 긴장이 완화되었고 금강산 관광이나 개성공단사업도 사고 없이 잘 나갔다고 주장한다. 그러나 김·노 정권의 대북 조공정책은 북한사회를 변화시키지도 못했고 북한주민들의 삶을 향상시키지도 못했다. 20억 달러가 넘는 대북지원에도 불구하고 탈북자들의 수는 줄지 않았고 그 대신 북한은 핵실험과 미사일 실험을 강행했을 뿐이다. 그들은 한반도 비핵화선언을 일방적으로 짓밟았다. 김·노 정권의 대북정책은 결국 북의 선군정치의 시효를 연장시켰고 핵개발과 실험을 지원하는 결과를 초래했다.

따라서 김·노 정권의 대북정책을 지지하는 사람들은 김정일의 답방거부와 핵실험강행을 어떻게 정당화할 것인가. 서울을 답방할 자신이 없는 김정일에게 평화통일을 기대할 수 있단 말인가. 북이 핵무장을 포기하지 않는 한 한국의 좌파들은 반핵(反核)을 핵심으로 하는 반전평화를 말할 자격이 있는가.

주민을 수령인 김정일 자신의 안전을 위해 목숨을 버릴 존재로 규정하는 북한과 국민을 섬기고 국민의 지지로 정권의 존립이 유지되는 한국 사이에 "우리민족끼리"라는 용어를 공유하기는 쉽지 않다. 북한주민은 우리가 섬기고 도와야 할 대상이지만 주민들을 수령의 목숨을 지킬 도구로 규정하면서 선군을 위해 아사(餓死)까지 강요하는 북한정권을 진지한 대화의 상대로 받아들여야 할 것인가를 우리는 고민하지 않을 수 없다. 좌파이론가들은 김정일에 대해 그들의 입장이 무엇인가를 밝혀야 한다. 이 입장의 표명 없이 이들이 정부의 대북정책을 비판하는 것은 말장난 아니면 친북옹호수의자임을 반증하는 것이다.

결론과 건의

오늘날 중국과 대만과의 관계는 부러울 만큼 개선되고 있다. 중국

본토와 대만 간에 자유로운 관광여행이 가능해졌고 자본의 자유로운 이동이 가능해졌고 환전업무도 자유화되었다. 비록 대만의 국민당 정부는 비통일(非統一), 비독립(非獨立)을 기치로 내세우고 있지만 중국 국민들의 입장에서는 생활상의 통일을 맛보고 있는 것이다. 이러한 변화는 대만이 변했기 때문이 아니라 중국 공산당이 변했기 때문이다.

중국 공산당은 등소평의 집권과 때를 같이하여 개혁과 개방을 통해 인민에게 빵을 주는 정부를 만드는데 치중했다. 어떤 수단을 동원해서라도 인민에게 빵을 주는 공산당을 만들자는 등소평의 흑묘백묘(黑猫白猫)론은 바야흐로 중국 개혁개방의 역사에서 잊을 수 없는 명언이 되었다. 후진타오 주석, 원자바오 총리가 이끄는 오늘의 중국 공산당 지도부는 '인민에게 사랑받는 공산당 운동'을 주도하면서 지역, 계층, 직종간의 격차를 줄이자는 화해(和諧)사회론과 과학적 발전관을 주창하고 있다. 오늘의 중국의 인민들은 수령을 위해 목숨을 바치는 도구가 아니라 공산당 지도부의 섬김을 받는 인민으로 변했다. 이러한 변화가 오늘의 양안관계를 우리가 부러워할만한 관계로 변하는 계기가 되었다.

김대중 전 대통령은 2004년 6월 19일 영국의 파이낸셜 타임스와의 인터뷰에서 김정일을 총명하고 솔직한 사람으로 한국과 세계경제를 잘 파악하고 있는 사람이며 중국의 등소평처럼 북한을 냉전에서 벗어나게 하려는 끈질긴 개혁가라고 평가했다. 그러나 김대중 씨의 이러한 평가는 그의 희망론이라면 몰라도 현실의 김정일과는 전혀 관계없는 논평이다. 등소평은 1984년 김정일을 북경으로 초청, 중국의 개혁개방 정책을 소개하면서 북한도 중국의 개혁노선을 따르도록 설득, 권고했다. 그러나 김정일은 북한식 사회주의를 강조하면서 개혁개방이라는 세계사의 큰 물결을 외면하고 오늘의 북한을 지구의 온대권에 속한 국가로서 유일하게 국민을 아사시키는 나라로 전락시켰다. 인민을 굶기면서 핵과 미사일을 만드는데 총력을 쏟는 선군 정치의 나라가 오늘의 북한이다.

　이제 이명박 정부는 북한이 개혁개방에 나서는 모든 노력에 대해서는 지원을 아끼지 말아야 한다. 그러나 김대중, 노무현식의 선군정치 지원정책은 단호히 거부하는 용단을 보여야 한다. 여기에는 물론 김정일의 막후 지령을 받는 국내 좌파들의 저항도 만만찮고 북한에 퍼주기를 하더라도 남북관계를 안정시키는 것이 더 좋다는 사려 깊지 않은 여론의 압력도 있을 수 있다. 또 미국과 북한관계가 개선되어 국제합의를 통해 북한에 대한 한국의 지원이 불가피할 경우도 있다. 그러나 한 가지 분명히 해야 할 것은 남북대화 만은 북한의 개혁개방이라는 뚜렷한 전략목표를 세우고 국민적 합의를 조성해 나가야 한다. 비핵개방 3000의 구체안을 마련하여 북측에 꾸준히 재안하고 국민적 지지를 창조해나가야 한다. 북한의 정상국가화를 지원하고 개혁개방을 유도하지 않고는 통일문제의 해결도, 분단고통의 감소도 기대할 수 없다는 것을 국민들에게 확실히 인식시켜 나가야 한다. 이를 위한 국민의 정치교양은 정부의 통일 관련 기구나 각 대학 및 언론기관의 연구소, 대북지원NGO들이 앞장서 추진하도록 정부가 분위기를 만들어야 한다. 국민적 합의가 없는 한 어떤 통일이냐에 대한 국가적 목표설정은 불가능하고 목표설정 없이 국론이 친북과 반북으로 갈려져 있는 한 어떠한 대북정책도, 전략도 세울 수 없기 때문이다.

제2장 햇볕정책의 종언

김대중 前 대통령이 주창한 햇볕정책은 북한이 2006년 10월 9일 함경북도 산악지대에서 핵실험을 위한 폭발음을 터트리는 순간 정책으로서의 생명력이 끊어졌다. 외부의 침략위협에 대처하기 위해서도 아니고 오직 김정일 정권을 선군정치(先軍政治)의 이름으로 수호하기 위해 한국과 합의한 비핵화선언을 짓밟고 핵실험의 폭거를 자행했기 때문이다.

1. 들어가면서

김대중 전 대통령이 주창한 햇볕정책은 북한이 2006년 10월 9일 함경북도 산악지대에서 핵실험을 위한 폭발음을 터트리는 순간 정책으로서의 생명력이 끊어졌다. 외부의 침략위협에 대처하기 위해서도 아니고 오직 김정일 정권을 선군정치(先軍政治)의 이름으로 수호하기 위해 한국과 합의한 비핵화선언을 짓밟고 핵실험의 폭거를 자행했기 때문이다.

한때 햇볕정책은 폐쇄체제를 개방 쪽으로 유도하기 위한 정책으로서 그 효용이 기대되었다. 그러나 북한은 햇볕정책의 이름으로 제공되는 지원금과 물자만을 챙겨 개혁개방이 아닌 핵개발을 추진, 핵실험성공을 자축하면서 사방에 미사일을 난사하는 정권으로 변했다. 이러한 북한을 향하여 아무 조건도, 지원사업의 성과를 검증할 수 있는 방법도 정하지 않고 자금과 물자만을 일방적으로 제공하는 햇볕정책은 더이상 실효성을 가질 수 없게 되었다. 더욱이 김정일 정권이 소위 선군정치와 그것을 기반으로 하는 강성대국론(强盛大國論)에 집착하는 한 더더욱 실익이 있을 수 없다.

그럼에도 불구하고 김대중 정권과 이를 승계했다는 노무현 정권은 북한의 핵실험과 함께 대북정책으로서 이미 생명력을 상실한 정책을 즉각 바꾸지 않았다. 오히려 이 정책의 정당성과 효용성을 강변하면서 남북정상 간의 새로운 회담을 열어 대북지원을 강화하는 정책을 밀어붙였다.

그러나 지난 대통령선거의 결과 한국의 유권자들은 이러한 오도된 정책노선을 준엄히 심판, 한나라당의 이명박 후보를 압도적으로 지지, 승리를 안게 해주었다. 이명박 씨가 대통령에 당선된 것을 계기로 이른바 햇볕정책 처리를 둘러싸고 국내에서 폐기냐 활용이냐를 놓고 찬반 논쟁이 일고 있다. 한때 햇볕정책은 미국 등지에서는 흔히 Sunshine Policy로, 중국에서는 양광정책(陽光政策)으로, 일본에서는 태양정책(太陽政策)으로 불리면서 한반도문제 해결에 접근하는 정책의 하나로 주목을 받기도 했다. 그러나 북한의 핵실험은 햇볕정책 추진세력들을 궁지로 몰아넣었다.

물론 아직도 국내 일부 학자들 가운데는 북한으로 하여금 남한을 향하여 제한된 범위에서나마 문호를 열게 한 정책이기 때문에 정책의 운용방식은 바꾸더라도 대북정책으로서의 햇볕정책의 기조는 유지되어야 한다고 주장한다. 또 조건 없는 햇볕정책을 조건 있는 정책으로 바꿔 시행하자고 주장하기도 한다. 다른 한편에서는 정책의 목표와 성과가 북한사회의 변화를 유도하는데 미미했음은 물론 북한의 핵개발에 악용된 정책이니만큼 마땅히 폐기되어야 하고 새로운 대북정책이 나와야 한다고 주장한다.

그러나 최근 이러한 논쟁의 와중에서 북한의 내부정세가 새롭게 변하고 있다는 관측이 대두하고 있다. 내용인즉 북한의 선군정치가 미사일 발사와 핵 실험으로 이른바 "선군의 위업"을 과시하는 데는 성공했으나 이 "위업"의 후유증으로 북한경제가 총체적 파탄에 직면함으로 해서 더 이상 선군정치를 밀고 나갈 수 있는 여력을 상실하였다는 것이다. 즉 선군정치의 끝이 보이기 시작했다는 것이다.[1]

필자는 아무리 훌륭한 정책이라도 상황변화에 맞게 진화되지 않는

---

1) 李英和, "金正日は 改革開放に舵を切った-北朝鮮問題, 最終章の開幕か(中央公論 5 月號 2007年) pp. 152-159 全面 참조 및 인용. 이 글에서는 후술하겠지만 북한산업의 파탄상태를 소개하면서 김정일이 구상하는 새 방향을 심도 있게 추적 분석하고 있다. 李英和씨는 현재 일본 關西대학교수인데 在日 조총련 계 동포로서 제1호 북한유학생으로서 조선사회과학연구소에서 연구 활동을 한 바 있으며 북한정보에 상당히 정통한 것으로 알려졌다.

한 그 생명력을 잃고 새로운 정책으로 대체될 수밖에 없다는 역사의
교훈을 유념하면서 지금까지 이른바 김대중식 햇볕정책이 형성되는
과정을 조망해보고 그 실적과 문제점을 검토하고자 한다. 나아가 새
정부가 햇볕정책의 대안으로 내놓고 있는 MB의『비핵, 개방, 3000』의
현실성과 타당성을 검토하면서 21세기 한국이 추진할 대북정책의 새
로운 방향을 모색하고자 한다.

2. 역사적 배경

햇볕정책으로 불리는 정책의 출현은 크게 보면 동서냉전의 종결이
라는 역사적 상황을 배경으로 하고 있다. 주지되는 바와 같이 동서
양진영 간의 냉전은 1989년 미국대통령 부시 1세와 고르바초프 소련
공산당 서기장 간에 열린 말타(Malta) 정상회담에서 종결을 고했고 이
시점을 시작으로 세계는 미국을 단극(單極)으로 하는 새로운 국제질서
가 태동했다.

이 질서는 많은 도전에도 불구하고 아직도 지속되고 있다는 점에서
필자는 21세기는 1990년대부터 시작되었다고 생각한다. 21세기는 개
막된 지 8년이 지났지만 국제정치의 큰 흐름은 아직도 미국 중심의
단극체제로 지탱되고 있기 때문이다. 이 과정에서 제2차 세계대전의
결과로 분단된 독일은 동서냉전의 종결이라는 새로운 국제 환경을 활
용, 통일을 달성했고 유럽의 동과 서를 갈랐던 정치적 장벽, 경제적
장벽들은 동유럽 공산정권들의 몰락과 함께 허물어져 내렸다. 볼셰비
키 혁명으로 시작된 유럽에서의 공산주의 실험은 70년 만에 참담한
패배로 끝을 맺은 것이다.

① 한반도의 탈냉전화의 정치과정 개시

국제정세의 이러한 변화는 한반도에도 해빙의 기운을 몰고 왔다. 남
북한의 동시유엔 가입, 1990년의 한·러 수교, 1992년의 한·중 수교는
동북아 냉전의 해빙결과였고 이런 흐름은 남북한 관계에도 영향을 주
어 1991년 남북한 간에 기본합의서가 발표되었다. 뒤이어 1992년 2월에
남북한은 한반도 비핵화선언에 합의, 내외에 발표하기에 이르렀다.

한편 아시아 대륙에서는 함께 공산주의를 추구했던 중국이 소련이나
동유럽파와는 전혀 다른 상황에 놓여 있었다. 중국은 주지하는 바와
같이 문화대혁명이 끝난 직후 덩샤오핑(鄧小平) 지도하에 1978년부터
개혁개방을 지향하면서 사회주의 시장경제에 착수했고 동서냉전이 공
식적으로 끝나던 1987년경에는 이미 개혁정책의 성과가 나타나 전체인
민들에게 빵을 나누어 줄 수 있는 원파오(溫飽)단계로 경제수준을 끌어
올리고 농업에서 시작된 개혁개방을 전체 산업으로 확대하는 시점에
이르고 있었다.[2]

이 당시 한국의 노태우 정권은 북한 김일성 체제를 동유럽 공산정권
들처럼 개혁개방으로 몰아가도록 압력을 가할 것인가 아니면 대화와
협력을 통해 점진적인 변화를 유도해야 할 것인가를 놓고 정확한 방향
을 잡지 못했다. 노태우 정권은 주변정세에서 일어나고 있는 새로운
변화의 의미를 정확히 읽지 못했다. 그 예로 소련에 거액의 현금차관
을 공여해야만 수교가 가능하다고 판단했는가 하면 중국과도 북경 아
닌 칭다오(靑島)에 대사관 아닌 무역대표부라도 설치하려고 교섭을 추
진했던 것이다.[3]

---

2) 중국에서는 이 당시 하루 세 끼 밥을 먹을 수 있는 상태를 원파오(溫飽)단계라고 부르
   고 그 후 기본적인 의식주가 해결되는 상태를 샤오캉(小康)단계로 불렀다.
3) 필자가 1989년 중국을 최초로 방문, 칭다오에 가서 칭다오 무역촉진회장을 만났을

당시 주변정세의 변화에 좀 더 밝았더라면 이렇게 서투르게 수교에 매달리는 저자세 외교는 하지 않았을 것이다. 썩은 나무에서 떨어지는 과일을 따먹기 위해 품삯을 비싸게 치르는 우를 범치 않았을 것이다.[4] 동시에 북한을 상대로 기본합의서 작성에 치중하기보다는 북한의 정치범 수용소문제를 포함한 인권문제, 이산가족문제, 국군포로송환 문제 같은 실질적인 문제를 제기하여 북한 측에 체제변화를 요구하는 강력한 압박정책을 가해야 옳은 상황이었다.

그러나 노태우 정권은 독일의 동방정책을 모방한 이른바 북방정책(北方政策)을 내걸고 중국과 소련에 대해서는 저자세로 수교외교를 추진했으며 북한과는 그들이 준수할 전망을 전혀 담보하지 않은 기본합의서와 비핵화선언을 끌어내는데만 급급했다. 이를 정당화하는 노태우 대통령의 1988년의 7·7선언은 비록 전략적 고려는 후술할 북한의 그것보다는 약했지만 주변정세 변화에 대응하여 한국이 대내외에 처음으로 밝힌 긴장완화정책이라는 점에서 햇볕정책의 효시라고 평가할 만하다.[5]

때 김복동 씨가 칭다오를 방문, 무역대표부를 설립키로 했는데 그 후 사정이 변하여 북경에 대사관이 섰다고 말했다.

4) 노태우 정권은 대소 수교를 위해 30억 달러의 차관을 공여키로 하고 그 중 절반을 제공했다.

5) 7·7선언은 1988년 7월 7일 올림픽을 앞두고 대통령선언으로 발표되었는데 그 내용을 약기하면 다음과 같다.

자주·평화·민주·복지의 원칙에 입각하여 민족구성원 전체가 참여하는 사회·문화·경제·정치공동체를 이룩한다는 전제아래 ① 정치인, 언론인, 종교인, 문화·예술인, 체육인, 학자 및 학생 등 남북동포간의 상호교류를 적극 추진하며, 해외동포들이 자유로이 남북을 왕래 하도록 문호를 개방한다. ② 남북적십자회담이 타결되기 이전이라도 인도주의적 견지에서 가능한 모든 방법을 통해 이산가족들 간에 생사·주소확인, 서신거래, 상호방문 등이 이루어질 수 있도록 적극 주선·지원한다. ③ 남북 간 교역의 문호를 개방하고, 남북 간 교역을 민족내부 교역으로 간주한다. ④ 남북 모든 동포의 삶의 질을 향상시킬 수 있도록 민족경제의 균형적 발전이 이루어지기를 희망하며 비군사적 물자에 대해 우리 우방들이 북한과 교역을 하는데 반대하지 않는 그러나 노태우정권은 대북정책을 뚜렷한 목표 없이 남북한 간의 긴장완화만을 추구한 결과 북한이 개혁개방이라는 세계사의 흐름에 역행, 오늘의 빈곤과 핵노선을 선택하도록 방치한 점에 대해서는 비판받을 여지를 남겼다. 즉 이 선언은 상황변화에의 부응이라는 측면에서는 긍정적이지만 북한체제를 동구(東歐)처럼 개혁과 개방의 길로 유도하는 데는 한참 미치지 못했던 것이다.

② 탈냉전정세 하에서의 북한의 대응

북한은 자기체제유지에 불리해진 국제환경 변화를 목도하면서 남북관계에서는 당국 수준에서의 대화(남북한 총리회담)를 열어 기본합의서 작성, 비핵화선언 등을 함으로써 한국의 대북경계심을 이완시키는 한편 중국이나 러시아가 자국의 실리를 위해 북한과의 사전합의 없이 일방적으로 한국과 수교하는 냉혹한 현실을 보면서 오직 믿을 수 있는 것은 자위력강화 뿐이라고 판단하였다. 북한은 이러한 상황인식에 따라 동유럽 공산국가들과는 전혀 다른 길을 모색하기 시작했다. 즉 시장경제를 지향하는 개혁과 개방을 추구하기보다는 어떠한 대가를 지불하더라도 핵무장을 통한 자위만이 정권을 지키고 살리는 길이라고 단정하고 극도의 보안을 유지한 가운데 선군정치의 기치를 내세우고 핵개발에 착수했던 것으로 보인다. 역사의 흐름에서 역주행을 시도한 것이다.

다. ⑤ 남북 간의 소모적인 경쟁·대결외교를 종결하고 북한이 국제사회에 발전적 기여를 할 수 있도록 협력하며, 또한 남북대표가 국제무대에서 자유롭게 만나 민족의 공동이익을 위하여 서로 협력할 것을 희망한다. ⑥ 한반도의 평화를 정착시킬 여건을 조성하기 위하여 북한이 미국·일본 등 우리 우방과의 관계를 개선하는데 협조할 용의가 있으며, 또한 우리는 소련·중국을 비롯한 사회주의 국가들과의 관계개선을 추구한다는 것으로 되어 있다.

따라서 1990년에 나타난 동서냉전의 종결과 소련 및 동구공산제국 몰락 이후의 북한은 사실상 핵개발을 준비하는 체제로 변했다. 7·4 남북공동성명 발표 직후 대남 땅굴공사에 착수했던 것과 똑같이 남북 기본합의서와 한반도 비핵화선언을 발표함과 때를 같이하여 핵무기 개발에 총력을 집중하였던 것이다. 따라서 북한의 핵무기 개발은 김정일 국방위원장 시기에 시작된 것이 아니라 김일성 주석 생존 시에 이미 착수되었던 것으로 보아야 한다.6)

북한의 이러한 입장과 관련하여 미국 Neo-Con에 속하는 한 학자는 북한의 핵개발전략은 어제 오늘에 갑작스럽게 이루어진 것이 아니라 오랜 준비와 이를 뒷받침할 전략이론의 산물이라고 다음과 같이 말하고 있다.

"(전략) 북한의 지도층들은 한반도는 지금도 전쟁 중이라고 생각한다. 우리들은 이 사실을 가끔 잊어 먹곤 하는 데, 한국전은 1953년 휴전협정에 의해서 중지되고 있는 것이지, 전쟁이 끝난 것은 아니다. 북한의 입장에서 보면, 한국전은 지금도 계속되고 있고, 그들의 목표는 시간이 얼마나 걸리거나 비용이 얼마 드는지에 상관없이 무조건 최후의 승리를 보고야 말겠다는 것이다. 북한은 소련식경제로 망해 가면서도 아직도 방대한 재래식 군대를 유지하고 있다. 이런 재래식군대가 남한과 미국의 연합군을 압도할 수는 절대로 없다. 그래서 평양정권이 가장 긴급히 바라는 것이 있다면 미국을 중립토록 하거나 한반도에서 철수시키는 것이다. 그러나 북한의 재래식 군대로서는 이 목적을 달성할수 없다. 그래서 이 목적을 달성하기 위하여, 북한은 핵무기도 있어야하고 미제국주의자들의 심장부를 강타할 수 있는 미사일도 필요하다.

---

6) Walter Pincus, "N. Korea Nuclear Conflict Has Deep Roots-50 Years of Threats and Broken Pact Culminate in Apparent Atomic Test", 워싱턴 포스트(October 15, 2006: A 16) 참조

바로 이러한 전략적 요청에 따라서, 북한은 그동안 자국민들에게 끔찍한 고통을 주고 국제적으로 역풍을 맞으면서도 지난 30년간 오로지 핵무기와 미사일 개발에 열중해 왔던 것이다."[7]

그간 한국 여론의 일반적 흐름은 북한 정권의 핵무기 지향적 입장이나 태도를 간과했다. 미국 일부 학계의 이러한 분석은 북한을 한 국면에서만 치우쳐 본 것일 수도 있다. 왜냐하면 북한이 식량위기에 직면, 1995년 유엔에 식량 원조를 요청했던 사실을 상기한다면 북한의 태도가 항상 노동당 규약에 따르는 기계적 태도만은 아니기 때문이다. 그러나 이제 북한이 핵실험을 단행함으로 말미암아 그들이 핵개발전략을 꾸준히 추구해왔음이 사실로 판명되었다. 이 점에서 미국 측 분석은 타당한 것으로 보지 않을 수 없다.

3. 노태우 정권 이후의 대북접근

① 김영삼 정권의 대북정책

한국의 노태우 정권은 중소(中蘇)와의 수교 성공과 유엔 동시가입을 통해 북한에 대한 외교적 우위를 누리게 된 이른바 자신이 내놓은 북방정책이 성공한 데 만족한 나머지 북한의 핵개발 가능성을 과소평가했다. 노태우 정권을 뒤이은 김영삼 대통령은 1993년 2월 취임사와 다음해 취임1주년 기념 기자회견에서 남북정상회담을 제안하고 대북 식량 원조를 실시하는가 하면 미전향 장기수 이인모(李仁模) 노인의 방북허용 같은 대북온건 정책을 실시하였다. 북한에 대한 이러한 전향적

---

7) 이 글의 필자는 Nicholas Eberstadt이며 2005년 2월 17일 미 연방 하원 국제관계위원회에서 행한 이 증언은 2005년 3월 1일자 미 워싱턴 포스트에 발췌문이 전재되었다 .

조치는 노태우 정권말기에 북측이 닫은 남북 당국 수준에서의 대화 재개를 겨냥한 것이기도 하지만 대내적으로는 북한카드를 이용하여 지방자치단체선거를 유리하게 이끌 심산도 깔려 있었다. 즉 남북관계를 국내 정치목적에 이용하려 했던 것이다.

북한은 김영삼 정권의 이러한 이니셔티브에도 불구하고 외부로 비친 대화나 경협과는 달리 비밀리에 핵개발을 지속하다가 이 사실이 미국에 의해 적발되면서부터 한반도는 새로운 위기 국면을 맞게 되었다. 미국의 클린턴 대통령은 북한의 핵무기개발 저지를 겨냥, 북한에 대한 군사적 조치를 구체적으로 준비하기 시작했다. 그러나 김영삼 대통령은 비공개였지만 클린턴 대통령에게 북핵문제의 군사적 해결을 강력히 반대한다는 입장을 전했다. 한미 간에 북핵 해법을 놓고 갈등이 야기된 것이다.

다행히 카터 전 미국대통령이 평양을 방문, 김일성과의 회담을 통하여 핵 문제를 미·북간의 대화로 풀기로 합의하는 한편 앞서 김영삼 대통령이 제안했던 남북정상회담을 김일성 주석이 수용하겠다는 메시지를 카터 대통령을 통해 남측에 전해왔다. 이러한 상황을 맞아 김영삼 대통령은 남북정상회담을 무조건 수용한다고 발표하고 그러면서도 북측에 대해서는 핵개발 반대의사를 강력히 천명했다.

당시 이홍구 국무총리도 북측이 핵을 반개만 갖더라도 그 손과는 악수를 하지 않겠다는 강경 메시지를 보냈다. 결국 미국은 카터 대통령이 중재한 미·북핵협상 안을 받아들였고 뒤이어 제네바에서 핵협상이 열렸다. 미·북 간에 열린 제네바 협상은 1994년에 타결되어 북한의 핵 개발을 현 수준에서 동결하고 그 대가로 미국은 북측에 대해 중유를 공급하고 경수로를 제작지원하기로 합의했다.

그러나 1994년 7월 8일 북한의 김일성 주석이 심장질환으로 사망함으로써 남북한 정상회담은 이루어지지 못했고 북측의 요청으로 무기 연기 되었다.[8] 동시에 북한 측은 김영삼 정권의 반핵대북강경정책에 맞서 남북당국 수준에서의 대화를 중단시킨다고 통보해 왔고 이때부터 남북당국수준에서의 대화는 끊겼다.

② 김대중 정권의 '햇볕정책' 전개

(1) 정부의 통일방안과 김대중 씨의 3단계 통일방안

김대중 대통령은 1998년 2월 대통령에 취임하면서부터 한반도의 냉전구도를 화해협력의 구도로 전환시킨다는 이른바 대북 햇볕정책을 발표했다. 대북 화해협력정책은 이미 노태우, 김영삼 대통령 시절에도 실시된 바 있어 결코 새로운 정책은 아니지만 김대중 대통령은 전임자들과는 다른 전략목표와 이론을 지니고 있었다.

우선 통일정책면에서 노태우, 김영삼 정권은 전문가들의 검증과 국민적 공론화과정을 거쳐 민족공동체 통일방안을 정부의 통일방안으로 채택하였다. 내용인즉 남북한이 화해협력단계를 거쳐 남북한관계를 남북연합으로 발전시키고 이 단계에서의 통일준비 과정을 거쳐 통일국가를 완성하자는 안을 마련하였다. 그러나 김대중 대통령은 그의 재야시절에 구상한 이른바 김대중의 3단계 통일방안을 내놓았다. 정부 안과 김대중 안이 다른 점은 김대중 안은 남북화해협력단계를 설정하지 않고 남북연합단계, 남북연방단계, 완전통일단계로 가자는 3단계 안이다. 그는 남북연합단계를 10여년 계속해 나가면 남북 간에는 화해와 협력이 충분히 이루어지기 때문에 따로 남북화해협력단계를 설치할 필요가 없다는 설명을 붙이고 있다. 얼핏 보면 정부 안과 김대중

---

8) 1994년 7월 11일 북측은 최고인민회의 통일위원장 김용순 명의로 남측의 이홍구 국무총리에게 "남북한 정상회담을 연기할 수밖에 없다"고 통지해왔다.

안 간에는 별 차이가 없는 것 같지만 북한 측에서 볼 때는 양자 간에는 큰 차이가 있는 것이다. 북측은 김대중 안에 들어있는 연합제가 그들이 말하는 고려연방제안의 낮은 단계로 이해, 사실상 그들의 연방안을 수용하는 것으로 받아들일 수 있기 때문이다.[9] 김대중 대통령은 노태우·김영삼 정권에서 만들어진 정부 안을 그대로 둔 채 정책실시에 있어서는 국민적 합의과정을 필하지 않은 자신의 3단계 통일방안을 정부의 정책으로 활용했다.

김대중 정권은 당시 김종필의 자유민주당과의 연립정권이었기 때문에 정부안을 그대로 두었겠지만 김대중 정부는 처음부터 자신의 평소 구상대로 대북정책을 밀고나갔다. 김대중 씨는 자신이 창립한 아태평화재단을 통해 발전시킨 새로운 대북접근방안으로 이른바 햇볕정책을 들고 나왔다. 이 정책이 입각하는 주요 가정은 북한정권도 탈냉전의 국제정치상황하에서는 체제개혁과 개방을 위한 준비단계를 거치고 있으며 준비가 갖추어지는 대로 중국모델을 벤치마킹할 것이기 때문에 대북강경책이나 봉쇄정책보다는 북한개방을 위한 온건한 지원정책이 더 실효 있는 방법이라는 것이다.

(2) 햇볕정책의 정책으로서의 타당성

햇볕정책이 대한민국의 대북정책으로서의 타당성을 지니기 위해서

---

9) 김대중 안에 대해서 김정일은 남북정상회담 시 북의 낮은 단계의 연방제와 남측의 연합제 간에는 공통성이 있다고 보고 이 방향에서 통일을 추진하자고 제의, 이를 김대중이 수용함으로써 6·15선언 제2항이 성립된다. 그러나 이때 김정일이 공통성이 있다고 말한 남측의 연합제는 정부안 속의 연합제가 아니고 김대중 私案의 연합제였다고 봐야 할 것이다. 정부의 공식통일방안은 민족의 동질성 회복과 인권에 대한 가치관의 공유를 목표로 하는 화해협력단계를 중시한데 반해 김대중 私案에는 화해협력단계가 없어 북측이 말하는 낮은 단계의 연방제론과 궤를 같이한다. 여기에 "우리 민족끼리"론이 침투할 여지가 있다.

는 북한의 현황에 대한 정확한 이해와 평가가 있어야 한다. 햇볕정책이 폐쇄체제의 개방화유도에 정책목표를 두었다면 그것의 가능성이 북한정세 안에 내포되어 있는지를 확인하여야 할 것이다. 당시 북한은 지금도 마찬가지이지만 선군정치와 강성대국을 부르짖으면서 개혁과 개방이라는 용어조차 쓰는 것을 거부하는 체제였다.[10] 자위라는 명분을 내세워 전 사회를 병영화(兵營化)하고 군국주의적 통치를 강화하면서 핵 무기개발을 추구하는 체제였다.

이런 체제를 상대로 햇볕정책을 구사하는 것은 결국 선군정치를 돕고 그 시효를 연장시켜주자는 것에 다름 아니다. 김대중 씨가 정치지도자로서 노련하고 북한을 잘 아는 정치인이었다면 햇볕정책의 단계적 실시를 구상했어야 옳다. 우선 선군정치단계에 적용할 정책목표와 개방을 위한 준비단계에서의 정책목표 그리고 개방단계에서 실시할 햇볕정책의 목표를 설정, 준비하고 북측에 한국정부의 이러한 정책목표에 협력할지 여부를 타진하면서 햇볕정책을 전개했어야 한다. 동시에 한국의 대북지원정책의 성과를 측정하고 평가할 모니터링 시스템을 구축했어야 한다.

그러나 이러한 사전조치에 대한 구상도, 조치도 없이 김대중 정권은 북한이 중국처럼 개혁과 개방을 준비하는 단계에 있다고 가정하고 햇볕정책만이 남북관계를 화해와 협력으로 이끌 유일 최선의 대안이라면서 햇볕정책의 적극 시행을 주장했다.

그러나 김대중의 햇볕정책에 대한 남북한 양측의 초기 반응은 부정적이었다. 남측에서는 북한이 제네바합의에 의해 미래 핵개발을 잠정적으로 중단했을 뿐 기존 핵을 포기했다는 증거가 없고 선군정치를

---

10) 이 부분은 노무현 대통령의 김정일 위원장간의 제2차 정상회담에서 노대통령 자신이 직접 경험했다고 술회했다.

강조하는 정권이기 때문에 햇볕정책이 타당성을 갖기 힘들고 또 3단계 통일접근방안도 남북한 간에는 여전히 국가형성에 대한 이념적 기초가 상이하고 군사적 대치가 계속되고 인권에 대한 가치관이 공유되지 않는 상태에서 바로 연합으로 들어간다는 것이 불가능하고 또 어떤 통일이냐에 대한 통일의 미래상이 불분명하다는 점에서 받아들이기 힘들다는 입장이었다.[11]

또 북측에서도 햇볕정책이 중국 공산당에서도 한 때 경계한 바 있는 화평연변(和平演變)공작이 아닌가 하고 의심했던 것 같다. 겉으로는 화해를 부르짖으면서 뒤로는 북한 내부를 교란하는 술책의 하나가 아닌가로 의심했다.[12] 특히 당시 북한은 자기 체제가 햇볕과 바람의 공세를 받는 나그네의 길을 걷는 체제가 아니라고 믿고 있었기 때문에 북측은 "누가 누구의 옷을 벗긴다는 것이냐"고 강력히 반발했다고 한다.

(3) 베를린 선언

김대중 대통령은 남북 양측의 이러한 의구심을 해소시키기 위해서 해외순방 시 국제사회를 상대로 대북 온건논리를 적극 발표, 설득하면서 국내와 북한의 반응을 타진하고 자기주장이 먹힐 수 있는 설득작업을 치밀하게 전개했다. 햇볕정책은 이솝우화에서 신사의 외투를 벗긴 것은 바람이 아니라 햇볕이었다는 싱거운 이야기를 양념으로 발라 선전하기 때문에 남북관계의 현실을 잘 모르는 사람들이나 외국인들에게는 상당히 설득력 있는 정책으로 부각되었다. 2000년 3월 9일 독일 베를린 자유대학에서 행한 김대중 대통령의 강연은 자기주장으로 국

---

11) 이영일, "3단계통일론, 국민적 합의 거쳤나," 동아일보 2001년 10월 14일자 여론마당 게재

12) 이 개념은 중국에서 잘 사용한다. 單秀法, 王曉輝 共著, 손상하 옮김, 등소평과 21세기의 중국전략 (유스북, 2005) pp. 118-119 참조

제사회를 승복시켜 보려는 가장 야심찬 연설이었으며 북측을 남북 당국 간 회담, 나아가서 정상회담으로 유인할 가장 많은 미끼를 달았다.

흔히 베를린 선언으로 알려진 이 연설에서 그는 독일 통일의 위업을 높이 평가하면서도 독일의 흡수통일에 따른 문제점을 지적하고 이런 독일의 경험을 한국 통일에 활용하기 위해서는 자기의 3단계 통일방안이 최선임을 강조하고 북한에 대한 포괄적 경제협력, 당시의 시사적 표현으로는 대북 마셜 플랜에 해당할만한 대북지원책을 발표했다. 내용인즉 북한에 철도, 항만, 전기, 통신 등 산업재건에 필요한 사회간접자원을 대폭 지원, 북한경제난을 근본적으로 해결하겠다고 역설했다. 당시 경제난에 허덕이는 북한을 유인하는데 필요한 제안을 폭넓게 담고 있었다. 그러나 이런 제안이 현실적인 제안이 되려면 몇 가지 선행조건이 충족되어 있어야 한다.

우선 남북한 간에 베를린 선언에서 말하는 대규모 경제개발과 사회간접자본투자를 추진할만한 상황이 성숙되어 있어야 한다. 그러나 당시의 남북한 상황은 그러한 정책수요가 전혀 무르익지 않은 상태였다. 다음으로 중요한 것은 북한경제 재건에 필요한 재원을 확보하는 것인데 한국 단독의 힘만으로는 필요재원을 전부 감당할 수 없기 때문에 국제사회의 컨소시엄 구성이 필요하고 이를 가능하게 하기 위해서는 미국이 북한을 테러국가의 명단에서 제외해야 한다. 즉 미국이 대주주로 참여하고 있는 국제금융기관으로서의 IBRD나 ADB 등을 북한지원에 이용할 여건을 만들어야 한다. 이러한 상황은 북한이 우선 핵개발을 포기하고 핵 확산금지기구(NPT)에 가입하여 IAEA의 사찰을 받아들이는 의무를 준수해야 하고 미사일 통제기구에도 참여해야 마련되는 것이다.

이러한 조치가 이루어지지 않는 한 베를린 선언은 하나의 정책방향의 제시는 될 수 있어도 남북관계에서 실효를 거둘 수는 없는 것이었다. 그러나 베를린 연설은 대북지원의 필요성, 타당성만 역설했을 뿐 북한이 지원을 받는데 필요한 선행조건을 제시하지도 않았고 밝히지도 않았다.[13] 다만 비핵화나 남침의사의 포기 같은 일반적인 원칙만을 몇 가지 나열했을 뿐이다.

그러면 김대중 대통령이 이처럼 선행조건의 이행문제를 강조하지 않고 대북 유화정책을 적극적으로 들고 나온 까닭은 무엇인가. 북한이 핵을 포기하고 개혁개방정책을 선택하리라는 객관적 정보나 확실한 전망을 가졌기 때문일까. 그렇지 않다면 미국이나 EU 국가들이 자기의 주장이나 정책을 납득, 수용하고 지원할 것으로 전망했기 때문일까. 아니면 북한체제나 정권의 성격에 대해 지나치게 낙관하거나 무지했기 때문일까.

4. 노벨평화상에 종속된 남북정상회담

① 북유럽국가들을 상대로 김대중 대통령 홍보 강화

김대중 대통령은 역대 다른 대통령들과는 달리 취임 후 얼마 지나지 않아 노르웨이, 스웨덴, 핀란드 등 북유럽국가들을 상대로 자기의 민주투쟁의 실적과 전기를 현지어로 번역 출판하고 홍보하는 작업을 국가정보원(이하에서 국정원으로 약칭함)을 통해 추진했다고 한다. 그는 자기의 험난한 민주투쟁 과정에서 독일이나 미국 의원들이 그를 노벨

---

13) 2001년 필자가 한민족복지재단의 대북지원단장 자격으로 방북했을 때 북측 민화협 참사들이 김 대통령이 북한에 대한 베를린 선언을 이행하지 않는 이유를 따져 물어서 선행조건 관련 문제를 설명한 바 있다.

상 후보로 추천한 바 있지만 막상 대통령에 당선된 후 북유럽에 나가 있는 현지대사관을 통해 조사해 본 바로는 노벨상 수상자를 심사 결정하는 노르웨이 등 북유럽 지역에 김대중 대통령의 민주투쟁 업적이 예상외로 잘 알려져 있지 않았기 때문이라고 한다.[14]

당초 그가 노벨상에 얼마나 큰 관심을 가졌는지는 잘 알 수 없다. 그러나 자기가 정치적으로 탄압받던 시절 그의 난경(難境)을 구해주기 위해[15] 유럽의 국회의원들과 미국의 국회의원들이 그를 노벨평화상 후보로 추천해 준 데서부터 그는 노벨평화상에 관심을 갖게 되었고 그 때로부터 노벨평화상 취득이 정치지도자로서 자기가 기필코 성취하고 싶은 생애의 중요 목표로 변했던 것으로 보인다. 이 목표를 달성하기 위하여 국정원과 현지대사들에게 노벨상수상의 환경과 필요한 조치가 무엇인가를 조사, 연구하고 추진하도록 한 것으로 알려졌다.[16]

당시 이 조사과정에서 얻은 결론은 민주투쟁의 결과로서 대통령에 당선된 사람이 민주투쟁의 공로나 업적만으로는 노벨평화상을 취득하기 힘들며 이러한 업적이나 공헌에 추가하여 한반도 분단이후 처음으로 남북정상회담을 열어 남북한의 긴장완화와 평화분위기를 조성할 경우 유력한 노벨평화상 후보가 될 수 있다는 것이었다.

이 판단이 선 이후부터 김대중 대통령은 남북정상회담 유도에 총력을 기울인 것 같다. 우선 국내에서는 새정치국민회의 소속 의원들로부

---

14) 필자는 자국의 대통령이 생애를 걸고 민주와 인권을 위해 노력했다는 것을 국정원이 국비를 들여 해외에 알리는 것은 정당하다고 생각한다.
15) 미얀마의 아웅산 수기여사에 대해서도 국제사회는 유사한 지원을 하고 있다.
16) 이 부분에 관해서는 양심선언-김대중 노벨상 공작(2005년 8월 5일 금요일 jungkyuchoi<jgchoi99_99@yahoo.co.kr)에서 온 자료에 포함된 [미국에 망명을 신청한 국정원(당시 안기부) 전 직원 김기삼 씨(필명 김기환)의 2003년 1월 30일 제1차 양심선언] 내용 중에서 얻은 자료를 활용했다. 김기삼, "DJ, 노벨상 위해 돈 주고 정상회담" 동아일보 2008년 4월 18일자 보도 참고

터 노벨평화상 후보추천 서명을 받는 한편17) 미국, 독일 등 민주투쟁 시절에 협조적이었던 인사들의 개별추천도 획득하고 앞서 노벨평화상을 얻은 인사들로부터도 추천장을 받은 것으로 알려졌다. 동시에 현지 대사들은 2000년도의 노벨평화상 후보물망에 오른 인사정보를 조사, 보고하면서 김대중 대통령을 유력한 수상자로 부각시키는데 외교력을 집중했다. 필자는 정부가 자국 대통령의 민주투쟁 업적을 세계 각국에 널리 알리고 노벨평화상을 탈 수 있도록 노력하는 것도 국익을 위한 뜻있는 외교활동이라고 평가한다. 또 대통령의 명성이 국제사회에 좋게 알려지는 것 역시 외교활동에 유리하기 때문이다.

2000년 당시 김대중 대통령의 이러한 움직임을 북한 김정일 국방위원장의 아우인 김평일 핀란드 대사가 알아챘는지 여부는 확인할 수는 없다. 그러나 북유럽이라는 비교적 좁고 단조로운 지역에서 장기간 대사생활을 하고 있는 김평일로서는 한국의 다른 대통령과는 달리 김대중 대통령이 자기의 활동 무대인 북구(北歐) 지역을 상대로 민주투쟁의 업적과 옥중일기 같은 자료를 현지어로 번역, 책을 출판하고 이를 홍보하는 것을 무심히 보아 넘겼을 리 없고 또 노벨상을 겨냥한 한국 외교관들의 움직임을 주목치 않을 수 없었을 것으로 추측된다.

② 북측이 요구한 현찰완납으로 성사된 남북정상회담

이러한 노력에 병행하여 김대중 대통령은 북측을 징싱회담에 끌어들이는 미끼로서 베를린 자유대학을 방문, 연설을 통해 전술한 바와 같은 대북지원정책을 발표했다. 당시 경제난에 허덕이는 북측으로서는 국제사회의 총체적 지원을 받기는 힘들지라도 김대중 대통령을 한

---

17) 주) 3의 연장에서 지적한 것이지만 필자도 노벨평화상 추천서에 원내인사로서 총무단이 회람시키는 문서에 서명한 바 있다.

번 만나주는 대가로 경제적 실리를 챙길 수도 있고 또 김대중의 3단계 통일방안을 활용할 경우 김일성 주석이 생전에 내놓았던 남북연방제 통일방안도 홍보할 수 있는 기회를 얻을 수 있다면 구태여 남북정상회담을 마다할 이유가 없었을 것이다.

결국 남북한 간에는 정주영회장이 소 1천 마리를 몰고 휴전선을 넘어 가도록 교섭한 바로 그 루트를 개척했던 주식회사 현대상선의 중재로 싱가포르에서의 특사회담과 북경에서의 두어 차례 회담 끝에 남북정상회담을 갖기로 합의하였다. 그러나 이 협상과 합의가 안고 있는 문제점은 한반도 긴장완화 문제와는 차원이 다른 노벨평화상 취득이라는 목표가 더 중요한 목표로 내장되었기 때문에 남북정상회담은 어떠한 대가를 지불하더라도 반드시 성사시켜 노벨상 획득에 유리한 합의를 만들어내야 했다는 점이다.

북측이 남측 제안에 담긴 이러한 뜻을 미리 간취했는지는 분명치 않으나 저간의 맥락에 비추어 보면 노벨평화상을 겨냥한 회담제안이라는 것을 감지했던 것 같다. 북측은 남북한 고위급 접촉이 있는 바로 그때 김대중 대통령의 방북선물로 남측에 차관(借款)이 아닌 거액의 현찰(달러)을 무상으로 제공할 것을 요구했다. 요구 액수는 5억 달러 설, 10억 달러 설이 있으나 특검이 밝힌 바로는 현대상선이 4억5000만 달러를 산업은행에서 기채, 현찰로 북한의 중앙은행이 아닌 중국의 마카오에 개설된 김정일 위원장 개인의 특수구좌로 송금한 것으로 되어 있다.[18]

그러나 이때 북으로 간 현찰은 현대상선측이 대북사업을 독점한다

---

18) 특검은 김대중의 대북송금의 진상을 밝히기 위해 국회가 가결하고 노무현 대통령이 수용한 대북송금특별검사의 약칭이며 내용은 趙甲濟의 최신정보 "북한외환보유고의 10%를 뇌물로 바친 김대중 정권", 조갑제 닷컴 2008년 2월 7일자는 4억5000만 달러로 밝히고 있다. 마카오 구좌는 인민군 구좌라고도 하고 김정일 개인구좌라고도 한다.

는 명분으로 제공한 것 까지를 합하면 거액의 현찰이 될 것이라고 한다.[19] 북측에 제공된 거액의 현찰은 경협차관이 아니고 그냥 선물로 주는 무상지원이었다. 이 비용이면 북한 수준의 핵실험을 두 번 이상한 거금인데 이 정도의 거액현찰을 무상으로 요구하려면 상대방이 회담의 성사를 얼마나 중요시하고 있고 또 회담에 걸고 있는 기도가 무엇인가를 정확히 간파했을 때만 가능할 것이다.

당초에는 북측 요구액이 너무 많은 것 때문에 협상이 난항에 봉착하고 양측 협상대표들은 여러 차례 절충을 벌였으나 김정일 위원장의 지시를 받고 나온 북측 협상대표는 현찰요구액에서 한 걸음도 물러서지 않고 요구된 금액의 선납을 회담 성립의 필수조건으로 요구한 것으로 알려졌다. [20] 결국 남측 협상대표들은 현대상선이 떠맡아 지원한다는 명분으로 무상현찰제공에 합의했다. 그러나 현대상선측은 나중에 주력기업인 현대건설이 거액의 공적자금을 받았기 때문에 북한에 지원된 현찰은 현대의 돈이 아닌 국민의 세금으로 지원되었다고 말해도 틀린 표현은 아니다.

다만 아쉽고 안타까운 것은 남북한이 총칼을 맞대고 대치하고 있는 상황 속에서 한국의 최고위층에서 이 같은 거금을 용도가 무엇인지조차 묻지 않고 아무 조건 없이 북한에 제공하는 것을 허용했다는 것이다. 더욱이 북한중앙은행도 아닌 김정일 위원장 개인의 해외특수구좌에 입금시켰다는 사실이다. 사인(私人)간에도 이러한 거래가 성립하려면 엄청난 신뢰가 축적되어 있어야(?) 가능할 법한 일이다.

---

19) 조갑제, '김대중의 정체-조갑제의 추적보고(조갑제 닷컴, 2006. 12), pp. 258-286 참조. 이밖에 조선닷컴, 2008. 4. 18 http://news.chosun.com/site/data/htmi_dir/2008/04/18/2008041800333/htmi
20) 미국의 일간 Wall Street Journal은 2003년 2월 5일자 Paying off Kim Jong Il라는 제하의 기사에서 노벨상과 대북송금을 연결시키는 기사를 게재하고 있다.

③ 남북정상회담과 6·15남북공동선언

김대중 대통령은 현대상선과 국정원을 통해 북측이 요구하는 방북 비용을 중국의 마카오은행을 통해 입금하고 2000년 6월 13일 평양을 방문, 김정일 국방위원장과 회담하고 이른바 6·15선언을 발표했다. 협상은 처음부터 순조로웠다. 기필코 어떠한 합의라도 얻어내야 할 남측의 입장과 남측으로부터 거액의 현찰을 일거에 완납 받고 동시에 연방제 통일에 대한 남측의 양해를 얻어내야 하는 북측의 입장이 만나는 협상이기 때문에 남북한 간의 합의는 의외로 쉽사리 이루어졌다. 6·15 남북 공동선언은 그 복잡한 뉘앙스에도 불구하고 단 하루 만에 이루어진 것이다.

5개항으로 된 이 선언에서 중요한 부분은 세 가지이다. 하나는 제2항으로서 남측의 연합제안과 북측의 낮은 단계의 연방제 간에 공통성이 있음을 인정하고 이 방향에서 통일을 추진키로 합의하였다. 둘째는 "우리 민족끼리"를 남북협력과 통일논의의 주제로 정했다. 셋째는 제5항으로 김정일 국방위원장이 조속히 서울을 답방한다는 것이다.

김대중 대통령은 정상회담을 마치고 귀국한 후 기자회견을 통해 다음과 같은 주목할 만한 발언을 하였다. 그는 회견 모두에서 "이제 한반도에는 전쟁위험이 영원히 사라졌다"고 했다. 또 미군이 통일이후에도 한반도에 계속 주둔하는 것을 김정일 위원장이 찬성했으며 김정일 국방위원장은 매우 총명하고 합리적인 사람이라고 말하기도 했던 것이다.

남북정상회담의 성공으로 온 국민이 들떠 있는 상황을 이용하여 6·15선언에 대한 한국 국민들의 의구심과 우려를 잠재우고 회담효과를 극대화하여 노벨평화상 취득에 유리한 여건을 만들기 위해 취해진 의도적 발언으로 해석된다. 그러나 깊이 생각할수록 사후입증이 어려운 발언을 토로한 것 같다. 왜냐하면 지금 남북한 간에 전쟁위험이

사라졌다는 아무런 증거가 없는데다가 북한은 김대중 씨의 주장과는
관계없이 그들이 전략상 필요하면 언제나 주한미군의 철수를 주장하
기 때문이다. 특히 김대중 대통령은 제17대 대통령선거 막바지에 한나
라당이 집권하면 역사가 50년 뒤로 후퇴하며 전쟁이 날 수 있다고 발
언, 자기의 기자회견 내용과 다른 주장을 편 바 있다.[21]

④ 남북정상회담의 열매로서 노벨평화상 수상

어떻든 이 정상회담의 효험으로 김대중 대통령은 2000년 노벨평화
상 후보에 올라 마침내 수상자가 되었다. 아마도 노벨평화상을 결정한
심사조서의 중요한 부분에 남북정상회담의 성과를 담은 6·15선언이
나 대통령의 기자회견내용 등이 첨부되었을 것이다. 6·15선언은 또
그 5항에 김정일 국방위원장의 답방이 명시되어 있다. 그러나 김정일
위원장은 2007년 10월 노무현 대통령이 방북, 김정일 위원장과 회담을
마치고 귀국한 오늘날까지 답방을 하지 않았고 답방할 의사도 없다는
것이었다.

남북정상회담을 하나의 협상을 통한 거래라고 볼 때 엄격히 말해서
김정일 위원장과 김대중 대통령 간에는 거래가 이미 종결된 것으로
북한은 생각하는 것 같다. 즉 김대중 대통령은 노벨평화상을 얻었고
그 대가로 김정일 위원장은 거액의 현찰과 연방제 통일을 위한 대남

---

21) 조선일보 사설 (2007년 11월 23일 : 김대중 전 대통령, "정권교체 되면 전쟁날 수도
있다)에서 "이제 한반도에 영원히 전쟁은 없다"고 선언한 사람이 김 전 대통령 자신
이다. 2000년 남북정상회담을 하고 돌아와 마치 한반도에 평화가 온 것처럼 그렇게
호언했다. 그러나 그 후 한반도에서 벌어진 가장 큰 사건은 평화정착이 아니라 북한
이 핵을 터뜨리고 핵보유국 행세를 하게 된 것이다. 그 뒤 최근에는 김 전 대통령이
나 여권 사람들의 말은 "전쟁은 없다"에서 "북한을 압박하면 전쟁 날지 모른다"로
달라졌다.

홍보 선전, 심리전을 수행할 여건을 얻어냈기 때문이다. 구태여 답방해 주어야 할 아무런 이유도 없다고 북측은 생각했을 것이다.

김대중 대통령으로서는 김정일의 답방이 있어야 그의 입을 통해 그의 정상회담 성과를 확실히 함으로써 그의 값비싼 유료(有料)방북이 노벨상 타는 데만 목적이 있었던 것이 아니고 민족의 장래를 내다본 큰 걸음인 것으로 포장할 수 있었는데 김정일 위원장은 거기까지는 협력해줄 의향이 없었던 것으로 보인다. 그러나 김대중 대통령은 노벨평화상 수상에 즈음해서 김정일 위원장과 공동수상을 하지 못한 것을 미안하다고 말했다. 의례적인 인사말이겠지만 과연 김정일이 노벨평화상을 수상할 명분이 있는 사람인가는 국민적 차원에서 한번쯤 생각해 보아야 할 발언이었다.

김대중 대통령이 노벨평화상을 이렇게 무리하게 취득하려고 노력한 것은 이 상의 의미를 과대평가했거나 아니면 개인의 과욕인 것 같다. 한국의 국내법을 어기면서 북한에 거금을 무상으로 퍼다 주더라도 일단 노벨상 획득에 성공하면 전 국민들은 우리 역사상 처음으로 노벨상을 탔다는 사실에 감격하여 평화상 취득과정의 불법을 눈감아주고 오히려 잘 한 일로 받아들일 것으로 생각한 것 같다.[22] 그분의 수준에서는 능히 그럴 수 있을 것이다. 그러나 인류에게, 또는 그 국민들에게 감동을 준 노벨상은 1964년의 마틴 루터 킹 목사의 노벨평화상, 1979년의 테레사 수녀가 받은 노벨평화상, 1993년에 넬슨 만델라 대통령이 취득한 노벨평화상 그리고 2006년 방글라데시의 무하마드 유누스와 그라민 은행이 공동으로 탄 노벨평화상일 것이다. 그러나 경멸의 대상이 될 노벨평화상도 없지 않았다. 한국을 일본의 영향권 하에 들어가

---

22) 광주광역시장은 지방자치단체장 선거를 앞두고 2005년 시민여론을 부추겨 당초 광주광역시가 건설한 광주전시 컨벤션센터(JEXCO)를 2억원 가량의 시비를 들여 김대중 컨벤션센터로 개칭까지 하면서 노벨평화상 획득을 기리는 사업을 펼쳤다.

도록 노일전쟁의 종전협상을 중재한 시오도어 루스벨트 미국 대통령이 얻은 노벨평화상, 월남을 월맹에 넘긴 대가로 미 국무장관 키신저가 받은 노벨평화상(공동수상자인 월맹의 레둑토는 수상을 거부)은 세계나 자국 국민들에게 결코 감동을 준 상이 아니었다. 키신저는 반전시위대가 무서워 노벨상을 직접 받으러 가지 못한 것으로 알려졌다. 김대중 대통령이 받은 노벨평화상을 후일의 역사는 어떻게 평가할까. 좋은 평가받기를 바랄 뿐이다.

⑤ 남북정상회담을 보는 영국 국제전략연구소의 한 시각

필자는 남북정상회담에 대한 합의가 이루어진 후 정상회담에 대한 기대와 전망을 말하는 뉴스를 뒤로 하고 2000년 5월 영국에 있는 딸 내외의 초청으로 아내와 함께 런던으로 떠났다. 2000년 5월 30일이면 제15대국회의원의 임기가 끝나지만 그때까지 나는 아직 국회의원의 신분을 지니고 있었기 때문에 영국대사관에 연락, 영국 국제전략연구소(IISS) 방문을 주선해 달라고 부탁했다. 대사관측은 3등서기관을 보내 전략문제연구소로 안내해주었다.

내가 만난 사람은 북경에서 오래 머문 중국 통으로서 한반도를 포함한 동북아 문제를 연구하는 전문가였다. 제임스 마일즈라고 하는 이 젊은 연구원은 나를 만나자마자 자판기에서 커피 두 잔을 뽑아 온 후 나에게 마시기를 권하면서 방문 목적을 물었다. 나는 간단히 영국을 여행 중인 한국의 국회의원으로서 한국에서 남북한 정상회담이 분단 이후 처음으로 다음달 6월에 평양에서 열리게 되었는데 이 연구소 전문가의 입장에서 남북정상회담을 어떻게 보는지 논평을 듣고 싶다고 말했다.

그는 "남북정상회담은 뉴스의 각광을 받을 큰 이벤트가 될 것입니다. 그러나 나의 입장에서 볼 때 과연 오늘의 한반도 상황에서 어떤 수요 때문에 정상회담이 이루어졌는지를 잘 모르겠습니다. 남북한 지도자가 서로 만나 대화를 한다는 것 자체는 좋은 일입니다만 두 분이 만나서 대화로서 해결할 수 있는 한반도 문제가 어떤 문제인지 잘 모르겠다는 뜻입니다." 그러면서 나에게 오히려 "이번 정상회담이 해결하려는 구체적 과제가 무엇이냐"고 되물었다. 나도 즉각 답변하기가 망설여졌다. 나는 일단 "남북정상이 만나 대화하게 되면 그만큼 남북 간에 평화의 분위기가 조성되고 긴장완화가 될 수 있지 않겠느냐"고 답변했다.

그도 그 점에 대해서는 수긍했다. 그러나 그가 따져 묻는 것은 구체적으로 남북정상이 만나 해결할 수 있는 과제가 무엇이냐는 것이며 예시로서 자기가 보기에는 국가보안법 폐지를 남북한 정상이 합의한다고 해서 폐지가 될 수 있겠으며 남북한의 군축이나 주한미군의 철수에 남북한 정상이 합의한다고 해서 철수가 이루어질 수 있겠느냐는 것이었다. 그 말을 듣고 난 후 한반도의 실질문제 가운데 남북한 정상이 합의하여 해결될 수 있는 문제가 과연 얼마나 있을지 나 자신 회의하지 않을 수 없었다.

끝으로 그는 김정일의 답방은 이루어지지 않을 것이라고 내다보았다. 그는 웃으면서 남북한 간에 정상회담을 할 만한 절실한 수요가 보이지 않는 상황에서 이루어진 회담이기 때문에 이번 정상회담은 김대중 대통령의 방북으로 끝날 것으로 본다는 것이었다. 나를 수행한 대사관 직원은 그의 답변을 열심히 기록하고 있었지만 그가 과연 상부에 그런 이야기를 보고했는지는 내가 확인할 바가 아니었다.

이날 오후 나는 정상회담에 대한 나의 부푼 기대가 시들해지고 한반도 문제가 지닌 국제성과 자주성의 문제를 새롭게 실감하면서 남북정상회담의 의미를 다른 각도에서 그 동기를 찾아야 한다는 관점을 갖기에 이르렀다.

⑥ 햇볕정책 하에서 발생한 서해교전

남북정상회담이 끝나고 햇볕정책이 정부의 대북정책으로 확고히 자리를 한 시점에서 남북한 간에 군사충돌사건이 발생했다. 2002년 6월 29일 북한의 경비정이 서해 NLL선을 침범하여 남하를 시작했다. 이에 한국해군고속정은 교전수칙에 따라 북의 경비정을 선체로 밀어내는 작전에 착수했다. 그러나 북한 경비정은 선체로 밀어내기로 맞서는 한국 고속정에 기습발사, 해군장교를 포함한 6명의 해군이 숨지고 고속정은 침몰했다. 만일 이 때도 1999년6월의 연평 해전의 경우에서처럼 북한군이 사격을 개시하면 즉각 맞대응하도록 명령이 시달되어 있었다면 한국군의 피해는 이보다 적었을 것이고 북한보다 훨씬 우세한 장비로 무장한 우리 해군은 NLL을 침범한 북한 경비정들을 궤멸시켰을 것이다.[23] 그러나 2002년의 서해교전에서는 우리 해군은 햇볕정책의 요청에 따라 북측에 일체 대응사격을 하지 못하도록 명령을 받았고 이 명령이 취소되지 않았기 때문에 고속정에 탑승했던 해군 6인은 속수무책으로 생명을 잃고 고속정 한 대도 침몰했다. 결국 햇볕정책이 우리 해군장교의 목숨을 앗아간 것이다.

당시 정부는 이 사건이 여론화하여 햇볕정책이 도전받게 되는 것을 두려워한 나머지 정부는 북측에 항의다운 항의도 못했고 목숨 잃은

---

23) 1999년의 연평해전에서는 북측 함정이 총격을 개시함과 때를 같이하여 한국 해군의 우세한 화력이 동시 대응발포를 했기 때문에 북측의 서해출동함대 대부분이 침몰했고 아군의 피해는 없었다. 그래서 매스컴에서는 서해대첩 또는 연평대첩으로 평가했다.

장병들(장교1인 포함)에 대한 위령사업도 정부 수준이 아닌 도적놈 제사지내듯 부대장(部隊葬)으로 끝내버렸다. 이 사건 직후 정부에서는 대통령은 말할 것도 없고 국무총리나 국방부장관조차도 유족들에게 조문하지 않았다. 결국 국민여론의 압력에 눌려 2007년부터 국무총리가 문상하기 시작했다. MB정부는 이들의 위령사업을 정부수준의 행사로 격상키로 했다고 한다. 북한의 침략행동, 폭력행사까지를 눈감아주는 것이 햇볕정책이라면 햇볕정책은 도대체 그 정체가 무엇인가.

⑦ 본래적 의의의 햇볕정책

한반도의 상황에서 햇볕정책이 의의를 가지려면 경제적으로 앞선 한국이 지구 최빈국으로 전락한 북한에 대하여 다음 네 가지의 지원책을 강구해야 한다. 첫째 북한 동포들을 기아로부터 구출하는 인도적 지원을 실시해야 한다. 둘째로는 질병구제에 필요한 의료 및 의약지원을 추진해야 한다. 셋째로는 경제적으로 현찰지원을 하는 한이 있더라도 국군포로석방, 납북어부나 납북인사들을 풀어내는 사업을 실시해야 하며 북한동포의 인권개선을 강력히 추진해야 한다. 넷째로는 민족문화의 동질성을 유지하는데 필요한 교류와 협력을 지원하는 것이다. 그리하여 온 겨레의 분단고통을 하나씩이라도 줄여나가는데 노력을 집중하는 것이다. 그리고 이러한 지원이 제대로 이루어졌는지를 확인하는 모니터링 시스템을 갖추는 것이다.

그러나 김대중 정권은 북한 동포가 아닌 선군정치를 내세운 김정일 정권을 상대로, 정권이 필요로 하고 정권이 요구하는 사업에 경제적으로 지원하는 것을 햇볕정책으로 정의하고 실시했다. 이 때문에 김대중 정권의 햇볕정책은 북한의 선군정치의 유지발전에 필요한 경비와 물자를 지원한 것이다. 모니터링 시스템이 없는 상황에서 식량 원조를 차관형식으로 바꾸었기 때문에 굶주리는 인민들에게 고루 나누어지는 식량이 아니라 상당량의 식량이 군량미로 전용되었고 지원된 비료는 중국, 태국 등지로 밀매되어 군용사업자금으로 전용되는 사례도 적지 않았던 것으로 알려지고 있다.[24]

이렇게 볼 때 DJ의 햇볕정책은 남북관계의 단계적 발전에 꼭 필요한 사업의 우선순위와 목표를 정하고 거기에 합당한 목표 지향적 정책을 실시했다고 볼 수 없다. 초기에는 노벨평화상 취득이라는 목표를 가진 유인정책이었고 다음으로는 북한 동포들의 궁핍해결에는 직결되지 않고 김정일 정권의 유지와 그들의 핵 개발정책을 뒷받침하는 정책이었다. 학생들에게 보조금까지 주면서 확대하는 금강산 관광 사업은 그 대표적 예라 하겠다.[25]

5. 노무현 정부의 평화번영정책

① 6·15선언은 실효된 것이다?

김대중 정권을 뒤이은 노무현 정권은 일견 김대중 정권의 햇볕정책을 새롭게 평가하면서 대북정책을 전환하는 것처럼 보였다. 노무현

---

24) 식량 원조를 차관으로 바꾼 이유는 퍼주기 비판을 회피하기 위한 방편으로서 상환조건, 기일 등을 형식적으로 표현한 문서를 작성해 두었지만 이 때문에 한국이 북측에 모니터링이나 투명성을 요구할 명분을 상실했다. 쌀 40만 톤 차관합의는 맨 처음 2002년 8월 30일 한국의 재경부차관 윤진식과 북한의 국가계획위원회 부위원장 박창련의 서명으로 이루어졌다.

25) 북한은 산이나 바다에서 나오는 생산물에서 얻는 수입은 인민군 경제에 귀속시키고 땅이나 공장에서 나는 소득은 인민경제에 귀속시키기 때문에 금강산 관광사업의 수입은 인민군 경제로 귀속되기 마련이다.

대통령은 집권과 동시에 국회가 통과시킨 대북송금 특별검사법에 거부권을 행사하지 않고 이를 수용하였다. 그 당시 국회의 구성으로 보아 거부권을 행사했을 경우 국회가 재적 3분의 2로 재가결할 수 있는 상황이었지만 남북한 관계의 특수성을 들고 또 새 대통령에게 일 할 여건을 부여한다는 측면에서 거부권행사가 용인될 수도 있는 상황이었다.

그러나 노무현 대통령은 국민의혹 해소라는 명분을 내세워 특검법을 수용하고 특별검사를 임명하여 남북정상회담을 위해 북에 제공된 자금관계를 철저히 파헤친 후 6·15선언의 배경이 된 남북정상회담 관련자들을 남북교류협력법 위반, 외환관리법위반 책임을 물어 김대중 대통령을 제외한 관련자 전원을 사법처리했다. 사실상 김대중 대통령 자신도 투옥된 것이나 다름이 없다. 왜냐하면 자신의 비서실장, 경제수석비서관, 국정원장, 국정원 기조실장이 모두 처벌되었기 때문이다. 결국 남북정상회담과 6·15선언에 관련된 남측 관계자 전원이 의법처리된 것이다. 또 기업 측에서 남북정상회담을 뒷받침, 금강산 관광사업을 허가받은 현대상선의 정몽헌 회장도 자살로서 생을 마감했다.

이렇게 볼 때 이 사건을 논리적으로 분석하면 6·15선언은 선언작성의 일방이 자국 법을 위반한 불법행위로 만들어진 것이기 때문에 사실상 그 효력을 상실한 선언이며 폐기된 것으로 보아야 할 것이다. 또 6·15선언 제5항에서 밝힌 김정일 위원장의 답방도 이루어지지 않았다. 노무현정권이 6·15 선언추진의 이론적 명분인 햇볕정책을 평화번영정책으로 개명했는데 이러한 개명조치도 선언 성립의 불법성을 인정한 데서 비롯되었다고 보아야 할 것이다.

② 평화번영정책으로 개명

이 조치 이후 남북한 당국수준에서의 대화는 중단되었다. 그러나 노무현 정권이 딛고 서 있는 정치적, 사회적 기반은 6·15선언을 환영한 토대위에서 남북대화를 재개하도록 요구하는 이른바 386 세력이었다. 노무현 대통령은 또 선거유세과정에서도 남북대화만 잘되면 다른 모든 것은 깽판을 놓아도 좋다는 시국관을 밝힌 사람이었기 때문에 대북송금 특검 수용은 김대중 식 대북정책을 변경하려는데 목적이 있었던 것이라기보다는 김대중 씨의 수렴청정없이 김대중 정권보다도 한걸음 더 나가는, 그러면서도 독자성을 부각시키는 대북정책을 펼치는데 목적이 있었음이 점차 드러났다.

우선 그는 특검 수용으로 중단된 남북당국 간 대화를 복원하기 위하여 새로운 미끼를 던지기 시작했다. 북한이 오래 동안 요구해온 국가보안법 폐지안을 발의했다. 그는 국가보안법을 역사박물관으로 보내자고 부르짖었다. 그러나 절대다수 국민들의 압도적인 반대에 부딪쳐 추진이 중단되기는 했지만 북한을 대화로 유도하는데 필요한 미끼를 제공한 셈이다.

사실 국가보안법은 시대의 큰 흐름에서 볼 때 시효 지난 법으로 볼 수 있다. 또 북한이 지구최빈국으로 전락했다는 사실을 감안하더라도 북한선전에 동조하는 언행을 이적행위로 단속할 실익(實益)도 그리 크지 못하다. 그러나 아무런 단속이나 규제가 없어졌다고 해서 공공연히 김정일을 찬양하거나 맥아더동상을 때려 부수자거나(반미선동) 김일성 주체사상연구소 간판을 각 대학마다 걸어놓는 행위를 정부가 방치한다면 국민들 간에는 불안심리가 확산될 것이다. 물론 이러한 행위가 묵인된다고 해서 대한민국이 와해된다거나 친북활동이 확산될 우려가 크지도 않겠지만 현시점에서 국가보안법은 폐지이익과 존치개정이익을 교량 할 때 존치개정 쪽에 국민의 뜻이 모아지고 있는 것으로 보인다.

그러나 노무현정권의 성향은 결국 남북한 간에 당국수준의 대화를 재개하는데 성공했다. 이 결과 장관급 회담-북한식 표현으로는 상급(相級)회담이 20회 가량 열려 대북식량지원과 비료지원을 확대하고 정부가 청소년들에게 보조금을 지원하면서까지 금강산관광을 장려하고, 남북철도연결, 개성공단 설치 등 대북 지원 사업을 대폭 확대해 나갔다. 이 과정에서 북핵문제를 해결하기 위한 6자회담이 열렸고 남북당국 간 회담은 6자회담의 성공적 진행을 측면 지원할 것으로 기대되었다.

그러나 북한체제의 본질은 앞서 말한 대로 선군을 앞세운 핵개발체제였기 때문에 남북당국 간 회담과 대북지원의 양적 확대, 질적 심화에도 불구하고 북한은 자신들의 전략목표에 맞추어 미사일 발사를 서슴지 않았고 마침내는 핵실험을 단행함으로써 북한정권이 추구하는 목표가 무엇인지 그 체제의 본질을 드러냈다.

③ 북한은 협상용으로 핵을 개발했는가

김·노 양정권의 이른바 햇볕정책이나 평화번영정책 등 대북포용정책(Engagement Policy)은 북한이 핵실험을 단행하는 즉시로 기조를 북핵을 저지하는 방향으로 정책내용과 목표를 변화시켜야 했다. 그러나 김·노 양 정권은 북측의 핵실험 도전과는 관계없이 대북화해를 내세우는 지원정책을 그대로 계속하면서 북측의 연방제통일 공세를 강화할 공간만을 제공하였다. 이 결과 국내에서는 퍼주기 논쟁, 남남갈등이 야기되었다. 김대중 전 대통령은 자기방어를 위해 북의 핵실험을 적극 비판하기보다는 북한 핵실험을 불러온 미국의 협상태도를 더 강도 높게 비판했다. 미국이 북한과의 직접대화를 기피하고 북한정권을 무시한데 핵실험의 원인이 있다고 주장했다.

노무현 대통령은 미국을 방문하는 중에 LA에서 "자위라는 입장에서 핵을 갖겠다는 북측의 주장에도 일리가 있다"고 발언, 북측을 옹호하는 태도를 보였다.[26] 일부 국내 학계의 이른바 수정주의 학파에 속하는 학자들은 북한의 핵무장 기도가 북측에서 주장하는 미국의 북한정권 압살정책에서 비롯된 것이며 그 대표적인 예로 미국의 부시대통령이 2001년 발표한 반테러 군사독트린에서 미국이 선제공격할 7개국 가운데 북한이 포함된 것을 보아도 알 수 있다고 말한다.

또 김대중 씨와 노무현 정권은 전 세계 어느 나라에서도 협상을 목표로 핵을 만든 나라가 없었음에도 불구하고 북한의 핵개발은 실제로 핵을 보유하는데 목적이 있는 것이 아니라 단지 미국의 대북압살정책을 중지시키고 북미 관계를 개선하려는데 목적을 둔 '협상용'일 뿐이라는 주장을 내놓고 있다. 달리 방도가 없어서 핵을 포기하는 경우는 있어도 값비싼 대가를 지불하고 만든 핵을 단순히 협상용으로 사용하기 위해 만들었다는 주장은 다소 황당하다고 평할 수밖에 없다.

그러나 미국이 북한을 압살하려고 한다거나 핵 선제공격 대상에 북한이 포함되어 있어 북한이 핵무기개발을 시도했다는 주장에는 타당한 근거가 약하다.[27] 미국은 북한을 이라크와 같은 맥락에서 이해하지 않는다. 우선 북한은 비록 냉전시보다 약화되긴 했지만 이라크가 갖지 못한 안보조약을 중국 및 러시아와 맺고 있다. 미국이 북한을 공격하기 위해서는 중국과 러시아를 의식치 않을 수 없다. 또 북한을 공격했을 경우 붕괴된 북한의 재건비용을 누가 부담할 것인가는 공격에 못지

---

26) 당시 언론에 보도된 김대중 전 대통령의 기자회견과 방미중 LA에서 행한 노무현 대통령의 발언 참조
27) 문정인, "대북정책에 드리는 苦言", 중앙일보 2002년 2월8일자 참조

않게 중요하다. 이라크는 자체에서 생산되는 석유자본으로 재건비용을 조달 할 수 있지만 북한은 지구 최빈국중의 하나이기 때문에 군사공격으로 붕괴시킬 대상에 포함시키기가 쉽지 않다. 부시대통령은 미국은 북한을 침략하지 않는다는 것을 여러 차례 공언한 바 있다.

그러나 북한은 독재체제의 성격상『없는 적이라도 만들어야 한다.』 그것이 체제의 존립조건이 되기 때문이다. 김정일 정권을 떠받치는 선군정치를 성립시키기 위해서는 미국의 대북압살정책이 설사 없더라도 있는 것으로 만들어 내고 이 사실을 주민들과 외부세계를 향하여 선전해야 한다. 이 점에서 북한을 공부하는 학계의 일부 인사들이 미국의 대북위협을 북한이 핵실험에 나선 이유로 지적하는 것은 어불성설이다.[28] 북한은 오히려 핵무장을 시도하거나 핵무장을 했을 경우에만 외부의 개입이나 군사공격을 불러올 상황에 놓여있기 때문이다.

④ 핵무장이 최선의 자위책인가

지금껏 핵무장을 한 국가가 외부로부터 군사공격을 받은 일이 없다거나 이라크가 핵실험에 성공했더라면 미군의 침략을 피할 수 있었을 것이라는 주장도 있다. 그러나 이 논거에 일면의 진실이 없는 것은 아니나 핵전쟁을 피하려는 강대국의 입장이 핵무장한 모든 국가에 똑같이 적용되는 것은 아니다. 특히 북한처럼 핵 공격을 당한 후 제2차 가격으로 대응할만한 전략적 종심(縱深)이 없는 협소국가가 국민을 기

---

28) 미국 부시대통령의 2001년의 연두교서에서 테러를 사후약방문 식으로가 아니라 사전 예방을 위해 핵선제공격 대상 명단에 북한이 포함된 것을 세종연구소 일부 학자들이 북한 핵개발의 이유 내지 명분으로 들고 나오고 있지만 이는 타당성이 없는 주장이다. 2006년 11월 2일 아셈 연구원 주최, "북한의 핵실험이 동북아정세에 미칠 영향" 주제하의 학술회의에서 행한 이영일의 토론요지 발언 및 이를 반박한 백학순 교수의 주제논문 참조

아선상에 내 몬 상태 하에서 핵 무장을 서두는 것은 실로 불행을 자초하는 행위라고 단정치 않을 수 없다.[29]

북한의 핵무장은 북한 경제발전의 결과로 이루어진 것이 아니다. 또 산업발전이나 과학기술의 결과가 이룩한 산물도 아니다. 국제사회는 지구 최빈국가인 북한이 전체 인민을 기아 속으로 내몰고 위폐와 마약 등 불법적으로 취득한 자금으로 국제 핵 거래 암시장을 통해 핵무장을 추구하고 있는 것으로 보고 있다.[30] 이런 상황 하에 있는 북한이 핵실험에 성공했다고 해서 북한을 핵보유국가로 인정하고 핵 보유클럽의 회원으로 국제사회가 대접하기는 힘들 것이다. 이 점에서 북한의 핵 보유가 과연 얼마만큼 그들의 안보를 담보할 수 있을지 의심치 않을 수 없다.

⑤ 햇볕정책이 북한사회를 변화시켰는가

노무현 정권은 이런 상황 하에서도 정책적 갱신 없이 대북지원을 해마다 늘려나갔다. 2000년 김대중 씨의 방북으로부터 2007년 노무현 대통령의 방북까지 7년 동안 거의 5조원 이상의 대북지원이 이루어졌다. 그러나 북한의 변화는 남측의 예상과는 거리가 너무 떨어져 있었다. 미국 외교정책협의회 선임연구원 로버트 매닝은 "이제 한반도의 현실을 직시할 때가 됐다. 김정일은 진지한 개혁주의자도 아니고 ---(중략)-- 앞으로 서울을 방문할 것 같지도 않다. 북한은 군사 중심 체제의 덫에 빠져 있어서, 그 변화의 속도는 빙하가 녹기를 바라보는 것 같다"고 지적했다.[31]

---

29) 장리엔케이(張璉瑰), "북의 핵개발은 소득 없는 게임", 동아일보 2007년 1월 3일 및 스인홍(時殷弘), "북핵은 제발등 찍기", 동아일보 2006년 11월 17일 기사 참조
30) 高世仁, "金正日を震ぇ上からせた男", (日本 文藝春秋 2006年 10月號, pp. 214-221 참조
31) 로버트 매닝, "남북정상회담성과는 다소 비관적이다", 동아일보(2001년 6월 14일) 참조

2006년도 북한의 GDP는 256억 달러로 추계되고 있다.[32] 우리나라 충청북도의 지역생산총액(GRDP)과 비슷한 수준이다.[33] 이런 열악한 경제사정하에서 핵개발을 하면서 100만 대군을 보유하고 이들을 앞세운 선군정치를 밀어붙이는 것은 지구상에서 불가능을 가능으로 만든 (?) 전무후무한 통치일 것이다. 좌파들의 입장에서 보면 오늘의 북한은 이른바 주체의식과 신념으로 버티면서 핵으로 지구 최강의 미국과 겨루는 대단히 장한 나라로 보일 것이다. 그러나 이런 상황은 어느 경우에나 민생경제의 총체적 파탄을 부를 수밖에 없다. 경제가 파탄되면 주민들이 기아에 허덕이게 되고 심지어 선군정치의 주춧돌인 군대마저도 제대로 먹여 살리기가 힘들 것이다. "선군정치를 강조하는 국가에서 사병들이 군량미 부족으로 눈 덮인 겨울 산야에서 먹을 것을 찾아 해매고, 민가에 내려가 약탈하지 않는 이상 먹을 것을 구하기가 어려운 나라가 북한이라고 말하는 연구결과도 나오고 있다."[34] 이 지적에서도 우리는 선군정치의 지속이 어려워지고 있음을 엿볼 수 있다.

김·노 양 대통령은 그들의 햇볕정책이 이산가족 면회소 설치, 금강산 관광, 개성공단, 철도연결 등의 성과를 내세우면서 남북관계개선에 획기적 공헌을 한 것처럼 말하면서 자신들의 정책이나 행동을 정당화하고 있다. 물론 이러한 성과는 평가받을만한 것도 있다. 그러나 이러한 성과는 북한이 핵무장함으로써 앞으로 우리 한국국민들이 머리위에 핵위협의 부담을 안고 살아갈 안보 상황을 생각하면 감히 성과라고 내세우거나 생색내서는 안 될 것이다.

김·노 두 대통령이 명심해야 할 것은 "국민은 지극히 어리석으나 끝내 속일 수 없는 것이 국민이다"(民至愚 不可欺者 民也)는 공자님 말씀

---

32) 한국은행, http://www.bok.or.kr 의 경제통계시스템(남북한 주요 지표 총량비교표 참조)
33) 충청북도의 지역총생산액은 2006년 27조3961억원이다(http://www.nso.go.kr의 KOSIS 참조)
34) 남성욱, "북한이 정상국가가 되려면", 『주간조선』 2007년 3월 19일 기사참조

을 마음속에 새기면서 국민기만의 지난날을 통회(痛悔)해야 할 것이다.

김·노 양 정권의 햇볕정책은 그 시행성과를 놓고 볼 때 결국 이들의 햇볕정책은 북한경제를 파탄시킨 선군정치의 시효를 연장시키고 핵개발을 지원한 정책으로 결론을 내리지 않을 수 없다. 이들의 햇볕정책은 북한 동포에 대한 햇볕이 아닌 김정일 위원장의 선군정치에 대한 햇볕이었고 노무현 정권의 '평화번영정책'은 북한주민들의 행복이나 번영과는 전혀 관계없는 북측의 핵개발 지원, 북한 인권에 대한 모르쇠정책임이 판명되었다.

6. 6·15선언과 연방제 통일문제

① 6·15정신과 "우리 민족끼리"의 논리

요즈음 북한 측은 흔히 6·15정신이라는 표현을 즐겨 사용한다. 이유인즉 6·15선언은 김일성 수령이 제기했고 김정일 위원장이 승계, 발전시킨 연방제 통일방안을 남한의 김대중 대통령이 수용한 것으로 보기 때문이다. 그들은 남측이 북측의 연방제를 수용케 한 정신을 6·15정신이라고 말한다.

또 그들은 "우리 민족끼리"라는 말도 즐겨 쓴다. 이 말처럼 북측에 유리한 말은 없을 것이기 때문이다. 왜냐하면 우리 민족끼리 라는 표현은 북측 입장에서 해석하면 한국의 자유민주체제와 북한의 일인독재, 일당독재체제를 동격으로 묶는 표현이기 때문이다. 지금 북한에는 1인의 자유는 있으나 만인의 자유가 없는 지구 최악의 독재정권이다. 인권이 유린된 가운데 아프리카 최빈국 수준의 가난과 기아가 보편화되어 있는 상태에 놓여있다. 천당과 지옥차이로 비유될만한 남한과 북한을 "우리 민족끼리"라는 말로 포장하여 남북한의 체제차이, 발전 격차가 통일에 지장이 없는 것처럼 호도하고 북한체제의 변화필요성 을 외면하면서 남북한이 대등한 입장에서 연합제나 연방제적 통일 접 근이 가능한 것처럼 선전하는데 필요한 용어로서 "우리 민족끼리" 보 다 더 좋은 표현이 있겠는가.

오늘의 남북한 관계가 우리 민족끼리라는 표현을 공유할 만큼 인권 가치관, 민족가치관, 안보가치관, 역사적 운명공동체의식이 공유되어 있고 경제수준도 서로 보완관계라고 말할 정도의 수준에 도달해 있다 면 얼마나 좋겠는가. 이런 상태 하에서라면 연합제면 어떻고 연방제면 어떻겠는가. 북한은 "21세기의 태양 김정일 동지를 전체인민이 목숨으 로 옹위하자"는 구호로 전국을 뒤덮고 있는 체제인데 반해 한국은 대 통령이 국민을 섬겨야 하는 나라가 아닌가. 한국에서는 언론의 자유가 넘치고 시민사회가 강력한데 반해 북한에는 언론의 자유도, 집회의 자유도 없고 시민사회의 존재도 허용되지 않는 지구 최악의 독재정권 아닌가. 남북한의 차이가 이렇게 큰데 "우리 민족끼리"라는 말로 이러 한 차이를 없는 것처럼 희석하고 포장하겠다는 것인가.

저자는 2001년도부터 2007년까지 6회에 걸쳐 북한을 방문했다. 한민 족복지재단의 공동대표 또는 방북단장 자격으로 북한을 방문, 인도주 의적 대북사업을 실시했다. 그러나 내가 방북한 7년 동안 개인적으로 일반 북한사람을 만나 대화한 일이 한 번도 없다. 북측에서 한국에서 온 사람이 북한주민과 접촉하는 것을 철저히 차단하기 때문이다. 북한 을 찾은 한국 사람들은 거의 예외 없이 식당을 맘대로 다닐 수도, 고를 수도 없다. 오직 값 비싼 외국인 전용 식당만을 이용해야 한다. 유일한 예외가 옥류관에서 냉면을 먹는 경우이지만 이 경우에도 북한주민과 인사를 나누거나 대화하는 것이 허용되지 않았다. 돈이 있어도 택시타고 돌아다닐 수도 없다. 서울에 있는 가족들과 안부전화도 할 수 없다. 인터넷 사용도 금지되었다. 지구상에 어느 공산국가에 가서 한국인들이 이러한 처우를 받겠는가.

중국, 베트남, 쿠바도 공산국가이지만 식당, 택시, 전화, 인터넷 이용의 자유는 허용되어 있다. 상황이 이러할진데 6·15선언에서 말하는 "우리 민족끼리"나 "민족공조"란 무슨 뜻인가를 김대중 대통령은 국민들에게 설명해야 한다.

김대중 대통령은 누구보다도 이런 사실을 잘 안다. 우리 민족끼리라는 말을 공유할 수 없는 체제가 북한인 것도 모를 리 없다. 그러면서도 우리 민족끼리라는 북측의 주장을 받아들였다. 노무현 대통령도 맞장구를 쳤다. 김대중 대통령은 노벨평화상을 획득하기 위해 북측의 "우리 민족끼리" 주장을 받아들였고 노무현 대통령은 이를 수용해야 만이 역사에서 자기 정권이 "통일 지향적 진보정권"으로 평가 받을 수 있다고 생각했는지도 모른다. 전자가 개인의 명리(名利)를 탐한 데서 비롯된 것이라면 후자는 경륜에 문제가 있다고 보아야 하지 않을까.

② 북에 끌려 다니는 조공적(朝貢的) 대북접근

6·15선언 이후 남북한 대화는 다시금 북한주도로 넘어갔으며 한국의 대북정책은 내치외교의 양면에서 북한의 눈치를 살피거나 북한의 반발을 유발할 가능성 있는 조치를 가능한 한 피하는 쪽으로 흐르기 시작했다.

김·노 양 정권의 햇볕정책 중에서 잘못된 공통점을 간추리면 대략 다음과 같다.

▷ 북한의 눈치를 보고 반발을 받지 않으려는 태도라 하겠다. 특히 유엔 인권위원회에서의 표결 때 북한의 반발이 두려워 북한을 규탄하는 EU측이 발의한 결의안에 1회 결석, 2회 기권을 하는 열등성을 보였다.

▷ 남북대화에서 국군 포로문제나 납북어부문제 제기 같은 북측이 대화하기를 싫어하는 문제를 가능한 한 피한 점에서도 김·노 양정권의 태도는 같았다.

▷ 남북한 교류에서 상호주의를 말하면 이는 마치 남북교류를 거부하는 태도로 양 정권은 받아들였다. 상호주의는 양적인 것보다는 질적 차원이 더 중요한데 상호주의만 말하면 이를 수구(守舊)꼴통으로 몰아붙인 점에서도 양 정권의 입장은 동일했다.

▷ 오히려 북측이 남에 비해 경제적으로 어렵기 때문에 돕자고 하면서도 북측에 끌려 다니는 태도가 국민적 저항이나 비판의 대상이 되면 막강한 군사력을 보유한 북측과 "그러면 전쟁을 하자는 것이냐"고 윽박지르는 태도 면에서도 양정권의 정향(定向)은 비슷했다.

▷ 양 정권의 가장 결정적인 과오는 대북지원의 무조건성이라고 할 수 있다. 양 정권은 북한을 지원하면서 제대로 된 사업계획서를 요구한 일도, 받은 일도 없이 무조건 북측이 달라는 것을 요구대로 지원하고 제대로 쓰였는지를 확인하는 작업조차 하지 못했다는 점이다.

③ 6·15선언에 대한 북측 해석

이제 북한 측 자료를 살펴보면서 그들의 6·15선언에 대한 태도를 검토하기로 한다. 북측은 <6·15 공동선언의 기본정신과 내용을 이루

는 <<우리 민족끼리>>의 근본리념과 통일방도, 북남관계를 개선하고 민족의 화해와 단합, 협력, 교류를 위한 구체적인 방안들은 다 경애하는 장군님께서 제시하신 것이다. 그런 의미에서 6·15 공동선언은 경애하는 장군님의 주도하에 마련된 탁월한 령도력의 산물이라 할 수 있다>[35]고 말하고 <북과 남이 서로 다른 리념과 체제가 존재하는 현실을 인정하고 두 제도의 공존에 기초하여 련방제 방식으로 통일을 실현하는 데서 우리의 낮은 단계의 련방제 안과 남측의 련합제안에 공통성이 있으므로 두 제안을 조절하여 공동의 통일방도를 만들었다>고 쓰고 있다.

여기서 '남측의 련합제'는 앞에서도 지적했듯이 노태우, 김영삼 정부가 만들어 국민적 공론화과정을 거친 한국의 공식통일방안에 나오는 연합제가 아니다. 그 연합제는 북측의 연방제와 공통점이 없다. '남측의 련합제'는 김대중 씨의 3단계 통일방안에 등장하는 연합제에 근거하고 있다. 이러한 논리는 김대중 정권이 '남측이 당장 북측의 고려민주련방공화국 창립방안을 접수하지 못하는 현실적 조건을 고려한 때문'인 것으로 보고 있다.[36]

북측은 6·15선언을 그들의 입장에서 남북한이 합의했다는 전제하에 이 선언이 말하는 연방제 통일운동의 추진기구로 범민련(조국통일범민족연합) 남측본부를 내세워 연방제통일방안을 홍보, 선전하는 공작을 시작했다.[37]

---

35) 강충희, 원응희 지음, 6·15 자주통일 시대(주체94(2005), 평양출판사) 참조
36) 앞에서도 지적했거니와 김대중 정권은 김종필 씨의 자유민주당과의 연립정부였기 때문에 남북연방제통일방안을 선뜻 받아들이기 어려웠을 것이다.
37) 汎民聯은 1990년 11월 20일 독일 베를린에서 친북성향의 남북한 및 해외교포들이 모여 결성한 통일운동조직으로, 남측본부, 북측본부, 해외본부와 공동사무국을 두고 있다. 범민련은 북한이 대남공작차원에서 남북한 및 해외동포를 연계하여 결성한 친북반한(親北反韓) 통일전선운동체로 북한의 대남공작기구중 하나인 「통일전

④ 통일을 보는 범민련(조국통일범민족연합) 남측본부의 태도

범민련(남측본부)은 통일 관련 시민단체 중에서 꽤 영향력을 가진 조직으로 그동안 북한과 연대하여 범민족대회 등 각종 친북편향의 통일운동을 전개해 온 바 있다. 이들의 통일론을 보면 1993년 12월 16일에 처음 공개된 범민련의 강령과 규약에서 김일성의 통일방안으로서의 고려민주연방공화국 건설을 지지하는 단체임을 분명히 했으나 6·15선언이 있은 후에는 입장을 다음과 같이 바꿔 표현했다.

이들은 2001년 5월 13일 발표한 <6·15남북공동선언으로 연방통일조국 건설은 시작되었다>라는 문건에서, 6·15 공동선언은 연방통일조국 건설의 역사적인 첫 걸음이라며, 공동선언 2항(남측의 연합제와 북측의 낮은 단계 연방제 절충)을 사실상 북한의 연방제 안에 대한 동의라고 해석하고 또 그들은 "6·15남북공동선언으로 이는 남측에서 그동안 금기시되었던 연방제 통일방안이 합법화되었다는 것을 의미한다. 이제는 연방제 통일을 주장한다고 해서 탄압할 수 없다고 주장한다.

다음으로, 한국이 말하는 국가연합제는 사실상 통일방안이 아니라 분단고착화 방안이라고 매도하고 "분단고착화 방안을 통일을 지향하는 방안으로, 낮은 단계의 연방제로 끌어들인 것이 6·15선언이라고 말하고 있다." 이어 범민련 남측 본부는 2007년 2월 23일 개최된 임시 공동의장단회의의 기조보고인 <2007년 조국통일범민족연합의 활동 방향에 대하여>에서 범민련이 (1) 반미, 반 보수 투쟁을 주된 투쟁과업으로 제시하고 그 실천을 위한 줄기찬 투쟁을 전개하였다고 밝히고 (2) 6월 15일을 《우리 민족끼리의 날》로 제정하기 위한 투쟁을 전개한다고 말하고 있다. --(후략)-- 이는 북한의 통일노선을 그대로 수용, 채

선부」가 직접 조종하고 있는 것으로 알려져 있다.

택하는 것임을 확인해준다. 노무현 정부는 6·15선언을 국가기념일로 제정하려고 추진하다가 이 움직임은 대선실패로 일단 수면 아래로 잠재되어 있다.

⑤ 선거로 좌파정권을 퇴치

친북단체가 이런 주장과 구호를 외친다고 해서 대한민국 국민들이 그들의 선전에 현혹되어 김정일 지지 세력으로 변할 가능성은 거의 없다. 그러나 김·노 양 정권은 범민련 활동을 통일운동으로 눈감아주고, 감싸주고 이런 방향에서 활동하다가 국가보안법 위반으로 투옥된 후 출감한 남측 인사들을 민주투사로 포장하여 훈장을 주고 거액의 보상금도 주었다.

범민련의 활동에 편승하여 일부 전교조 교사들은 빨치산 추모제에 학생들을 동원하여 친북적 세뇌작업을 자행했다는 것도 주요 언론들이 보도했다. 심지어 연방제 통일을 주창하는 단체들이 공공연히 서울에서부터 광주에서 열린 5·18행사장까지 가서 남북대화사절이라는 모자를 쓰고 북측에서 온 대남공작 팀들과 더불어 연방제통일을 구호로 외치면서 행진했다. 이러한 행동이 모두 6·15 선언의 이름으로 정당화되었던 것이다. 특히 노무현 대통령은 국가보안법을 폐지하려다 실패한 후 법을 그대로 둔 채 사문화시켜 왔다.

또 6·25전쟁은 북한 지도부가 시도한 '통일전쟁'이라는 취지의 글을 언론매체에 실은 혐의로 기소된 강정구 동국대 교수에 대해 구속영장을 신청한 검찰총장에게 지휘권을 발동하여 구속수사를 중지시킨 천정배 법무장관의 처사 역시 노무현정권의 코드를 그대로 드러낸 것으로 보아야 할 것이다.

김·노 양 정권은 이러한 모든 행위를 공공연히 비호했다. 그러면 노무현 정권은 왜 이처럼 국민들 주류가 반대하고 60년의 헌정사가 반대하는 길을 줄곧 거슬러 갔을까. 이것은 노 대통령 자신이 우리 한국 국민들 대다수가 갖는 대한민국관(大韓民國觀)을 공유하지 않은 데 기인하는 것 같다.

그러나 대한민국 국민들 주류는 이들 좌파정권의 발호를 뜨거운 분노로서 지켜보면서 결국 이들 정권을 선거로서 퇴치하자는데 국민적 합의를 이루었다. 제 17대 대한민국 대통령선거는 마침내 국민적 결의가 무엇인지를 보여주었다. 통합신당의 참패와 한나라당 후보의 압승은 이를 웅변한다. 대한민국을 친북화로 통일하려는 어떠한 시도도 이 땅에서는 더 이상 용납될 수 없다는 것을 국민들이 혁명 아닌 투표로서 보여준 것이다. 이것이야말로 한국 민주역량의 성숙을 보여준 쾌거가 아닐 수 없다.

7. 햇볕정책의 이론과 비판

① 국제정치 일반론적 관점에서 본 햇볕정책

햇볕정책은 국제정치의 일반이론을 따른 원리에서 도출된 정책이라기보다는 다분히 선전적, 직관적 접근의 산물이다. 그러나 현실주의(realism) 국제정치이론 가운데는 햇볕정책으로 유추될 요소들을 찾을 수 있다. 햇볕정책 범주에 포함될 이론적 가설들은 이상주의적인 요소들을 담고 있어 그 실효성이 크게 지지받고 있는 것들이 아니다. 햇볕정책가설 중 남북한 관계에 쓰일 가설들을 몇 개를 간추려 예시하면 다음과 같다.

▸ 한 나라의 적대적 행동은 다른 나라의 선의에 의해 변화될 수 있다.
▸ 남북한 간에도 교류·협력이 많아지면 전쟁의 가능성이 줄어들 것이다.
▸ 강경정책은 전쟁발발 가능성을 높인다.
▸ 화해정책은 일방적으로 추진되더라도 적의 전쟁의지를 약화시킬 것이다.
▸ 상대방 국가의 완고한 집념과 사상체계도 선의의 노력으로 변화시킬 수 있다.
▸ 한국은 북한에 대해 상호주의를 요구할 필요가 없을 만큼 모든 면에서 우위에 있다.
▸ 햇볕정책 외에는 다른 대안이 없다.

앞에서도 지적했지만 햇볕정책이 딛고 서는 이러한 가설들은 현실적이라기보다는 이상주의적이다. 현실국제정치이론에서는 햇볕정책의 가설들의 실효성을 대부분 부정한다. 위의 가설들을 국제정치의 사례들에 적용해보면 다음과 같은 결과가 나온다.

(1) 평화적인 수단만으로는 다른 나라의 적대적 태도를 바꾸는 것은 거의 불가능하다. 햇볕 논자들은 돈으로 평화를 살 수 있다고 주장하나 다수설은 경제원조라는 수단은 다른 나라의 행동을 바꾸거나 제약하는데 그다지 효율적인 수단이 못 된다는 것이다.
(2) 경제교류가 증대하면 전쟁의 가능성이 줄어들고 평화의 가능성이 높아질 수 있지만 모든 경우에 통용되는 것은 아니다. 세계가 자유무역을 실시, 시장경제가 확장 되면 평화가 온다는 시장경제

평화론은 일부 선진국들 사이에서 성립하고 있을 뿐이다.

(3) 한국의 햇볕론자들은 대북강경정책이 전쟁발발을 유도한다면서 햇볕정책에 대한 반대를 전쟁선호로 몰아부친다. 국제정치에서 평화를 보장하는 가장 중요한 방법은 강한 군사력에 의거한 안보정책이다. 레이건의 강경정책은 소련으로부터 탈냉전 평화를 가져왔다.

(4) 북한의 태도와 사상이 우리의 선의로 변할 수 있다는 것은 불가능하다. 소련과 중국이 사상을 바꾼 것은 누구의 설득에 의한 것이 아니었다. 끝까지 버티다가 망한 경우가 소련이며, 중국은 국내정치의 대변혁을 통해 체제와 사상의 변환을 이룩했다.

(5) 김대중 식의 햇볕정책은 한국의 우위를 말하면서 대북상호주의를 요구하지 않았다. 경제적으로 약한 북한을 일방적으로 도와주자는 것이다. 그러나 햇볕주장이 정당하려면 북측이 군사위협을 줄이고 인권 상황을 개선하라고 강력하게 요구할 수 있어야 한다.

(6) 햇볕주장은 대북접근의 하나의 접근방식이다. 이 정책이 북한에 적용되지 않을 경우 새로운 정책을 선택해야 한다. 북한이 도저히 경쟁하거나 넘볼 수 없도록 군비를 강화하는 것이야말로 한국이 선택할 수 있는 강한 대안이 되어야 한다.[38]

② 무역상의 양보이론(Trade Concession)

햇볕정책이라는 학문적 명칭은 없다. 햇볕정책은 이것을 내세우는 사람들이 이 개념을 상품화할 때 그럴싸하게 붙이는 명칭에 불과하다. 그러나 햇볕정책과 비교적 가까운 오래된 국제정치의 개념 가운데서

---

38) 이춘근, "햇볕정책, 폐기를 고려해야 할 시점이다", 햇볕정책 파탄원인 분석 (http//www.cfe.org(2006-08-02) 참조

흔히 잘 인용되는 이론이 무역양보이론이다. 외교사를 더듬어 보면 무역양허이론이라고 할까 아니면 무역상의 양보이론이라고 불릴 정책들에서 햇볕정책에 유사한 개념들이 나온다. 이 정책은 전쟁을 통해 현상을 타파하려는 국가를 상대로 무역상의 특혜나 양보를 제공함으로써 상대방의 전쟁추구정책의 방향을 바꿔 온건해지도록 상대방 국내에서 영향력을 행사할 세력의 출현을 유도하는 정책이다.[39]

영국은 1930년대에 신흥 독일과 일본에 차관 공여확대, 시장 개방, 파운드 화권에서의 수출 문호개방 등의 조치를 취했다. 이 조치의 배경에는 독일내의 온건세력의 발언권을 강화시켜 히틀러의 공격적인 대외정책을 변경시키려 한 것이다. 미국도 1972년 초에 소련에 자본, 기술의 제공 및 수출입은행 자금이용을 허가하는 조치를 취한 바 있고 중국에 대해서도 최혜국 대우, 자본 수출과 수출입 은행 이용을 허용했다.

그러나 2차 세계 대전 직전에 영국수상 체임벌린이 히틀러에게 제공한 경제적 특혜나 베르사유 체제가 독일에 들씌운 배상금 완화를 제안한 이른바 유화정책은 히틀러의 공격위주의 대외팽창정책을 저지하지 못한 점에서 실패한 햇볕정책이라고 할 수 있다.[40]

③ 백낙청 교수의 분단체제론

6·15공동선언 실천 남측 추진위원장으로서 김대중 대통령의 방북시 수행했고 그 외에도 여러 자례 평양을 왕래하면서 햇볕정책과 6·15선언을 지지해온 백낙청 교수는 그의 저서 "흔들리는 분단체제"(창

39) Steven E. Lobell, "IPE and IR Theories : Historical Relationship, Globalization, and IR", *Theorizing International Relations in East Asia, KAIS 2007* (2007 Intrnational Conference, Seoul 26-27 Octorber), pp. 97-104 참조
40) 김용구, 세계외교사(서울대학교 출판부, 2006), pp. 765-768

작과 비평사, 2001)와 그의 논문 "한반도의 시민 참여형 통일과 전 지구적 한민족네트워크"(역사문제연구소 간 『역사비평』 2006, 겨울호)에서 햇볕정책의 이론적 근거로 분단체제론을 펼치고 있다. 백 교수의 분단체제론은 학문차원의 이론이라기보다는 한반도 분단 상황을 보는 하나의 시각을 논리화한 가설적 주장이다.

나는 백 교수의 글을 읽으면서 탈무드의 이야기를 읽는 것 같은 느낌을 받았다. 탈무드 가운데 이런 이야기가 나온다. 머리 둘 달린 애를 낳은 한 여인이 랍비 앞에 와서 이 아이가 한 아이인가 아니면 두 아이인가를 물었다. 랍비는 여인에게 막대로 한 아이의 머리를 때려서 두 아이의 눈에서 같이 눈물이 나오면 그것은 한 아이이고 맞은 머리의 아이에게서만 눈물이 나온다면 그 애는 두 아이라고 판단해주었다. 이 이야기는 유태민족이 세계 어디에 있던지 이스라엘이 아픔을 당하면 그 아픔을 전 세계 유대인이 공유한다는 것을 가르치기 위한 유태인 교육설화이다. 백 교수의 분단체제론이 어쩌면 이런 우화를 연상시킨다.

그는 이 글들에서 남북한이 하나의 분단체제의 구성체로서 상대방을 의식하지 않는 어느 일방만의 발전이나 선진화는 분단구성체로서의 제약 때문에 달성하기 힘들다고 한다. 한국이 아무리 단독으로 발전하고 선진화하려고 하더라도 북이 낙후된 상태에서 제동을 걸면 한국만의 단독선진화는 어려울 수밖에 없는 것이 분단체제의 불가피성이라고 주장한다. 일견 그럴듯하나 동서독의 예에서 보면 전혀 타당성이 없는 주장이다. 그는 남북한은 분단체제에 묶여 있기 때문에 공존 공생의 길을 걸을 수밖에 없다고 주장하면서 북한의 식량난을 지원하는 한국 NGO들의 역할에서 분단체제론의 당위성을 구한다. 그러나 백 교수는 북한의 반인권적 독재체제, 인민의 희생위에서 취해지는 핵개발, 개혁개방을 거부하는데서 오는 극빈상황의 문제점에 대해서는 진지한 논의를 피하고 눈을 감고 있다.

그러면서도 북측이 말하는 "우리 민족끼리" 주장은 분단체제론의 맥락에서 적극 수용하고 김대중 식의 햇볕정책, 노무현 정권의 평화번영정책을 지지하고 6·15선언 남측위원장으로서 활동하고 있다. 특히 그는 6·15선언 7주년을 기념하기 위해 평양에서 열린 행사에서 "우리 겨레는 6·15공동선언으로 냉전과 대결의 역사를 뒤로 하고 자주와 평화, 민족대단합의 역사를 열게 됐다"며 "이번 평양 민족통일대축전도 6·15공동선언이 제시한 교류와 협력, 평화공존과 자주통일의 새로운 전진을 이루어내는 역사적 회합으로 기록될 것"이라고 말했다.[41]

그는 특히 "우리 민족끼리"라는 6·15선언정신을 분단체제론으로 정당화하고 연합과 연방제로의 통일 필연성을 긍정한다. 그러나 백 교수의 주장은 그의 현학적, 수사적(修辭的) 분단체제론 정당화 작업에도 불구하고 결국 현실에서 동떨어진 궤변으로 전락한다. 분단시대를 사는 지식인의 안타까움을 논리적으로 토로하면서 남북 협력의 장을 넓혀보려는 고뇌에 대해서는 평가할 수 있지만 실천적 논리로서는 무가치한 주장이다. 아울러 한 지식인의 자기철학을 내세운 설교는 될 수 있어도 학문적 논의의 범주에 넣기도 힘든 주장이라고 단정해도 크게 잘못되지는 않을 것이다.[42]

④ Francis Fukuyama 교수의 햇볕정책 비판

김·노 정권의 햇볕이론은 미국 학계에서도 한국 문제에 관심 있는 학자들 간에 논의의 대상이 되었다. 이들 중 미국의 후란시스 후쿠야마

---

41) 조선일보, 2007년 6월 14일 보도 인용
42) 안병직, "虛構로서의 분단체제론", (뉴라이트재단 刊, 『시대정신』, 2006 겨울), pp. 220-256 참조

존 홉킨스 대학교수는 북한을 상대로 추진한 햇볕정책은 성공하기 힘든 정책이라고 다음과 같이 말하고 있다. "햇볕정책은 북한 같은 전통적인 공산정권보다 알카에다와 유사한 반군 세력에 유효하다. 주민들을 지원해 민심을 정부 편으로 돌리면 반군들은 설 땅을 잃게 되기 때문이다. 북한은 독재 권력이 전 국민을 통제하는 사회다. 그는 햇볕정책의 목표는 북한을 중국식으로 개방시키려는 것이었지만 그럴 경우 북한은 주민들을 장악할 자신이 없다. 그래서 지원만 챙기고 개혁은 거부한다. 김대중 정권 이후 8년 넘게 한국 정부가 대북 유화 정책을 취했지만 북한의 개혁, 개방에 아무런 성과가 없는 이유다."[43]고 갈파했다. 그는 또 "햇볕정책은 서독과 동독이 TV 방송을 공유했던 식으로 개방과 교류를 촉진하는 방향으로 전개돼야 북한의 변화를 가져올 수 있을 것"이라고 말했다.[44] 역시 석학다운 예지를 담은 논평이다.

⑤ 북한이 중국식 개혁을 벤치마킹할 것이다?

김대중 대통령은 평소 북한은 중국식 개혁개방을 선호할 것이라면서 그의 햇볕정책은 북한이 중국식 개혁개방을 하도록 지원하는 것이라고 주장해왔다. 그러나 이것은 선의로 해석하면 한마디로 오판이었다. 북한은 본질적으로 개혁개방을 거부하고 핵개발을 추진하는 정권이었다. 중국은 1983년부터 김정일을 중국에 초청, 개혁개방을 권유했고 그 후에도 중국지도층은 김정일이 개혁개방에 나설 것을 기회 있을 때마다 강조했다.

---

43) 후란시스 후쿠야마, '북한은 햇볕정책 적용대상으로 부적합하다', (중앙일보, 2006년 8월 28일자 인터뷰) 인용

44) 후쿠야마의 이 발언은 2006년 11월 8일 서울대학교 국제대학원에서 행한 강연에 포함되어 있다.(중앙일보 관련일자 보도 참조)

2000년대에 들어와서도 장쩌민 주석은 2001년 9월 한중수교 후 처음으로 북한을 방문했을 때도 김정일에게 개혁개방을 강력히 권유했으나 북한은 중국식 사회주의와 구별되는 북한식 사회주의 길을 걷겠다고 말했다.45) 2005년 10월 북한을 방문한 후진타오 주석은 평양에서 가진 만찬연설에서 연설 내용의 3분의 2를 중국 측이 달성한 개혁개방의 성과를 설명하면서 북한이 개혁개방에 나설 것을 권유했다. 2000년대 초 김정일 위원장의 3차에 걸친 비공식 중국방문 때도 중국지도부는 북한이 개혁개방에 나설 것을 촉구했다.

그러나 김정일은 중국이 이룩한 개혁개방을 평가하고 특히 상하이의 발전상을 본 후에는 천지가 개벽된 것 같다고 극찬하면서도 북한의 개혁개방은 거부했다. 오직 선군정치에 매달리면서 핵개발에만 주력했다.46)

⑥ 메지에르 옛 동독 총리의 비판-햇볕정책의 핵심은 상호주의이다

독일 통일 당시 동독 총리였던 메지에르 씨는 "북한에 대한 지원은 그에 상응하는 대가를 받아야 한다. 독일의 경우 경제적 협력이 생기면 동독의 인권이 증진되도록 구조를 만들어 놓았다"고 말했다. 메지에르 전 총리는 "서독은 동독 내 양심수 4만 명의 석방처럼 확실한 대가가 있을 때만 현금 지원을 했다"고 말했다. 그는 "서독이 동독을 도울 때는 철저한 상호주의를 바탕으로 했다. 일방적으로 지원하는 김대중 정부, 노무현 정부의 햇볕정책은 서독의 포용정책과는 차이가 있다. 그는 (햇볕정책은) 통일을 앞당기는 게 아니라 북한 정권에 힘을 주고 북한 주민을 어렵게, 통일을 더욱 멀게 하는 것 같다"고 말했다.

---

45) 이영일, "중국식 사회주의와 북한식 사회주의", 내일신문 (2001년 9월 17일 이영일 칼럼)
46) 이영일, "중국식 개혁개방 가능한가", (내일신문 2006년 3월 16일 이영일 칼럼)

포용정책은 상대의 '좋은 행동'에 보상하고 '나쁜 행동'을 처벌하는 상호주의를 수단으로 해서 상대 행동을 변화시키는 것을 목표로 한다. 서독이 1963년부터 통일 전인 1989년까지 동독 반체제 인사 3만3755명을 풀어주도록 1인당 평균 9만5800마르크(약 5000만원)씩을 동독에 지원한 것이 좋은 예다. 그러나 김대중 정부가 시작하고 노무현정권이 물려받았다는 햇볕정책은 북한이 아무리 나쁜 짓을 해도 북한에 돈과 물품을 건네는 현금자동지급기나 산타클로스 할아버지 역할만 해왔다. 이런 사이비 포용 속에서 북은 8년 동안 햇볕을 타고 휴전선을 넘어온 9억5000만 달러(약 1조원)의 현금을 챙겨가며 핵실험을 하고 미사일을 쏘아댄 것이다.

지금 한국국민들은 대북 햇볕정책의 중단을 요구하는 것이 아니다. 북한 정권한테만 힘을 주고 북한 주민을 어렵게 해서 통일을 더 어렵게만 만드는 가짜 햇볕정책을 집어치우고 북한 주민의 삶에 도움이 되도록 북한 정권을 유도하는 진짜 햇볕정책을 실시하라고 주문하는 것이다.[47]

⑦ 바츨라프 하벨 전 체코 대통령의 햇볕정책 비판

하벨 전 체코 대통령은 2004년 6월 18일 워싱턴 포스트에 기고한 글에서 한국의 햇볕정책을 맹렬히 비난하며 북한 강제노동수용소를 나치독일의 아우슈비츠 수용소, 구소련의 수용소 군도, 캄보디아 폴 포트의 대학살에 비유하면서 김정일을 '세계 최악의 전체주의 독재자'라고 비판했다. 그는 '북한에 대해 행동해야 할 때'라는 제목의 칼럼에서 김정일 체제의 비인도적 인권탄압 실태와 중국에서 방황하는 탈북

---

47) 메지에르, "구 동독총리가 사이비 포용론자에게 주는 충고", 조선일보 사설(2006년 10월 26일) 인용

자들의 실상을 낱낱이 고발하고 이제 북한의 인권문제가 국제사회의 주요 어젠다가 되어야 한다고 주장하면서 이제 한국, 일본 등 민주주의 국가들이 전체주의 독재자 김정일에게는 더 이상 양보가 없다는 것을 분명히 하는 공동전선을 펴야 한다고 역설했다. 그는 또 핵과 미사일 등으로 세계를 협박해서 얻어낸 식량을 자신에게 충성하는 선군세력에게만 나누어 주고 북한 주민들은 굶어죽어도 상관하지 않는 기아정책을 쓰고 있다고 비판했다. 그는 끝으로 "한국의 햇볕정책은 아무리 취지가 좋다고 해도 끊임없는 양보와 설득에 기반을 두는 것이다. 한국이 햇볕정책에 수억 달러를 썼으나 무고한 생명을 구하는 데는 도움이 되지 않았으며 결과적으로 김정일 정권의 유지와 연장만을 돕는 것"이라고 비판했다.

그러나 이에 반해 김대중 전 대통령은 2004년 6월 19일자 영국의 파이낸셜 타임스와의 회견에서 전혀 다른 시각의 김정일을 이야기하고 있다. 그는 미국이 소련과 동구권에 제재를 가했어도 소련과 동구는 붕괴하지 않았지만 경제와 문화교류를 실시하자 붕괴했다면서 미국의 대북정책이 대북직접대화, 교류로 달라져야 북한이 변할 수 있다고 강조하고 김정일은 "총명하고 솔직한 사람으로 한국과 세계경제를 잘 파악하고 있는 사람", "중국의 덩샤오핑처럼 북한을 냉전시대에서 벗어나게 하려는 끈질긴 개혁가"라고 묘사했다. 김 대통령은 2000년 6월 정상회담 후에도 김정일 위원장에게서 총명하고 사리판단이 분명한 사람이라는 느낌을 받았다고 말한 바 있다.[48] 또 노무현 대통령도 2007년 10월의 김정일 위원장과의 회담 후 김정일 위원장을 "상황을 잘 장악하고 합리적인 사람"이라고 평하고 김정일 자신이 참석하지

---

48) 주섭일 지음, '김정일과 부시의 대타협'(두리미디어 2007), pp. 26~29에서 워싱턴 포스트와 파이낸셜 타임스의 기고 및 회견문을 논쟁 식으로 잘 정리해서 대조하고 있다. 이 부분을 발췌 인용했음.

않은 김영남 북한 최고인민회의 상임위원장(북한 헌법상 국가원수) 주최의 만찬석상에서 김정일 위원장의 만수무강을 비는 건배 까지를 제의했다. 그러나 세계는 북한 지도자 김정일이 세계 최악의 지도자로 선정됐다고 미국의 주말 매거진 Parade가 2008년 2월17일 보도했다. 작년 2위에서 금년에는 1위로 올랐다.

햇볕정책 지지자들의 김정일 평가와 비판적인 사람들의 평가가 이렇게 큰 차이가 나는데 우리 국민들과 세계라는 관중석에서는 이 상반되는 평가를 놓고 어느 편의 손을 들어 줄 것인가. 현재 객관적 결과로 나타난 것은 햇볕정책의 실패로 결론이 났다.

⑧ 북한은 햇볕정책의 적용대상이 아니다

김·노 양 정권은 북한정권의 이러한 속성을 모든 정보를 통해 알고 있으면서도 자기 개인의 명리에 집착, 햇볕정책을 추진했다. 햇볕정책을 적용해서는 안될 정권에 햇볕정책을 일부러 적용한 것이다. 북한은 후쿠야마 교수가 말한 대로 김대중 정권이 제공하는 지원금만을 챙겨 핵 개발을 적극 추진했던 것이다.

노무현 정권은 김대중 정권의 햇볕정책을 승계했지만 상황은 김대중 정권 때와 같지 않았다. 북한의 핵개발 저지가 국가안보의 절체절명의 과제로 부각되었기 때문이다. 그러나 노무현 정권은 대북정책의 전개 과정에서 김대중 정부의 햇볕정책을 핵위기 상황에 맞게 변화시키지 않았다. 핵개발을 억제할 장치나 조치를 수반하지 않고 일방적으로 북에 원조만을 제공하는, 즉 선군정치세력에게 당근만 제공하는 방식으로 햇볕정책을 추진했기 때문에 국내에서 남남갈등, 퍼주기 논란이 일어났다. 남측의 햇볕정책은 마땅히 핵개발 저지를 위해 그 성격과 논리를 바꿔야 했다. 그러나 북한이 핵실험을 감행해도 노무현정권의 햇볕정책은 전혀 수정되지 않았다. 수정될듯하다가 그대로 주저앉곤 했다.

그러나 노무현 대통령은 북핵 저지는 미국의 과업이거나 주변강대국의 과업으로 보고 마치 한국정부는 당사자가 아닌 것 같이 처신하면서 햇볕정책을 밀고 나가 남북화해협력만을 추구하는 자세를 취했다. 자주외교의 깃발을 들고 한미 간의 공조에 균열을 일으키면서도 노무현 정권은 햇볕정책에 매달렸다. 이 점에 대해 키신저는 "북한은 경제적으로 파산한 국가여서, 이번 6자회담에서 '탈출구'를 찾으려 할지 모른다"면서 그러나 그는 "그럴 경우, 한국을 제외하고는 다른 어느 나라도 북한에 경제 안정에 필요한 자원을 주려고 하지 않아, 계속 더 많은 것을 주는 한국 측의 노력은 오히려 어느 시점에선 (북한핵 해결의) 장애물이 될 수 있다"고 비판했다.[49]

또 노 정권의 대북정책은 남북한의 평화공존에만 역점을 두었기 때문에 우리가 달성해야 할 구체적인 통일조건과 햇볕정책을 연계시키지 못했다. 북한이 바뀌지 않는 한 남북한 간의 평화공존, 평화통일은 불가능 한데도 북한의 변화를 겨냥하는 뚜렷한 목표의식이나 전략 없이 대북지원만을 중시했기 때문에 노무현 정권하에서는 전망 있는 통일정책이 발전되지 못했다. 2007년 10월의 노무현·김정일 회담 직후 발표된 공동성명에 담긴 내용도 결코 이러한 맥락에서 벗어나지 않았다.

---

49) 이철민, "키신저, 한국의 퍼주기가 북핵 해결에 장애물이 될 수 있어", [조선일보 2005-07-18 A 14] 인용

8. 새 정부의 통일접근을 위한 제언

① 논의의 대전제

국토가 분단되어 있는 한 통일 성취는 민족 앞에 나서는 가장 큰 과업이다. 그러나 통일문제를 다루는데 있어 다음 몇 가지 전제를 세우지 않으면 안 된다.

첫째, 통일은 민족발전의 수단이지 결코 그 자체가 목적이 아니라는 점이다. 이 점에서 통일지상주의는 경계되어야 한다.

둘째, 통일은 국민생활의 수준을 높이고 더 자유로워지고 인권이 더 잘 보장받는 상태를 가져온다는 전망에 기초해서 추진되어야 한다. 통일의 결과로서 더 못살고 더 억압받고 생활수준이 세계 랭킹 10위권을 벗어나 아프리카의 최빈국 수준으로 낙후되어지는 통일은 결코 용납될 수 없다.

셋째, 우리의 통일은 1인의 자유는 있으나 만인의 자유가 거부되는 나라, 수령의 안위를 전체인민이 사수하도록 강요하는 체제하의 통일은 반드시 거부되어야 하고 지도자가 국민을 섬기고 국민의 안위를 지키는데 헌신하는 체제하의 통일을 추구해야 한다.

넷째, 한반도의 통일은 반드시 평화적 수단에 의해서 성취되어야 하며 이를 위한 노력의 일환으로 한반도의 비핵화는 반드시 이루어져야 한다.

다섯째, 남북한 동포들이 "우리 민족끼리"를 체감할 수 있도록 하기 위해서는 국가가치관, 안보가치관, 인권가치관, 지도자에 대한 가치관을 공유할 수 있어야 한다.

여섯째, 크고 작은 남북협력은 상호주의원칙 위에서 추진되어야 하며 그것은 체제 차이를 감안, 양적인 것이기보다는 질적 차원에서 추구되어야 한다.

이상의 여섯까지 전제가 충족되기 위해서는 북한정권이 정상국가로 바뀌어야 하고 현 단계 남북협력의 목표는 북한의 정상국가화를 유도하고 지원하는데 중점을 두어야 한다. 왜냐하면 북한문제의 해결 없이 북핵문제의 평화적 해결은 기대할 수 없기 때문이다.

② 『비핵, 개방, 3000』을 생각한다

이명박 대통령은 그의 선거공약으로 북한이 핵을 포기하고 개혁개방을 통해 정상국가화를 지향한다면 10년 내에 북한의 1인당 국민소득을 3000달러 수준으로 끌어올릴 수 있도록 지원하겠다고 하였다. MB가 내놓고 있는 『비핵, 개방, 3000』은 두 가지 측면을 지니고 있다. 하나는 북한이 핵을 포기하지 않는 한 앞에서도 지적했듯이 유엔의 제재는 물론이거니와 북한 산업재건을 위한 국제사회의 협력을 얻을 수 없고 미국의 테러지원국 리스트에서 빠져나올 수 없다는 사실을 강조한 것이다.

다른 하나는 북한이 6자회담에서 핵 포기원칙을 수락하고 이를 대외적으로 발표했을 때는 핵 포기이익이 핵보유이익보다는 더 크다는 전망을 가졌기 때문으로 본다는 것이다. 바꾸어 말하면 개혁개방을 통하여 현재보다 더 안정되고 발전된 삶을 개칙할 비전이 없다면 북한은 절대로 핵포기를 공언하지 않았을 것이다. 일단 핵포기가 국제사회와의 약속으로 굳어졌고 이제 남은 문제는 약속의 이행인데 현재의 북한 형편으로서는 핵포기 이전뿐만 아니라 핵포기 과정, 핵포기 이후까지라도 한국으로부터는 물론이고 국제사회로부터도 북한 산업재건에 필요한 재원을 확보하는데 정책의 역점을 두지 않을 수 없는 상황에 놓여있다.

이 점에서 MB는 북한은 핵불능화를 시발로 핵폐기를 위한 걸음을 떼어 놓을 때부터 외부로부터의 경제지원이 반드시 수반되어야 하고 이 지원이 활성화되어야 핵 폐기과정이 순조롭게 진행될 수 있기 때문에 핵 포기를 돕는 지원 사업을 개방지원정책으로 추진하자는 뜻을 담고 있는 것이다.

현재 이러한 협력이 남북한 간에 신속히 구체화되기 위해서는 북측이 비핵화, 개방화를 시간적으로 떼어놓지 말고 동시에 하나의 과정으로 추진하자는 것이다. 이 길만이 북한이 국제사회와 호흡을 같이하면서 정상국가에로의 길을 열 수 있고 남북한 간의 경제협력도 훨씬 더 용이해질 것이다. 또 "우리 민족끼리"라는 표현을 사용할 수 있는 가치관의 공유도 가능해질 것이다. 우리는 남북한이 우리 민족끼리라는 표현을 전혀 부담 없이 말할 수 있는 가치관을 공유할 때 비로소 남북한의 연합이나 더 나아가 연방을 논의할 수 있게 된다.

이 점에서 MB 구상은 남북한의 화해, 공존, 공영을 통한 민족의 평화통일을 목표로 하기 때문에 북한발전의 기본조건이 되는 핵폐기와 개혁개방을 당당히 요구하고 있다. 동시에 이 논리는 그간 우리 정부가 전문가들의 의견수렴과 국민적 공론화과정을 통해 확정한 정부의 통일방안과도 전적으로 그 궤를 같이하고 있다.

오늘의 동유럽 국가들은 개혁개방에 뒤이어 경제의 자유화, 민영화에 박차를 가하면서 이러한 자유화개혁에 성공한 국가일수록 국민의 삶의 질이 높아지고 있음을 볼 때 개혁개방을 통한 시장경제도입은 북한이 잘 살 수 있는 유일 최선의 방도가 아닐 수 없다.[50] 특히 MB구

---

50) 김정호, "민영화가 가른 동구 성적표", (동아일보, 2008년 1월 23일자 A 35면)참조

상은 제기된 시점이 북한에서 선군정치의 한계가 드러나 정책조정 없이는 정권의 연장이나 지속이 불가능한 시점에 나왔다는 점에서도 높은 시의성을 지닌다고 할 수 있다.[51]

(1) MB구상과 비핵화문제

MB의 『비핵, 개방, 3000』구상이 현재의 국제정세와 남북한 관계에 비추어 실현가능한 것인지 여부를 진지하게 검토해야 한다.

첫째로 MB 구상의 큰 목표는 북한의 비핵화이다. 현재 북한의 비핵화는 원칙 면에서는 북한이 국제사회의 요구를 받아들인 상태이다. 다만 비핵화의 시기와 비핵화에 따른 보상방법과 내용만이 해결을 서둘러야 할 과제로 되고 있다. 따라서 현재의 상황은 국제적 합의를 전제로 비핵화의 로드맵이 작성되고 구체적인 핵폐기 과정이 시작되고 있으며 북한이 핵폐기에 성의를 보이는 만큼 거기에 상응하는 성과급(成果給) 식의 경협을 제공하는 이른바 행동 대 행동 원칙에 따른 병행론으로 해석해야 할 것이다.

그간 노무현 정권은 한반도 비핵화라는 협상의 과제를 접근하는 방법 면에서 일관된 자기원칙을 결여하고 있었다. 우선 비핵화는 1992년 2월 남북한이 합의한 것이다. 그러나 북측은 일방적으로 이 합의를 어기고 핵개발에 나섰기 때문에 한국은 북측에 약속이행을 강력히 촉구하여야 하고 약속의 이행여부를 남북협력에 마땅히 연계시켜야 했다. 그러나 유감스럽게도 김·노 양 정권은 남북대화 과정에서 이 문제를 당당히 제기하지도 못했고 남북협력을 비핵화 합의이행에 연계

이 글에서 필자는 체제전환현상 연구의 권위자인 올레 히브릴리신 씨의 연구결과를 인용하고 있다.

51) 李英和, 金正日は 改革開放に舵を切った-北朝鮮問題, 最終章の開幕か〈中央公論 5月 號 2006年〉, pp. 152-159 全面 參照 및 引用.

시키지도 못했다.

　노 정권은 오직 미국 등 NPT체제를 주도하는 국제사회가 나서서 해결해주기를 바라는 자세를 가짐으로 해서 북핵의 가장 심각한 피해자로서의 당사자 자격을 포기하였다. 핵을 머리 위에 지고 살게 된 우리의 변화된 안보상의 운명을 일부러 외면하고 미국이 북한에 일정한 양보를 해줌으로써 북핵문제가 미·북한 간의 협상에서 타결되기를 바라는 입장만을 내보였다. 이 때문에 우리 사회 내부의 좌파논객(주로 NL파)들은 북한 핵이 우리를 겨냥해서 만든 것이 아니기 때문에 걱정할 필요가 없다거나 통일되면 북핵이 우리 것이 된다는 어처구니 없는 유언비어를 퍼트리게 할 소지를 제공했다. 그 결과 북한은 한국을 핵문제 협상의 직접 당사자로 상대해주지도 않음은 물론 핵실험 후에는 한국의 안전까지를 지키기 위해서 북한이 핵개발과 미사일사업을 추진했다는 망언까지 서슴지 않고 지껄이게 했다.52)

(2) 북한의 비핵화는 한국만의 단독과업이 아니다

　둘째로 비핵화는 NPT에 가입했던 북한의 국제사회에 대한 의무였다. 이 의무를 불이행하고 NPT를 탈퇴한데 따른 국제제재가 유엔안보리 결의로 구체화되었다. 동시에 핵무기 확산방지를 우려하는 국제사회는 북핵문제의 협상에 의한 타결을 위해 북한의 핵개발로 안보상의 이해관계가 걸린 6개국 당사자들로 회담을 열어 북측에 핵폐기를 요구하면서 상응한 보상을 논의하고 있다. 따라서 현 단계의 북핵 폐기문제는 한국만의 일방적 과업이 아닌 국제사회와의 협력적 과제로 성격이 전환되었다.

---

52) "선군정치로 남한이 입은 혜택은 21억 달러에 달한다."고 망언한 북한측 발언을 독립신문과 제휴한 브레이크 뉴스가 2006년 8월 8일 김순호 기자의 기명으로 보도하고 있다.

이 점에서 MB구상에서 말하는 비핵화는 한국만의 일방적 과제로서의 비핵화가 아닌 6자회담과의 공동보조를 전제한 비핵화를 의미하지 않을 수 없다.

현재 이와 관련하여 다음 두 가지 논의가 전개되고 있다. 첫째는 한반도의 휴전체제를 평화체제로 전환시키는 구상을 추진하면서 이의 협상과정에서 미국의 대북정책에 대한 북측의 우려나 불만을 해소하고 새로운 평화장치의 일부로서 한반도 비핵화를 추진하되 그 내용으로서 북핵을 폐기하자는 접근이 하나의 논의이다.

다음으로는 북측이 핵 폐기의 대가로 기대하는 보상을 핵 폐기의 로드맵에 따라 핵 폐기가 진행되는 만큼 상응하는 보상을 제공하는 행동대 행동원칙을 적용하여 실시하자는 논의이다. 이런 맥락에서 볼 때 MB 구상의 비핵화는 그 지향점이 어디를 향할 것인가. 여기에서 도출되는 결론은 연계론이라기보다는 병행론적 입장에서 이해되어야 할 것이다.

(3) 남북대화의 패러다임 전환이 필요하다

셋째로 MB구상은 인도주의적 지원은 계속하되 남북한 간에 지금까지 맺어진 대소 합의를 북측이 성실히 준수하고 국민적 불만의 대상이 되었던 불합리한 관행, 예컨대 회담약속을 일방적으로 파기하거나 요구조건을 돌연히 바꾸는 등 국제사회에서 통용되지 않는 관행을 김·노 정권은 받아들였는데 이제는 이런 행동이 재현되는 깃을 용납해서는 안 된다는 것이다. 아울러 특히 인도적 지원에 대해서는 국제사회가 받아들일 수 있는 투명성을 보장하도록 해야 한다. 그간 김대중 정권은 앞에서도 지적했지만(주) 24참조) 국내의 퍼주기 비판을 피하기 위하여 식량 원조를 상환일자 불명, 상환 조건 불명의 차관으로 대치해 줌으로써 투명성 요구의 명분을 스스로 포기하였다. 그러나 인도적 지원품목은 차관 아닌 무상공여가 되어야 하고 그 대신 굶주리는 북한 동포들에게 식량이 투명하게 골고루 나누어지도록 모니터할 수 있어야 한다.

동시에 남북협력을 추진하는 기왕의 패러다임을 전환, 남북대화의 장단기 목표를 분명히 세우고 나가야 한다. 바꾸어 말하면 대화를 위한 대화가 아닌 뚜렷한 목표를 갖는 대화를 가져야 한다. 특히 북한의 인권개선을 위해서는 국제사회가 제기하는 북한 인권문제에 관한 우려를 수용하면서 언제나 국제사회와 보조를 같이한다는 입장을 견지하여야 한다. 특히 북한 인권문제에 각별한 관심을 보여준 유럽연합(EU)과의 제휴협력을 가일층 강화해야 할 것이다.

(4) 북한의 정상국가화 지원

지금까지 김·노 양 정권은 평화공존에만 역점을 두었을 뿐 남북통일에 꼭 필요하고 절실히 요구되는 북한사회의 변화를 유도하는 의식적 노력은 사실상 회피했다. 통일은 평화공존만으로 이루어지는 것은 아니다. 북한이 변화하거나 변화를 적극적으로 유도해 내야 한다. 북한의 변화 없이는 통일은 이루어질 수 없기 때문이다. 햇볕정책 하에서의 북한의 변화는 Robert Manning이 앞에서 지적한 것처럼 빙하가 녹는 것만큼 느렸다. 김·노 정권은 "북한의 입장에서 북한을 이해하고 북한을 평가한다."는 이른바 내재적 접근에 치우쳐서 북한변화 유도에는 한 걸음도 제대로 움직이지 않았다. 북한의 비위만 맞추려는 조공적(朝貢的) 접근만을 추구했던 것이다.

그러나 MB 구상은 김·노 양정권의 이러한 한계를 넘어서서 북한의 적극적인 변화를 유도, 북한정권의 정상화 내지 정상국가화 작업에 박차를 가하자는 것이다. 중국은 1978년부터 시장경제와 개혁개방을 함으로써 국제사회와 협력할 수 있는 정상국가로의 길을 텄고 한국기업들도 중국시장에 적극 침투할 수 있었다. 베트남도 도이모이개혁을 통해 국가를 정상국가화함으로써 자기 체제를 국제사회에 개방, 세계 모든 국가들이 베트남 투자를 서두르게 했고 베트남 펀드마저 고가로 매매되는 단계에 왔다.

과거 공산정권이던 동구국가들에서도 공산당 간부였던 사람들이 이제는 시장경제의 기수가 되어 동구경제 재건에 박차를 가하고 있다. MB는 북한이 이러한 길로 나서는 것을 북한의 정상화, 정상국가화로 보고 이 길에 떨쳐나설 것을 강조하고 있다.[53] 우리 주식시장들도 북한 펀드를 팔 수 있는 날을 앞당기자는데 새 정부의 대북정책의 핵심이 있다 하겠다.

(5) 일부 학계의 MB통일노선 비판

일부 인터넷 신문 프레시안에 기고하는 논객들 가운데는 MB가 말하는 실용주의 외교노선과 관련, "실용주의는 이념보다 이익을 정책결정의 기초로 간주하는 것이며 이념적 적대가 정책결정의 원천일 수 없는데 MB의 『비핵, 개방, 3000』은 적과 친구라는 2항 대립에 기초하여 입안되는 것 같다.---중략--- 특히 선험적으로 설정한 가치 즉 한미동맹의 창조적 재건에 기초해 이익을 계산하고 있다."고 비판한다.[54] "또 MB외교가 '묻지마 한미동맹'에 따른다면 그것은 5, 6공 시절의 낡은 외교, 낡은 통일론에로의 퇴행이다"고 지적하면서 새 정부는 남북한관

---

53) 張建魁, "이명박 정부 닻을 올렸다", [瞭望東方週刊(2008년2월 21일자)] 연합통신·합 동 참조
54) 이명박 정부, "대북정책 실용주의도 아니다", 사회단체학술토론회(프레시안 2008/02/20)에서 구갑우 교수(경남대 북한대학원) 발언

계에서 공공성이 아니라 기회비용 개념을 선호하는 것 같은데 이는 남북경협의 축소, 폐지 내지 남북한관계 자체를 경색시킬 것이라고 경고했다.[55] 또 다른 학자는 MB의 선 핵폐기 주장은 결국 "한국은 북한이 핵을 폐기하지 않는 한 아무것도 하지 않겠다는 구상이라고 비판하면서 아무것도 하지 않는 무위(無爲)가 하나의 선택일 수는 있지만 그러나 한반도 상황에서 아무것도 하지 않아도 현상유지가 가능하다는 가정은 곧 비현실로 들어날 것"이라고 경고했다. 그는 이어서 한국의 무위는 북핵 해결과정에서 한국이 더 이상 독립변수가 아니고 종속변수로 전락할 수 있다고 전망했다.[56]

이들 주장은 다음 세 가지 점에서 정당성을 가질 수 없다. 첫째, 이들은 그간 노무현정권이 북핵 협상과정에서 마치 독립변수로 활약한 것으로 착각하고 있다는 점이다. 항상 노무현 정권은 북핵과 직접 관련없는 제3자 행세를 하면서 한미협력에 소극적이었다는 점을 일부러 못 본 체하고 있는 것이다. 둘째, 조건 없는 대북지원, 모니터 되지 않은 대북지원이 북한 군비증강에 전용되었다는 사실을 외면하고 있다. 즉 그간의 한국의 대북지원이 북한 주민을 위한 지원이 되지 않고 대부분 선군정치의 시효연장에만 쓰였다는 사실을 외면하고 있기 때문이다. 셋째, 비핵화와 개방화를 별개로 인식하는 잘못을 범하고 있다. 북한이 비핵화를 받아들였다면 그것은 곧 개방화에 연착륙하겠다는 의지의 표현으로 보아야 한다. 역사적으로 볼 때 개방화는 필연적으로 따라오는 사회변화의 기본과정이기 때문이다.

현시점에서 남북협력은 핵포기를 위한 목표달성의 일환으로 추진될 때 가치 있는 협력이 될 수 있음은 두말할 필요가 없다. 이러한

---

55) 前期 학술토론회에서 이정철 교수(숭실대 정치외교학과)가 발언한 내용임
56) 김연철, "위기 부르는 정치 환경과 북의 선택", 코리아연구원 최신연구자료(2008년 1월 13일자) 참조

목표 없이 추진되는 남북협력은 무의미할 뿐만 아니라 한미공조나 6자회담도 북의 핵놀음에 놀아날 수밖에 없다. 따라서 원칙으로서 핵폐기를 북한이 받아들인 이상 합의의 이행을 강조하고 촉구하는 것은 지금까지의 협상경험에서 도출되는 자명한 결론이라 하겠다.

또 북한은 핵폐기 이외의 다른 대안이 있을 수 없다는 것을 국제사회가 공동으로 설득하고 압력을 가해서라도 북한이 핵포기를 서둘도록 해야 한다. 이 길만이 북한정권 자신을 위해서나 북한주민을 위해서 유익하기 때문이다. MB는 핵포기 문제를 북한의 자의에 맡기는 종래방식보다는 남북대화와 협력을 핵포기 사업의 일환으로 추진하는 「목표 있는 대화」에 구상의 진의를 두고 있는 것 같다.

③ 최근에 주목되는 북한 내부정세 변화
가. 정보 상에 나타난 새로운 동향
현재 북측의 현황에 관한 최근 정보들(일본 측의 북한정보 사이트나 "좋은 벗들", 중국에서 탐문되는 북한 실상 관련자료, 탈북자들의 증언 등)을 간추리면 "선군의 위업"으로서 미사일 발사와 핵실험에는 성공했으나 그 후유증으로 오늘날 북한경제는 총체적 파탄에 직면했으며 현 상황의 슬기로운 타개 없이는 김정일 정권의 지탱과 유지가 현실적으로 어렵게 되고 있다는 것이다. 북한 주민이나 당원들의 기강은 당이 통제할 수 없을 만큼 해이되었으며 주민들의 사업현장에서의 사보타지, 범죄와 부정부패의 확산이 나날이 심화되고 있다. 이러한 상황은 하나같이 빈곤과 배고픔에서 비롯되기 때문에 함부로 통제하기도 힘들다는 것이다.

이러한 위기를 타개하는 방법은 무엇인가. 한마디로 북한 주민들이 기아에서 우선 벗어나게 해야 하고 가동이 중단된 공장들을 돌아가게

해야 한다. 제2의 고난의 행군을 요구하다가는 주민들의 폭동이나 저항에 봉착할 단계에 이르렀다는 것이다. 선군정치의 "위업"인 미사일과 핵이 북한 주민들에게는 아무런 의미가 없다. 먹을 것과 입을 것과 땔감과 의약품을 구할 수 없는 나라에서 핵과 미사일이 북한 주민들에게 무슨 의미가 있겠는가. 선군의 "위업"은 지도자 김정일을 지구 최강인 미국을 상대로 당당히 핵으로 맞서는 "통 큰 지도자"로 보이게 할지 모른다. 그것은 마치 호수에 떠있는 백조의 우아함 같다. 인간들의 찬탄을 받는 백조의 아름다운 자태가 유지되는 데는 밖으로는 들어나지 않으나 쉴 틈 없이 발놀림을 하는 물갈퀴의 수고가 있기 때문이다. 김정일 한사람의 위대성을 들어낼 선군의 위업을 과시하기 위해서는 수백만의 북한 동포들이 굶어죽어야 했고 억눌려야 했고 배고픔을 견디다 못해 고향 산천을 버리고 탈북하여 만주 땅이나 중국 내지를 떠돌면서 몸 팔고 맞아죽고 다시 끌려오는 비극을 겪어야 했다. 인민군경제[57])에 속하지 않은 인민경제부문의 수많은 공장들은 10여 년 동안 가동중단 상태로 방치되어야 했고 종업원들은 할 일없이 공장에서 사상교육만 받아야 하는 세월을 보내야 했다. 이런 암담한 세월에는 시효가 없을까. 밀폐된 공간 속에서 세뇌된 주민들은 굶주리면서도 세뇌에서 깨어나지 않을까.

이제 김정일 정권은 외부의 적보다는 먹을 것도, 입을 것도, 땔 감도, 치료약도 없는 만성적인 가난을 더 감내하지 못하는 인민들의 저항이라는 가장 무서운 적을 체제 안에 품고 있는 것이다.

나. 선군정치의 끝이 보인다.

이러한 상황이 사실일진데 북의 김정일은 계속해서 선군정치를 밀

---

57) 북한은 경제를 인민군 경제부문과 인민경제 부분으로 나누는데 민생에 직결되는 인민경제는 총체적 파탄상태에 있으나 선군정치가 관장하는 인민군경제는 비교적 잘 돌아가고 있다고 한다.

고 나갈 수 없을 것이다.[58] 선군의 주체인 군인들마저 이제 북한도 중국처럼 경제가 발전하여 먹고 살기가 어렵지 않은 체제로 바뀌기를 선호하고 있다고 한다. 현시점에서 북한의 김정일 위원장은 대내외적으로 체면유지를 가능하게 포장만 할 수 있다면 6자회담을 통하건 미북대화를 통하건 간에 북한의 경제난을 해결할 수 있는 체제전환 즉 정상국가에로의 연착륙을 선택하지 않을 수 없는 시점에 와 있다. 6자회담에서 궁극적인 핵 폐기와 폐기해야 할 핵신고 절차를 정한 2007년의 2·13합의와 핵 신고의 시한을 2007년 12월 말일로 정한 10·3합의(9·19합의의 제2단계조치이행)는 북한의 이러한 인식변화와 무관치 않을 것이다.

따라서 북한은 그들이 내심으로 바라는 연착륙에 도움될 수만 있다면 MB의 『비핵, 개방, 3000』의 수용을 마다할 이유가 없는 단계에 와 있다. 바꾸어 말하면 북한의 총체적 상황은 선군정치를 끝내지 않을 수 없는 상황에 와 있다는 것이다. 북한실정에 대한 이러한 평가는 미국 측 분석에서도 산견(散見)되고 있다.[59] 결코 가볍게 볼 문제가 아니고 논리적으로 유추해 보아도 앞서 키신저의 지적처럼 있을법한 분석이다.[60]

---

58) [좋은 벗들] 오늘의 북한소식 제112호는 "군부 산하 외화벌이 회사축소"라는 기사에서 작년 12월 23일 북한내각은 "모든 군부대들이 군부출장소나 군부 산하 외화벌이 회사를 없애고 강성 무역회사를 살릴 수 있도록 기구를 줄여야 하며 지방에서는 군부보다 당 기관을 우선 내세워야 한다."고 지시했는데 이는 선군정치 이래 처음으로 당을 앞세운 정책이라고 해서 주목하고 있다.

59) Blaine Harden(Washington Post fpreign service), "N. Korea Shows Signs of Opening up. After Decades of Self-imposed Isolation", Washington Post(November 9, 2007 A 14)에서 크리스토퍼 힐은 북한은 지금까지 고립정책이 자기들에게 유리하다고 생각했으나 요즈음에 와서는 그것이 훨씬 불리하다는 것을 깨달은 것 같다고 말하고 북측이 노무현과의 회담에서 백두산 직행관광 합의나 뉴욕 필하모닉 오케스트라의 평양공연 유치도 개방에 대한 중요 신호로 보아야 할 것 같다고 말하고 있다.

60) 키신저의 前揭註(48)참조(북한은 6자회담을 통해 상황탈출의 돌파구를 마련하려고

현시점에서 볼 때 북에서 선군정치를 지속할 힘의 뒷받침이 두 측면에서 약화되고 있다. 하나는 한국에서의 정권교체로 김·노 정권에서와 같은 경제적 지원을 기대하기 힘들게 되었다. 더 이상 남한은 북한의 현금자동지급기(ATM)와 같은 역할을 맡지 않을 것이기 때문이다. 둘째로는 중국을 소외시킨 대미접근(베를린 회담 등)에 반발한 중국이 대북지원을 현저히 줄이고 있다는 것이다. 앞으로 중국은 북한의 대응 여하에 따라서는 대북 견제를 가중시킬 수도 있고 54년 만에 처음 있는 눈사태와 올림픽준비 때문에 북한을 돌보기도 쉽지 않은 상황에 놓여있다. 다만 최근 북한 김정일 위원장의 중국대사관 방문에서 보듯 대중접근을 모색하고[61] 중국 측에서도 왕자루이(王家瑞)중국 대외협력부장의 방북을 통한 김정일 접견 등이 중요 동향으로 나타나고 있어 중국과 북한관계의 변화가 예감되지만 그 성과가 어느 정도인지는 좀 더 시간을 보고 지켜보아야 할 것이다.

북한이 이러한 난관을 극복하는 길은 이미 핵실험과 미사일 위력과 시로 자기 체제를 무시하지 못할 동북아시아 국제정치의 실체로 부각시키는데 성공한 만큼 이제부터는 더 끌고나갈 수 없는 선군정치에 매달리기 보다는 인민들의 저항을 무마할 경제건설 쪽으로 방향을 선회하는 도리 밖에 없을 것이다. 지금 북한은 경제파탄에서 오는 내부의 저항, 내부의 적을 다독이지 않고는 체제유지가 힘들어지는 극한상황에 근접하고 있기 때문이다.

경제건설의 기초는 무엇보다도 우선 필요한 개발재원의 조달이기 때문에 자본을 가진 미국, 일본, 한국이 참가하는 6자회담 속에서 핵포기 협상에 진지하게 응하여 살길을 찾아야 할 것이다.[62] 따라서 미국

하고 있다}고 지적
61) 김정일의 북한 주재 중국대사관 방문은 과거에도 있었지만 이번 방문은 미국 전문가로서의 중국대사인 류샤오밍과의 대화에 역점을 두고 분석해야 할 것이다.

과의 관계, 일본과의 관계, 중국과의 관계, 이명박 정부와의 관계를 새롭게 개선하는 협상에 관심을 가지지 않을 수 없을 것이라고 북한 관측통들은 내다보고 있다.

다. 북한의 용미(用美)정책 실시

핵불능화의 합의와 그에 선행한 미국과의 베를린 양자회담은 바로 북한의 이러한 정세관 변화의 산물이라는 것이다.[63] 또한 북측의 제안으로 시작된 노무현·김정일의 10·4합의도 부분적으로 이러한 정세관의 반영에서 나온 것이라고 보는 견해도 있다.[64]

특히 최근에 와서 북한의 대미접근은 갈수록 광범해지고 있다. 뉴욕 필하모닉 오케스트라를 금년 2월 26일 평양동극장(平壤東劇場)에서 공연토록 유치했는가 하면 이 공연을 보기 위해 방북하는 미국의 윌리암 페리 전 국방장관과 도날드 그레그 대사 일행이 DMZ를 직접 넘어 평양을 방문하도록 배려했다.

또 이와는 별도로 지난 2월 12일 부터는 현재 미 상원 외교위원회 간사인 공화당 소속 Richard Lugar 의원의 보좌관 Keith Luse와 국무부의 북한 담당관을 역임한 Joel Wit 그리고 미국의 스탠포드 대학의 핵 과학자 Sigfried Hecker 박사가 2월 12일부터 닷새 일정으로 북한에 체류했다. 이들의 동향은 북핵 폐기과정을 과거 우크라이나 모델에 접목시켜 보려는 시도와 연관되어 매우 주목을 받고 있다.[65] 이러한 변화를 볼

---

62) 미국은 물론이거니와 일본도 일·북 평화선언 이래 북일 수교에 대비, 대북지원을 검토해왔고 중국도 1조엔 가량의 대북투자를 제시한 바 있다고 한다.

63) 백학순, 제2차 남북정상회담을 북한이 제의하는 배경에는 6자회담이 잘 굴러간다는 정세관을 나타낸 것이며 "핵문제를 사실상 해결단계로 진입시키는데 북한이 동의한 데 기인한다"고 말하고 있다.(한겨레 2007년 8월 8일 보도) 참조

64) 제2차 남북정상회담에 관해서는 조성렬, "제2차 남북정상회담은 기회이자 도전이다", (평화논평 제16호, 2008년 08/10) 참조

65) http://www.voanews.com (2008-02-13)에 "페리 전국방 등 미국관리, DMZ넘어 방북 허용" 보도 미 상원은 1991년 11월 The Nunn and Lugar Act를 통과시키고 이 법에 의거

때 한국의 햇볕정책의 지원이 없었던들 북한에서의 선군정치의 시효는 이보다 훨씬 더 앞당겨졌을 것이라는 느낌을 지울 수 없다.

미국의 대북 문화외교사절이 된 뉴욕 필하모닉 오케스트라의 평양 연주는 북한 주민들에게 대미 공포심을 완화시킴은 물론 대미 적개심도 줄이는 효과를 갖는다. 북한정권은 그동안 오늘날 북한 인민이 겪는 모든 고통의 원인을 미국의 대북압살정책 때문이라고 주장해왔고 이것을 북한 주민 정치교육의 근간으로 삼아 왔는데 뉴욕 필의 초청 공연은 상황을 크게 반전시켰다. 미국 오케스트라가 평양 한복판에서 "성조기여 영원하라"라는 미국국가를 연주하고 드볼작의 "신세계로부터"를 연주하도록 허용한 것은 김정일 정권의 획기적 용미정책으로 보인다. 이것은 선군정치의 포기를 위한 환경조성이라고도 볼 수 있고 다른 한편으로는 대미관계 개선을 표방하는 이명박 정부 출현이라는 남한 정세변화를 의식한 포석이라고도 볼 수 있다.

앞으로 북한은 남한 정세변화가 그들의 의도대로 진행되지 않을 경우에는 북한의 전통적인 통미봉남(通美封南)정책을 구사, 남북대화나 당국 간 접촉을 거부할 수도 있지만 그러나 시간은 북한 측에 불리하다. 남한을 배제한 미·북간의 협력이란 기대하기도 쉽지 않고 남한으로부터 공여되는 인도적 지원도 포기할 수없는 상황에 오늘의 북한이 놓여 있기 때문이다. 미국의 협력을 앞당기는 것이 북한으로서는 그들이 생로를 여는 것과 다름 아니기 때문에 용미정책은 앞으로도 지속될

미국정부가 재원을 대는 The cooperative Threat Reduction Program을 마련, 구 소련안의 우크라이나가 보유한 핵무기탄두, 이동발사대, 생화학 무기 등 대량살상무기들을 구입하여 해체, 철폐하고 관련 과학자들에게 취업의 기회를 제공하여 핵비확산체제발전에 크게 공헌했다. 상원은 2003년에는 이 법안의 시효를 연장하여 소련 이외 지역에도 이 법의 적용을 인정키로 하고 알바니아, 카자크스탄 등지의 생화학무기 철폐를 실시했고 북한도 이 계획에 호응하라고 권고하고 있는데 지난 2008년 2월 12일부터 5일간 Lugar의원의 보좌관 Keith Luse가 전문가들을 데리고 평양을 방문하고 귀국했다.

것으로 보인다.[66]

④ 새로운 평화체제의 모색

다음으로 중요한 문제는 햇볕정책을 끝장낸다고 해서 남북한 관계가 당장에 악화되어 새로운 긴장이 유발될 것이라는 좌파이론가들 일부의 주장은 현실성이 적다. 현재 북한이나 한국, 그리고 주변대국으로서의 미국이 추구하는 것은 2·13 합의와 10·3 합의에 유의하면서 핵 폐기의 정치과정에 새로운 한반도 평화체제를 마련, 접목시키자는 것이다. 현재 한반도의 안보에 관련된 국제정치문제는 사실상 사문화(死文化)된 휴전체제를 변화된 정세의 요구에 맞게 평화협정체제로 전환하는 문제이다.

노무현 정권은 휴전협정 당사자 간에 먼저 한국전의 전쟁종결을 선언하고 이 선언의 구체화작업을 통해 평화공존의 제도화를 모색하자고 10·4성명을 만들었다. 그러나 여기서 중요한 것은 군축을 포함한 한반도의 비핵화 작업의 선행 없이 종전선언만을 먼저 한다는 것은 어불성설이다. 이 발언을 맨 처음 꺼낸 부시 대통령도 비핵화의 구체적 조치의 선행 없이 종전선언만 먼저 하자는 한국 측 제안을 수용할 수 없다고 했다.

그러나 비핵화를 구체화하는 조치의 진행에 병행해서 평화장치를 단계적으로 만들어간다면 행농대 행동 원칙에 부합하는 것일 수 있다. 최근 중국의 저명한 국제정치학자는 북한은 핵을 포기할 것이라는 희망을 주변국들에게 주면서도 실제로는 핵을 포기하지 않을 것이라고 지적한 바 있다.[67] 중국도 북한정권의 본질을 핵개발체제로 보면서도

---

66) 아이러니이지만 親盧 이론가들이 MB체제하의 남북관계가 이렇게 될 것처럼 예고하고 있는 점이다.

그것이 과연 북측에 도움이 되는 선택인지에 대해서는 매우 비판적 시각을 보이고 있다.(68)

이 점에서 북핵문제는 앞에서도 지적하였듯이 평화의 제도화 문제와 핵 폐기과정을 분리시키기보다는 동시적으로 병행해서 추진해야 할 것이다. 그러나 비핵화를 경협의 선행조건으로 연계시킬 것인가 아니면 경협과 평화체제와 비핵화의 병행추진인가에 대한 최종적 결론은 북한의 정상국가화라는 실천적 목표에 조명하여 검토해야 한다. 비록 협상과정에 우여곡절이 있더라도 결과적으로는 비핵화를 이루어 가는 병행 내지 동행적 접근이 한국의 입장이 되어야 할 것이다.

중용(中庸)은 시작할 때는 좌(左)나 우(右)에 치우칠 수도 있지만 결과에서 중용이 될 때 가치가 있다. 이처럼 MB구상도 비핵화와 더불어 개혁개방이 이루어질 때 북한 주민의 소득도 높아지고 평화통일의 실질적 기반도 다져지게 될 것이기 때문이다.

9. 글을 마치면서

흔히 햇볕정책은 김대중 대통령이 처음으로 창안한 것처럼 알려졌다. 그러나 햇볕정책의 시초는 전술한 바와 같이 노태우 대통령의 7·7선언에서 찾아야 한다. 그러나 노태우 대통령의 정책은 햇볕정책이라기보다는 국제정치학의 이론에서 말하는 포용정책(Engagement Policy)이라고 볼 수 있으며 이 정책의 핵심은 상호주의를 전제하는 것이다. 이 때문에 남북한기본합의서가 도출될 수 있었고 한반도비핵화선언이 가

---

67) 왕지스(王緝思), "동북아 안정과 한반도 상황", (2007년 한중문화협회 창립 65주년 국제학술회의 주제논문) 참조
68) 장롄궤이, "北 핵개발은 소득 없는 게임", (동아일보 2006년10월 14일) 참조

능했던 것이다.

이처럼 햇볕정책은 포용정책적 외양을 갖추고 있으면서도 상호주의의 관점이 배제되거나 약화됨으로 해서 대북 조공정책으로 비난받을 소지를 남겼다. 결국 북한의 핵실험과 미사일 발사로 햇볕정책은 그 효용을 상실했다. 또 선거를 통한 정권교체로 말미암아 햇볕정책도 그 종말을 고하게 되었다. 아직도 6·15선언을 새 정부가 승계할 것인지 여부로 남북한 간에 논쟁이 일고 있지만 6·15선언은 그것이 성립되는 상황이 북한의 일방적 주장이라도 수용함으로써 결렬 아닌 합의를 도출해야 할 시간적 절박성 때문에 북측의 일방적 주장을 그대로 수용하고 남측의 요구사항은 김정일 위원장이 한국을 답방했을 때 제기해서 추가할 심산인 것 같았으나 김정일 위원장은 이러한 가능성을 피하기 위해 답방도 하지 않고 김대중 전 대통령의 재입북도 환영하지 않았다.

따라서 6·15선언은 북측의 입장만을 담은 반쪽 선언이기 때문에 남북한 모두가 존중 승계할 선언이라고 볼 수는 없다. 김정일 위원장이 답방하여 남측의 입장을 수용하는 선언이 나올 때 비로소 남북한 모두에게 구속력을 갖는 선언으로 승화될 것이다. 이 점은 10·4선언도 마찬가지이다.

남북정상회담도 김대중 대통령 때 성사된 것이기는 하지만 그 시작은 김영삼 대통령 때 제의된 것이고 김일성 주석이 수용할 뜻을 미국의 카터 대통령의 방북 시 밝혔고, 이를 실천하기 위한 실무접촉 기간중에 김일성 주석이 사망함으로써 성사되지 못했다. 그러나 이때는 거액의 현찰 지원을 북측이 요구하지 않았던 점은 주목할 만하다.

지금 남북한 관계의 현실은 지난날의 회고보다는 당면한 현안과 미래를 내다보면서 필요한 조치를 마련해야 할 때이다. 이제 북한은 전략적 결단을 내릴 시점에 왔다. 핵을 폐기하면서 한국이 중심이 되는 국제사회의 지원과 협력을 얻어 개혁개방의 북한, 잘 사는 북한으로 성장해가는 정상국가화의 길을 걷느냐 아니면 핵을 붙들고 국제견제 망 속에 갇혀 빈곤과 질병에 시들어가는 폐쇄국가의 길을 걷다가 붕괴로서 최후를 맞게 될 것인가를 선택해야 할 시점에 왔다.

소련은 끝까지 버티다가 연방공화국을 해체한 후 시장경제를 받아들이고 새롭게 재건하는 길을 걸었고 중국은 문화대혁명을 극복하는 등소평 개혁을 통해 세계에서 가장 신속히 발전하는 국가로 발돋움했다. 베트남도 동남아에서 가장 빨리 발전의 고지를 향하여 달리는 국가들의 반열에 올라섰다. 또 러시아, 중국, 베트남, 동구라파 등 옛 공산국가에서 개혁개방의 주도세력은 기왕의 반체제세력이 아닌 공산당 간부들이라는 사실이다. 이제 선택, 전략적 결단의 공은 북한으로 넘어갔다. 이 점에서 한국대통령이 『비핵, 개방, 3000』을 대안으로 제시한 것은 지극히 시의적절한 조치라고 할 수 있다.

오늘의 북한상황은 2005년도 북한지원 세계NGO 베이징대회가 의결한대로 인도주의 지원 단계를 넘어선 산업지원, 개발지원단계로 과업이 전환되었다. 이제 북한은 개방과 개혁을 통한 외자의 도입과 지원을 폭넓게 얻어 핵무기에 매달리지 않고도 안전과 번영을 확보하는 국가, 정상국가에의 길을 선택하는 지혜를 발현해야 한다. 그리하여 남과 북이 "우리 민족끼리"를 스스럼없이 말 할 수 있고 느낄 수 있는 가치관을 공유하면서 남북연합의 길을 개척해 나가야 할 것이다. 여기에 통일의 비전이 있고 한국민족주의의 발전된 모습이 부각될 것이다. 뚜렷한 통일 목표 없이 시작된 햇볕정책이 뚜렷한 목표를 가진 햇볕정책으로 새롭게 개화하는 시대의 문을 열어나갈 것을 호소하면서 글을 맺는다.

제3장 21세기와 통일문제

21세기가 8년을 맞는 시점이다. 그러나 세기가 바뀐 지 8년이 지나고 있어도 우리는 20세기의 역사 속에서 그것에 의지하여 통일 상황을 예측하고 전망했던 관점과 시각을 크게 바꾸지 못하고 있거나 설령 바꾸었다고 하더라도 그것을 충분히 내면화하지 못하고 있는 것 같다.

1. 시효 지난 컴플렉스를 버리고 주변환경을 새롭게 보자

21세기가 8년을 맞는 시점이다. 그러나 세기가 바뀐 지 8년이 지나고 있어도 우리는 20세기의 역사 속에서 그것에 의지하여 통일 상황을 예측하고 전망했던 관점과 시각을 크게 바꾸지 못하고 있거나 설령 바꾸었다고 하더라도 그것을 충분히 내면화하지 못하고 있는 것 같다. 20세기의 통일문제가 강력한 군대를 앞세워 무력통일을 획책하는 북한 공산주의자들의 적화통일 음모를 어떻게 막고 그들의 배후세력의 친북지원을 어떻게 대처하여야 할 것인가에 역점을 두었다면 21세기의 통일문제는 20세기와는 전혀 반대되는 상황 속에서 검토되어야 한다. 우선 지구최빈국으로 전락해버린 북한을 어떻게 관리하고 변화시켜야 우리의 통일을 효과적으로 달성할 수 있을까에 중점을 두어야 할 상황을 맞고 있기 때문이다.

그러나 우리는 해방 이후 20세기의 후반기를 다음 세 가지 컴플렉스 속에서 치열하게 살아왔기 때문에 이제 우리 의식의 저변에 큰 자리를 잡고 타성화된 컴플렉스를 버리지 못하고 있다. 경제적으로 약하다는 약소국컴플렉스, 북한이 호시탐탐 남침을 추구하고 있다는 남침컴플렉스, 그리고 미군의 한국주둔이라는 밀착지원(Close Deterrence)이 국가안보의 최선책이라는 대미의존컴플렉스가 그것이다. 이러한 컴플렉스와 함께 우리의 기억력 속에는 이미 시효가 지난 지식과 정보가 다 지워지지 않고 있다. 내가 가진 지식과 정보 가운데 21세기까지 사용가능한, 시효가 지나지 않은 지식과 정보가 얼마나 남아 있는가를 자성하면서 새로운 시각과 관점에서 우리의 평화와 통일을 생각해보아야 할 것이다.

우리는 더 이상 가난한 약소국이 아니다

21세기에 접어든지 8년째 되는 지금 우리는 더 이상 조선시대처럼 약소국도 아니고 가난하지도 않다. 미국의 정치학자 사뮤엘 헌팅턴은 그의 저서 '문화가 중요하다(Culture Matters)'에서 한국을 매우 경탄할 만한 나라로 소개했다. 1960년대에 '한국'과 '아프리카의 가나'는 세계에서도 바닥권에 들어 있는 가난한 나라였다. 두 나라 모두가 1인당 국민소득이 80달러 정도에 머물러 있었다. 그러던 것이 1990년대에 들어서자 한국은 1인당 국민소득에서 가나를 15배나 앞질러 버렸다. 시간이 지날수록 그 격차는 점점 벌어졌다. 2003년에 들어서자 가나도 1인당 국민소득이 320달러로 1960년에 비해 4배 이상으로 올려놓았다. 그러나 그때 쯤 한국은 1만 달러로 1960년에 비해 125배나 뛰어 올라있었다. 40년 만에 한국은 가나를 30배 이상의 격차로 따돌렸고, 경제규모는 세계 220여 국가 중에서 12위권의 대국으로 올라선 것이다. 이런 발전 속도는 선후진국을 막론하고 역사상 세계 어느 나라에도 없는 일이기 때문이다.

지금 한국은 세계 많은 나라들이 한국모델을 본받자고 칭송하는 경제력 세계 13위의 국가로 성장했다.[1] 또 세계선진국클럽인 OECD 회원국이기도 하다. 현시점에서 우리의 종합국력을 따져 보면

① 국토면적은 992만6000ha로 세계 230국 중 110위다.

② 인구는 25위권(남북한 합치면 17위)에 속한다.

③ 원자력기술에 있어서는 약 20개의 핵발전소를 보유한 세계 5위

---

[1] 우리나라를 앞서는 나라들은 미국, 일본, 독일, 중국, 영국, 프랑스, 이태리, 캐나다, 스페인, 브라질, 러시아, 인도인데, 이들 나라들은 국제연합의 안보리 상임이사국 5개국과 5대양 6대주의 강국들이다. World Bank(World Development Indicators Database, 1 July 2007).

의 원자력강국이다. 36t~37t의 플루토늄을 만들 수 있는 7,251t 이상의 폐핵연료와 흑연중수로 감속로를 보유하고 있다.

④ 조선 선박기술은 세계 1위이고 GDP도 2005년 9월 IMF의 공개 자료에서 세계랭킹 10위로 보고 되고 있다.

⑤ 국방비는 2005년도 224억 달러로 세계 8위 수준이다. 영국정부의 왕립 합동군사연구소(RUSI)는 핵과 생화학을 제외한 현대전 군사력분야에서 세계 150여국 중 제6위로 발표하고 있다.

⑥ 자동차기술은 세계 6위이지만 인터넷이나 휴대폰은 세계 1위를 점하고 있다.

⑦ 유엔부담금에서는 회원국 중 랭킹 10위이다.

우리는 더 이상 가난한 약소국이 아니다. 그런 컴플렉스를 가질 필요도 없다. 그러나 우리의 뇌리 가운데는 아직도 가난컴플렉스가 살아 있으며 새 세대보다는 기성세대 가운데 이 컴플렉스의 뿌리가 깊다. 현재의 한국국력의 크기는 돌고래수준이라고 말하는 학자도 있다. 고래보다는 작지만 고래에게 먹히지 않을 정도의 재간과 힘을 가진 국가라고 보면서 요즈음 말하는 强小國 개념을 제시한다. 적어도 고래싸움에 새우등 터지는 꼴의 새우 신세는 면할 수 있게 되었다는 것이다.[2]

이제는 호시탐탐 남침의 기회를 엿본다는 공포도 버려야 한다

또 우리는 20세기 중엽에 겪었던 북한의 무력침략과 그것에서 비롯된 간단없는 남북긴장과 갈등 때문에 우리의 의식 속에는 북한이 호시탐탐 남침기회를 엿보고 있다는 남침컴플렉스가 강하게 뿌리를 내리

---

2) 윤영관, "21세기 세계정치와 한반도 평화", 미래전략연구원 특별기고 논문(2007년 5월 18-19전만대 주최 5·18광주항쟁기념학술대회연설문) 인용

고 있다. 그러나 지금은 사정이 사뭇 달라졌다. 우리가 6·25동란의
전재복구를 갓 끝낸 1961년까지만 해도 한국의 1인당 GNP는 87달러이
었고 북한의 그것은 104달러였다.(한국은행 및 통일원 통계 인용) 그러
나 이제 우리의 국력은 앞에서 본 바와 같이 1인당 소득에서 20,000달
러 선을 넘어서고 있다. 반면 북한은 지구 최빈국의 하나로 전락, 아프
리카의 소말리아 수준에 비견되고 있다. 북한은 이제 무력남침보다는
자기 체제보존에 급급하고 있으며 남북한의 협력관계가 긴밀해질수록
북측의 한국에 대한 의존도는 나날이 높아지고 있다.

　북한을 연구하는 한 전문 학자는 그가 발표한 최근 논문에서 "일
년에 3개월은 주민들이 외부의 식량지원이 없으면 굶는 나라, 그러나
연간 국방비가 GDP 대비 30%를 초과하며 1회에 3,000억 원이 소요되
는 핵실험을 하는 나라, 인구의 절반 이상이 기회만 되면 탈북을 꿈꾸
는 나라, 선군정치를 강조하는 국가에서 사병들이 군량미 부족으로
민가에 내려가 약탈하지 않는 이상 먹을 것을 구하기가 어려운 나라,
석유도 생산되지 않는 땅에서 벤츠자동차가 평양 시내에서 가장 흔한
차종인 나라, 평양에 거주하는 상위 1%의 핵심계층 23만여 명을 제외
하고는 대체로 살림살이가 바닥 수준으로 비슷한 나라, 이것이 2007년
3월 조선민주주의인민공화국(DPRK)의 모습이다."[3]

　그러나 북한은 전체 인민의 희생 위에서 고강도의 폭력을 보유, 민
족의 장래를 망칠 큰 사고를 일으킬 능력―핵 보유와 같은―을 지니고
있다. 그러나 이 폭력이 6·25와 같은 전쟁을 일으킬 능력으로 볼 필요
는 없다. 전략적으로 볼 때 오늘날 북한에는 그들의 무력남침을 지원
해 줄 우방이 없다. 지구 최빈국으로서의 북한이 감행할 침략행동에는
한계가 있기 때문에 우리는 6·25와 같은 남침컴플렉스를 더 이상 가

---

3) 남성욱, "북한이 정상국가가 되려면", 『주간조선』 2007년 3월 19일 기사 참조

질 필요가 없다. 북한이 가진 역량은 무력통일에의 준비이기도 하지만 그보다는 김정일 정권유지에 실질적 목표를 두고 있기 때문이다. 따라서 이제는 남침컴플렉스에서 북한을 보기보다는 그들이 지닌 폭력이 민족적 불행을 일으키지 않도록 효과적으로 관리하면서 비핵화를 촉구함으로써 우리가 원하는 평화통일에 순기능하도록 북한체제를 적극적으로 변화시키는데 중점을 두어야 할 것이다.[4]

냉전의 종식과 함께 미국의 안보관도 변했다

지금 우리 주변에는 인구가 많다거나 땅이 넓은 대국은 있어도 조선시대처럼 무조건 섬겨야 할 대국은 존재하지 않는다. 적어도 한반도를 중심으로 주변국가들 간에 세력균형이 유지되고 어느 한 국가가 주도하는 패권질서가 출현하지 않는 한 우리의 자주영역은 나날이 커지게 되어있다. 지난 세기 우리는 경제와 안보의 양면에서 미국에 일방적으로 의존하면서 살아왔다. 그러나 한반도를 둘러싼 군사정세는 크게 변화했다. 미국의 주적(主敵)이었던 소련과 공산권의 붕괴, 그리고 중국의 개혁개방이후의 주변정세는 동서냉전시대와는 비교가 안 될 정도로 국제관계의 시스템을 근본적으로 변화시켰다. 이제 지구상에는 정규전을 통해 미국에 맞설 국가는 없다. 국제정치의 용어로 미국을 1대 1로 맞상대할 대칭적 적(敵)은 존재할 수 없다. 오직 테러와 같은 비대칭적(asymmetric) 적이 있을 뿐이다.

---

4) 매코넬 국장은 "북한군은 (전쟁을 하더라도) 한국을 이길 수 없다는 게 거의 확실하지만 수십만의 사상자를 내고, 한국에 엄청난 타격을 줄 수 있다"면서 "수백기의 스커드와 노동미사일 등 북한 미사일은 한국과 일본 및 두 나라에 있는 미군 기지에 위협을 가중하고 있다"고 밝혔다.(조선일보 2008년 2월 6일자, "미 정보국장, 북핵무기 해외 확산 우려 여전히 우려" 제하의 기사에서)

상황이 이렇게 달라지자 미국으로서는 한반도에 군대를 대규모로 주둔시키는 밀착억제(close deterrent)방식보다는 미국안보의 당면과제가 되어있는 테러와의 전쟁에 효과적으로 대처할 수 있는 기동성 높고 유연성 있는(mobile and flexible)군으로 미군의 기능과 배치를 재정립하고 있다. 북한이 경제적으로 지구 최빈국으로 전락했고 북한의 남침을 응원할 우방도 존재하지 않는 상황 하에서 한미 협력관계를 냉전시의 그 수준으로, 그 상태로 유지해야 안보가 가능하다는 사고는 이제 시효가 지난 개념으로 청산되어야 한다.

이제 한미관계는 일방적 의존관계를 넘어서서 협력적 상호의존으로 협력의 양상을 바꿔나가야 할 상황을 맞고 있다. 흔히 말하는 한미 동반자관계로 발전되어야 한다는 것이다. 이번 한미자유뮤역협정 FTA 즉 KORUS FTA는 19세기말 한미수호조약 체결이후 최초로 한국이 미국을 대등한 입장에서 맞상대한 협상의 산물인 점에서 매우 큰 의의를 가질 것이다.

새로운 정세의 요구에 맞는 새 통일정책을 모색해야 한다

지금 우리는 과거와 같은 약소국은 아니고 돌고래 급 강소국의 위상을 갖게 되었지만 그렇다고 우리나라보다 국력이나 영향력이 훨씬 강한 4국이 한반도를 에워싸고 있다는 지정학적 운명은 크게 달라지지 않았다. 이 때문에 우리는 주변국들의 패권갈등을 제어하면서 자주적으로 반 패권(反覇權)의 세력균형 질서를 이끌어내기에는 아직도 우리의 힘이 부족하다. 우리의 이러한 역부족에서 오는 안보상의 불리(不利)를 극복하기 위해서는 아직도 동맹외교에 의존하지 않을 수 없다. 과거 중국이 이 지역의 패자(覇者)일 때 조선왕조는 중국에 대한 사대(事大)외교로 국태민안(國泰民安)을 도모했다. 그러나 지금 우리에게 필요한 것은 구시대적 사대외교가 아니라 21세기형 동맹외교이다. 이 점에서 한미동맹은 아직도 우리의 안전을 위한 동맹으로 유지, 발전되어야 한다. 그러나 종래와 같은 편무적 의존형의 동맹이 아니라 상호간에 공동의 이익을 실현할 수 있는 전략적 동반자로서의 동맹이어야 한다. 이번 한미 FTA 타결은 이런 의미에서 매우 고무적인 사태진전이라 하겠다.[5]

바야흐로 우리는 지금까지 우리 의식 속에 잔존해 있는 20세기형의 낡은 컴플렉스를 완전히 걷어내고 21세기의 상황에 걸 맞는 태도와 정책, 즉 새로운 패러다임을 정립, 추진해야 할 때에 이르렀다. 또 21세기의 변화된 현실을 우리의 정치생활 속에 내면화하고 이를 정책으로 표현할 수 있어야 한다. 오늘날 동아시아를 휩쓸고 있는 한류는 결코 단순하거나 일시적인 문화홍행이 아니다. 오늘의 한국이 도달한 국제적 위상을 의식한 동아시아의 시각을 반영하는 것이다. 그러나 아직도 한류는 우리의 뚜렷한 문화정책으로 정착되지 못했다. 문화정책을 다루는 사람들의 머리가 아직 21세기에 와 있지 않기 때문이다.

이제 우리는 내치외교를 21세기에 걸맞게 변화시키고 그 차원에서 모든 문제를 평가하고 대응하는 자세의 정립이 필요하다. 통일문제를 바라보는 시각도, 관점도 이런 견지에서 새롭게 검토되어야 한다. 우리는 결코 과거를 잊어서도 안 되지만 그렇다고 과거에 묶이거나 매여서는 더더구나 안 된다. 우리는 더 이상 가난한 나라도, 약소국도 아니고 침략의 위협 앞에 떨고 있는 나라가 아니기 때문이다.

---

5) 한미동맹이 전술적 동맹이냐 전략적 동맹이냐를 놓고 학계에서 논의가 분분하나 이는 한미미래동맹을 위한 한미간의 협상을 통해 새롭게 발전시켜야 할 과제로 보아야 한다.

2. 재통일이냐 새 통일이냐

이제 우리는 통일문제를 영어식 표현으로 재통일(Reunification)로 표기하기에는 상황도 달라졌고 시간도 너무 많이 흘렀다. 분단이 없었던 그 옛날, 눈물 없던 때를 되찾겠다는 의미의 복고적(復古的) 통일관념, 가고파적 통일 관념이 우리의 뇌리 속에는 아직 담겨있을 수 있으나 현재 남북한 간에는 회복할만한 과거가 모두 지워졌거나 변질되었다는 사실에 주목한다면 과거지향적, 복고적 통일은 현실적으로 성립불가능하다. 또 공리적(功利的) 견지에서도 통일이 민족생활에 있어서 현재보다 더 잘 살고 더 행복해지기 위한 희망일진데 현 조건하에서 남북한을 단순히 하나로 합친다는 의미의 통일은 우리에게 큰 의미가 없다. GDP에서 현재 세계랭킹 13위의 남한과 150위 이하로 분류되는 북한을 물리적으로 재결합시킨다는 것은 현실적으로 어려울 뿐만 아니라 그 자체로서도 큰 의미가 없다.

통일은 미래의 시간에 이루어져야할 과제임을 상기할 때 우리가 이룩할 통일은 정서적이거나 물리적 의미의 재통일보다는 오늘의 한반도 위에 선진화된 한민족의 새로운 국가를 세운다는 의미의 새 통일(New Unification)로 통일의 의미와 목표를 재정의해야 할 것이다. 한때 재통일이냐 새 통일이냐를 놓고 논쟁이 있었지만 이제는 새 통일로 정의하는 것이 더 타당할 것으로 생각된다.[6]

---

6) 7·4남북공동성명 2주년 기념식에서 김상협 교수가 통일개념의 수정론을 제기, 학계의 주목을 끌었다. 이영일, "80년대와 통일문제", 계간 통일정책(국토통일원 발간 제16권 제11호 1980) 인용

북한의 정상국가화가 통일의 지름길이다

우리가 달성해야 할 통일을 이런 의미의 새 통일로 정의할 경우 당면한 통일과업은 현시점에서 지구 최빈국으로 전락한 북한을 변화시켜 21세기의 세계 표준에 맞는 정상국가로 연착륙시키는 것이다. 이를 위해서는 북한의 개혁개방을 적극적으로 유도하고 북한의 실패한 계획경제체제를 시장경제체제로 전환시켜야 한다.[7] 동 유럽공산국가들의 경우에도 일부 예외가 없는 것은 아니지만 기존 집권층인 공산당 간부들이 시장경제의 주역이 되어 개혁개방에 앞장섰고 중국이나 베트남도 개혁개방의 주체들이 모두 공산당 간부들이다.[8] 미국의 네오콘들이 대북정책의 기조를 김정일 정권의 제거를 겨냥하는 정권교체(regime change)에 두었다가 이를 정권의 변형(regime transformation)으로 바꾸고 이제는 북핵문제에 관한 2·13합의 이후 정권의 관리와 변화유도에 역점을 두는 정권관리(regime management)로 전환하고 있는 것은 새로운 변화의 조짐으로 보인다.[9]

동서독의 경우 동독의 연착륙을 지원하지 않고 바로 **흡수통일**을 추진한 결과 서독인들에게는 경제적 부담이 당초 예상보다 크게 가중되었고 동독인들에게는 통일의 기쁨보다는 적응부조에서 오는 환멸과 좌절을 맛보게 되었다고 한다. 현재 한국이 갖는 경제력은 북한의 연착륙을 독자적으로 지원하기에는 역량이 모자란다. 한국이 중심이 된

---

7) 중국은 제11차5개년 경제계획을 작성하면서 계획경제와 구별되는 시장 경제적 개념으로 규획(規劃) 이라는 개념을 발전시키고 있다. 계획경제의 실패를 극복하기 위한 시도로 보인다.
8) 베트남의 개혁인 도이모이는 刷新이라는 뜻으로 베트남 공산당에서 발전시킨 개념이다.
9) 뉴욕 필하모닉 오케스트라의 평양 공연이 이런 변화의 일환으로 본다는 시각과 하필이면 김정일 생일이 있는 시기에 그런 행사를 갖는 것이 옳지 않다는 미 월스트리트 저널지의 비판이 있다.(미래한국 2008년 1월 8일 기사) 참조

대북 지원 Consortium을 구성, 북한경제재건 지원 사업을 추진해야 한다. 이명박 대통령은 『비핵, 개방, 3000』구상에서 계획추진을 위한 예산으로 400억 달러를 예상하면서 재원확보를 위한 컨소시엄을 구성하겠다고 밝히고 있다. 일본의 요미우리신문은 일본에 배당될 100억 달러가 지원비용으로 쓰이기 위해서는 일본의 원하는 납치범 문제와 일본이 걱정하는 미사일 문제도 포함되어야 한다고 지적하고 있다.[10]

　이런 전망에서 예상 가능한 통일은 오늘의 한반도위에 남북한이 공히 잘 사는 상태에서 만나는 통일, 즉 새 통일의 비전을 세워야 할 것이다. 그러나 우리의 통일노력이 이런 방향으로 전개되기 위한 대전제는 한반도의 비핵화와 휴전협정의 평화협정에로의 전환이라는 관문을 통과해야 한다. 다행히 북핵 6자회담에서 작년에 2·13합의가 이루어지고 북핵 불능화를 위한 조치가 진행되는 과정이기 때문에 상황이 비관적이지만은 않다. 특히 북한은 미사일 발사와 핵실험으로 그들이 추구한 선군정치의 "위업"은 달성했지만 그 후유증으로 북한 경제가 총체적으로 파탄지경에 빠졌다. 가난과 배고픔은 북한 주민의 인내의 한계를 넘어서고 있다. 제2의 고난의 행군을 주민들에게 더 이상 강요할 수없는 상황에 이르렀다. 이러한 위기타개를 위하여 북한은 더 이상 밀고 나갈 수없는 선군정치에 매달리기보다는 경제발전을 향하여 체제의 운용방식을 크게 전환해야할 도전에 직면했다. 쉽게 말하면 선군정치의 끝이 보인다는 것이다. 이러한 추세를 내다보면서 북한의 정상국가화 프로그램에 MB의 『비핵, 개방, 3000』이 활용된다면 새 통일의 길을 터나갈 수 있을 것이다.

---

10) 日本 讀買新聞 社說 2008년 2월 6일 참조

3. 한반도 통일추진의 실천적 기반은 무엇인가

통일추진의 법적 근거 확립 필요

우리는 역사적으로나 사실관계에서 보면 한반도의 통일 주체는 비록 남북한으로 갈리어 있지만 오늘의 한반도를 삶의 터전으로 하는 한민족임에 틀림없다. 그러나 국제법의 세계에서 보면 오늘의 한반도가 남북한으로 갈린 한민족이 주체가 되어 반드시 하나의 국가로 통일되어야 할 공간이라고 규정한 법적 근거가 있는 것은 아니다. 日帝가 대한제국을 강압적으로 자국에 합병시킨 이래 통일의 원천국가(源泉國家) 또는 총괄국가(Gesamt Staat)로서 대한제국이 한일합병 이전에 누리던 영토와 권한을 한민족이 통째로 승계하여 행사한 실적과 경험이 없이 오늘에 이르고 있다.

때문에 사실(事實)이 아닌 법의 세계에서는 대한제국의 법통(clegitimacy)이 오늘의 한반도에 거주하는 한민족에게 인계되었다고 주장할 근거가 명백한 것은 아니다. 다만 1943년의 카이로, 포츠담선언에 의하여 적절한 절차를 거쳐 독립을 부여하자는 연합국 수뇌들의 제2차 세계대전말기의 전후처리 구상,[11] 그리고 유엔감시위원단의 선거 감시 하에서 실시된 총선거로 단일의 정부를 세워야 한다는 유엔총회 결의가 한반도를 한민족의 통일 공간으로 긍정하는 국제적 합의로 되고 있다. 그러나 이러한 구상이니 결의도 동서냉전의 확산으로 분단질서가 고착됨으로 해서 아직까지도 현실화되어 본 일이 없는 것이다.

---

11) 연합국이 카이로 선언에서 한국을 "적절한 절차를 거쳐" 독립시키기로 합의한 것은 대한제국의 대일합병이 미국의 Stimson 독트린(1932)이 발효되기 전인 1910년에 이루어졌기 때문에 일본의 항복과 더불어 자동으로 독립국가로의 지위가 정해질 수 없는 법적상황에 있었음을 감안하여 특별히 언급해 두지 않을 수 없었다고 말하고 있다. (문희수 박사 소론) 참조

우리는 한일기본조약 협상과정에서 대한제국의 헌법적 부활을 기대할 기회를 가졌었다. 즉 1910년의 한일합병조약이 원천무효(源泉無效) (Originally Null and Void)임을 국제사회에 공인시켜야 했다. 그러나 법의 논리보다는 한일수교라는 정치적 필요에 쫓겨 "원천 무효" 아닌 "이미 무효"(Already Null and Void)를 받아들임으로써 통일의 총괄국가로서의 대한제국의 법통 승계를 확정하는데 실패하고 일본으로부터의 배상이 아닌 독립 축하금 명목의 차관도입으로 한일관계를 정상화시켰다. 이 때문에 대일굴욕외교 반대투쟁이 일어났던 것이다.

남북한의 유엔동시가입으로 두 개의 한국 현실화

오늘날 남북한은 다 같이 주권국가(Nation state)만을 회원으로 받아들이는 유엔회원국이 되었고 대외관계에서도 독자노선을 걷고 있다. 1970년 이래 남북 간에는 이산가족의 재회를 위한 노력이 계속되고 있으나 그 숫자는 해마다 줄어들고 있다. 또 남북한 간에는 40년 가까이 비록 부침과 단절을 거듭하면서도 정치적 수준의 대화가 이어져 오고 있지만 한반도가 한민족의 통일공간임을 과시할 가등기(假登記)조차 되어 있지 않은 실정이다.(국가연합은 가등기의 한 방법이나 북이 핵무장에 매달리는 한 국가연합이라는 복합국가 모델을 만들기도 쉽지 않다.)

비록 일방적이긴 하지만 대한민국의 헌법 3조 만이 한반도 통일의 법적 근거로 살아있다. 일부 헌법학자들은 이 조항은 실효(實效)적인 조항이라기보다는 선언적 규정이라고 해석하지만 그러나 탈북자를 대한민국이 받아들이고 그들을 지원하는 법적근거가 헌법3조에 근거하고 있음을 볼 때 결코 선언적인 규정 아닌 실효적(實效的) 규정으로 보아야 할 것이다. 현시점에서 일부 국회의원들 가운데는 헌법 3조를 비현실적 규정이라 하여 개헌을 통해 삭제하거나 개정해야 한다는 주장을 내놓기도 한다. 최근 열린우리당의 일부 의원들이 헌법 3조의 폐지를 주장하였고 또 한나라당 의원총회가 대북정책의 기조변경을 검토하면서 헌법 3조의 개정을 거론, 이 문제를 둘러싸고 격론이 벌어졌다는 것은 잘 알려진 사실이다.

휴전선이 남북을 가르는 국경선으로 바뀐다

앞으로 휴전협정이 평화협정으로 대치된다면 남북을 가르는 군사적 의미의 잠정 경계선인 휴전선이 평화선으로 바뀌겠지만 이는 구체적으로는 휴전선이 남북한을 법적으로 가르는 국경선으로 변한다는 것을 의미한다. 지금 한반도를 바라보는 국제사회의 태도는 북한이 붕괴하거나 와해될 경우 자동으로 대한민국이 주도하는 통일이 이룩되도록 인정할 상황이 아닌 것 같다. 북한정권이 와해될 경우 한국이 통일을 위해 북한지역을 군사적으로 장악하는 것을 반대하고 북한지역을 국제관리 하에 두면서 북한처리에 관한 새로운 국제적 합의를 요구할 가능성이 크다. 또 북핵문제가 적절히 해결되지 못할 경우라면 미국은 북한의 핵 제거를 명분으로 군사적 점령을 검토할 것이며 중국은 북한에 대한 역사적 유대나 투자되어 있는 자국의 재산보호와 전통적인 안보 관념 즉 북한은 중국안보의 입술이며 중국은 이(齒)라는 순치관계론에 입각, 북한사태에 개입할 가능성을 배제할 수 없다.[12] 중

---

12) 2005년부터 중국의 대 북한투자는 확대일로에 있다. 차오화요우리엔(朝華友聯)이라는 회사를 내세워 북한지역에 대한 투자를 강화하고 있으며 나진항 일부시설에 대한 50년조차, 운산광산의 粗鑛權 50년 租借 등 평양 시내 요지 부동산의 매입을 추진하고 있다. 중국과 북한의 교역량도 전체 교역량의 50%를 초과하고 있다. 특히 중

국의 동북공정도 이런 상황을 가상한 개입명분 축적이라는 설도 있다.

통일의 실천적 기반 강화해야

이런 맥락에서 우리의 통일문제를 현시점에서 냉정히 검토할 때 우리가 기필코 통일을 달성하려면 한국통일의 실천적 기반을 쌓는 노력이 요구된다. 통일의 실천적 기반은 법보다는 남북대화와 교류협력을 강화함으로써 국제사회가 한반도의 통일은 남북한의 한민족 주도 하에 이루어져야 한다는 것을 공인하게 만들어나가는 실적을 쌓아야 한다. 올림픽 경기에서 남북한이 단일팀을 구성한다거나 국제사회의 관심 속에서 이산가족의 재회 내지 재결합이 이루어지는 것은 사실관계에서 통일노력의 정당성에 대한 국제적 지지와 공감을 비축하는 방도이다. 금강산 관광 사업, 개성공단운영, 철도연결 등은 국제사회로 하여금 한반도 통일의 주인이 한민족임을 굳혀가는 의미 있는 실적이 될 것이다. 그러나 이보다 더 중요한 것은 남북한 동포들이 "우리 민족끼리"라는 개념을 공유할 수 있도록 인권가치관, 민족가치관, 안보가치관, 지도자에 대한 가치관을 공유할 수 있어야 한다.

1인의 자유는 있으나 만인의 자유가 부정되는 체제와 인권, 언론, 경제활동, 거주이전의 자유가 보장되는 체제 간의 차이를 그대로 두고서는 핏줄이 같다 하더라도 "우리 민족끼리" 의식을 공유할 수 없다. 전체 인민이 목숨을 바쳐 수령을 보위해야 하는 체제와 대통령이 국민안위를 책임지고 대통령이 국민을 섬기는 체제 간의 차이를 그대로 두고서도 "우리 민족끼리" 의식을 공유한다는 것은 허구에 불과하다.

이러한 기본적이고 구체적인 차이를 해소하기 위해서는 남북한관계를

은 아직도 북한을 山水相連의 이웃이라면서 脣亡齒寒의 이론을 앞세운 안보관을 견지하고 있다. 조선일보 2007년 4월 12일자 사설 참조

공존관계, 나아가 교류협력을 통해 화해협력단계로 발전시켜 나가야 한다.
이것이야말로 실질적인 통일기반을 조성하는 노력으로 평가될 것이다.

4. 한반도 평화협정과 비핵화

가장 오래된 휴전협정

한국의 휴전협정은 국제법이 생긴 이래 가장 오랜 휴전협정으로 정
의되고 있다. 통상 휴전협정은 협정체결 후 수년 내에 전쟁상태를 법
률적으로 종결시키는 강화조약 내지 평화협정으로 대치된다. 그러나
한국의 휴전협정은 54년 동안 새로운 협정에 의해 대치되지 않고 있음
으로 해서 지구상에서 가장 오래된 휴전협정이 되고 있다.

1954년 제네바정치회담이 휴전협정을 평화협정으로 바꿀 기회였으
나 한반도휴전협정은 통일문제가 해결되지 않는 한 평화협정으로 대
치될 수 없는 당시의 사정 때문에[13] 정치적 수준의 새로운 협정에 의
하여 대체될 때까지 효력을 그대로 유지시키고 통일문제는 유엔에서
다루기로 함으로써 제네바회담은 아무 진전 없이 끝났다.

휴전협정의 변질과 부담

그러나 현재 휴전협정은 아직도 명칭은 그대로이며 휴전선도 있지
만 엄격한 의미의 휴전협정과는 많은 면에서 차이가 난다. 우선 미국
과 중국은 휴전협정에 서명하고 있음으로 해서 한반도에서는 문서상,

---

13) 당시의 분위기는 통일 없는 휴전반대, 통일 없는 종전반대가 국민여론의 큰 흐름이
   었다. 제네바 정치회담의 한국 측 수석대표 변영태 외무장관 연설 참조

법률상 적대관계를 가지면서도 휴전체제를 그대로 둔 채 양자관계를 정상화했다. 한국도 중국과의 관계를 정상화하여 수교 16년을 맞고 있다. 현재 7개국으로 구성되었던 휴전감시단도 북한 측의 요구로 이미 철수했고 군사정전위원회 비서장 회의도 북측의 거부로 열리지 않고 있으며 다만 판문점 관리를 유엔군 사령부가 맡고 있을 뿐이다.

따라서 한국의 휴전협정은 남북한 관계에서는 휴전체제를 뒷받침하는 국내체제를 유지하고 있다는 사실을 제외한다면 거의 사문화되어 있다. 그럼에도 불구하고 남북한 간에 전쟁상태를 법률적으로 종결짓는 평화협정이 마련되지 않고 있음으로 해서 남북한 간에는 적잖은 부담과 불편이 따르고 있다. 한국은 GNP의 3% 이상이 군사비로 지출되고 있는 반면, 북한은 GNP의 30% 이상이 군사비로 쓰이고 있다. 군사적 견지에서는 북한군은 남한군의 주적이고 미국의 입장에서도 법률상 북한군은 주적에 속한다. 이것의 역(逆)도 마찬가지이다. 남북한 국민이 상대방 당국의 허가 없이 휴전선을 넘으면 간첩죄가 적용된다. 평화협정이 체결되었다면 간첩죄 아닌 여권미소지죄나 무비자 입국으로 가벼운 처벌을 받게 될 것이다.

새로운 협상주제로서의 휴전협정

그러나 2006년 11월 18일 미국의 부시대통령은 노무현 대통령과의 정상회담에서 북한 측이 핵폐기에 동의한다면 한반도에서 전쟁상태를 법률적으로 종결짓고 새로운 평화체제를 모색할 용의가 있다고 밝힘으로써 한반도 휴전체제의 운명이 국제협상의 대상으로 부각되고 있다.

2007년 2월 13일의 6자회담을 통해 북한 핵의 폐기를 향한 단계적 조치구상이 마련되어 있지만 휴전협정의 평화체제로의 전환과업이 구

체화되려면 6자회담의 실무 작업분회에서 논의가 좀더 진전되고 핵
폐기절차가 진행되는 정도를 지켜보아야겠지만 2·13합의가 미국과
북한을 동시에 얽매는 효과(Lock-in Effect)에 맞물려있기 때문에 과거
처럼 거론되다가 시들해지는 과제가 되지는 않을 것 같다.

한반도 비핵화만이 해결책이다

이 과제의 열쇠는 북한 측이 핵문제를 과연 6자회담의 요구대로 수
용실천하고 거기에 상응하는 대가를 얻는 방법으로 행동할 것이냐 여
부에 달려있다. 지금 북한의 핵정책을 놓고 상반되는 견해가 대립되고
있다. 핵폐기에 상응하는 보상이 주어질 경우 핵을 폐기할 것이라는
견해와 북한은 어느 경우에도 핵을 포기하는 일은 없을 것이라는 견해
가 그것이다. 아직까지 이상 두 견해 중 어느 것이 옳은 견해인지를
확언하기에는 시간이 너무 이르다. 그러나 두 가지 측면에서 북한의
핵 포기는 불가피할 것이라는 견해가 유력하다.

북한의 핵폐기는 반드시 이루어져야 한다

첫째 2·13합의는 미국과 북한간의 합의임과 동시에 6자간의 합의
라는 점이다. 이 합의를 위반했을 경우 북한이 감당할 부담은 북한이
현재까지 감당했던 부담보다는 훨씬 심각한 부담을 감당해야 하기 때
문이다. 결렬억제효과(Lock-in Effect)가 결렬되었을 때는 전쟁까지 각
오해야 할 뿐만 아니라. 유엔제재 1718호가 보다 강력히 북한에 적용되
고 중국도 북·중 관계를 재검토하게 될 것이기 때문이다.[14]

---

14) 이근, "2·13합의의 이해와 한국의 과제", 미래전략연구원 보고서(2007년 3얼 14일)
　　에서 결렬억제효과(Lock-in Effect)의 가능성을 예견하고 있다.

둘째 북한은 핵을 보유하는 이익과 포기하는 이익을 교량할 때 다음과 같은 이유에서 핵보유 이익보다는 포기이익이 더 크다는 것을 알 것이며 따라서 북핵은 대미협상수단 이상의 의의를 갖기 힘든 상황에 놓여있다.

① 우선 북한은 핵실험을 감행, 남북한이 합의한 한반도 비핵화선언을 일방적으로 깨트렸다. 한국의 안보부담을 증가시킴은 물론 한국의 핵무장을 유도하는 행위를 한 것이다. 한국은 북한보다 더 신속히 핵무장을 할 수 있는 능력이 있다.

② 또 북한은 재래식 전장터(Theatre Conventional)일뿐 핵전장터(Theatre nuclear)이기에는 국토가 협소하여 핵 선제공격을 받은 후 보복공격을 단행할 전략적 종심(縱深)이 없다. 따라서 북한이 핵무장을 한다고 해서 그들의 안전이 확보되는 것도 아니고 오히려 핵을 보유함으로 해서 핵 공격을 받을 구실만 제공하게 된다. 또 핵 확산방지에 역행함으로써 국제적 제재만 불러온다.(유엔안보리 결의 1718)

③ 주지되는 바이지만 북한의 핵실험은 북한이 이룩한 경제발전, 산업발전, 과학발전의 결과가 아니다. 전체인민을 굶주리게 하면서 핵 암(暗)시장에서 고가로 매입한 핵기술로 추진되고 시도된 핵실험이었다. 북한핵이 대량살상무기로 확고히 자리를 잡으려면 더 많은 시간, 돈, 기술을 투입해야 할 것이다. 그러나 추가비용을 조달할 능력이 없다. 따라서 국제사회는 아직 북한을 핵보유국으로 인정하지 않는다. 또 북한은 비핵화를 선택하지 않을 경우 총체적 경제파탄에서 벗어날 수 없고 그 결과는 김정일 정권조차도 유지하기 힘든 상황을 맞게 될 것이다.

④ 북한의 핵실험은 남북한 관계에서 6·15선언을 무효화시켰다.[15]

한반도의 평화통일에 대한 희망을 앗아갔기 때문이다. 북한이 핵을 포기하지 않는 한 '핵무장으로 치닫는 북한'과 '비핵화를 지향하는 한국'은 이제 안보체계마저 근본적으로 달라졌기 때문에 그 단계가 높건 낮건 간에 서로 연합(Commonwealth 또는 Confederation)이나 연방(Federal Government)을 형성하는 것이 불가능해졌다. 더욱이 유엔의 제재가 계속되는 한 인도적 차원 이외의 남북교류협력도 어려워졌다. 따라서 북한은 미국이 현시점에서 동의하고 한국과 중국이 중재하는 선에서 핵 폐기에 합의하고 상응하는 대가를 얻는 것이 현명할 것이다. 이러한 협상을 통해 핵문제가 해결되면 이 합의의 연장선에서 휴전협정은 평화협정으로 대치될 수 있을 것이다.16)

⑤ 요즈음 한반도의 휴전체제에 관련된 당사국 대통령들이 먼저 종전선언을 하고 그 연장선에서 한반도 휴전체제의 평화체제로의 전환을 모색하자는 논의가 탐색되고 있다. 그러나 이 논의는 미국의 부시대통령이 노무현 대통령과의 회담에서 명백히 밝힌 바와 같이 핵을 폐기한다는 전제가 성립할 때 비로소 진전될 수 있는 것이며 북한 핵을 그대로 묵인한 가운데 종전선언을 한다는 것은 기대할 수 없다. 그러나 노무현 대통령과 김정일 위원장 간의 지난 10·4공동성명은 이 방향을 암시하고 있으나 실질적인

---

15) 6·15선언은 남북한은 북의 낮은 단계의 연방제와 남측의 연합제 간에 공통성이 있음을 인정한 토대 위에서 추진할 것과 남북교류협력을 주요 골자로 하나 핵실험으로 이것이 곤란해졌다.

16) 한국의 휴전협정 5조 62항에서 휴전협정의 효력을 "정치적수준의 새로운 협정중의 규정에 의하여 대치될 때까지 유효하다고 규정하고 있다. 그러나 미국정부는 한반도가 비핵화 되면 휴전협정을 평화협정으로 고치는 새로운 평화장치에 서명하다고 밝히고 있다. 버시바우 주한 미국대사는 2007년 1월 30일 아태정책연구원 세미나에서 이같은 입장을 표명했다.

핵 포기가 종전선언과 병행될 수 있지 않는 한 현실적으로 실효를 거둘 수 없을 것이다.

평화협정의 효과

한반도 비핵화의 결과로 한국의 휴전협정이 평화협정으로 대치되면 휴전선은 남북한의 평화선 즉 국경선으로 바뀌고 남북한 관계는 국가 대 국가 간의 관계로 정상화되고 양자 간에 전쟁상태는 법률적으로 종결된다. 이런 상태의 도래는 평화통일의 기회도 되고 분단고정화의 전기도 된다. 그러나 우리는 통일의 목적을 지닌 분단국가이기 때문에 평화통일을 위한 정치과정을 서둘러 개시해야 한다. 남북한이 통일되어야 할 분단국가임을 국제사회에 공인시키기 위한 초기조치로 남북한 관계를 연합단계로 발전시키는 문제를 진지하게 검토해야 한다. 그러나 연합의 기초는 한반도의 비핵화가 전제임은 앞에서도 지적했거니와 남북한이 "우리 민족끼리"를 진정으로 공유할 만큼 남북한 관계의 여러 부면에서의 발전이 필요하다. 이 기반 위에서 남북한은 연합에 합의함으로써 오늘의 한반도가 한민족의 통일 공간임을 입증할 이른바 가등기(假登記)를 해놓을 수 있을 것이다[17].

동시에 한국은 북한이 개혁개방을 통해 국제사회에 연착륙하도록 북한경제지원 컨소시엄을 구성하는 조치를 단계적으로 강구, 공존공영의 남북한관계를 유도해내야 한다. 러시아의 세계경제연구소의 바실리 미키프 교수도 "현재 최선의 선택은 외교관계 형식을 취한 남북한의 공존으로 한반도 통일이전에 북한을 시장—민주주의로 살아가는 법과 함께

---

17) 假登記라는 표현은 사회과학에서 다루는 용어가 아니지만 남북한이 단일의 통일국가를 지향하는 국가관계임을 국제사회에 각인시킨다는 의미에서 필요한 선택일 수 있다.

남한의 도움을 받아 시장경제에서 고기 잡는 법을 배울 시간이 필요하다"고 말했다. 그는 이어 "한·미·일·러·중 5개국이 국제기구 참여하에 북한의 이러한 시장변환과정이 순조롭게 진행될 수 있도록 지원하는 특별펀드를 만드는 것이 바람직하다"고 제안한 바 있다.[18]

비록 이러한 통일과정은 오랜 시일을 요하더라도 남북한이 잘 사는 상태에서 평화적으로 통일을 이루는 "새 통일"을 위해서는 불가피한 과정으로 받아들여야 할 것이다. 그러나 이러한 전망이 가능하기 위해서는 앞에서도 지적한 바와 같이 북한이 2·13합의와 그에 선행한 9·19합의 등 한반도 비핵화에 대한 약속을 성실히 준수해야 한다.

5. 재고되어야 할 우려들

탈북 러시가 일어날 것이다?

북한경제가 연착륙에 실패하여 정권붕괴 현상이 일어날 경우 수많은 난민이 중국이나 남한 또는 일본으로 빠져나오는 난민러시가 일어날 것이라는 견해가 있다.[19] 이러한 주장이 경험적으로 입증되지는 않았지만 공산권의 변화 동향을 지켜본 사람들 가운데서 흔히 듣는 이야기다. 중국당국도 이런 견해를 비공식적으로는 긍정한다. 일본의 경우 북한난민 유입에 대처할 비상대책을 강구한 것으로 알려졌다. 그러나 북한정권이 스스로 붕괴될 가능성은 극소하며 설령 넘어진다

---

18) 미키프 교수의 발언 내용은 제주평화문화원 주최, 국제워크숍에서 발언한 내용을 조선일보 2007년 10월 15일 기사로 보도되었다.

19) Sam Crane, "NORTH KOREA: A Regime Collapse Could Bring Chaos", (The Los Angeles Times March 16, 2003 Column)

고 하더라도 대거 집단탈북의 여지가 그렇게 많지 않을 것이다. 남한과 마찬가지로 북한의 가족제도 역시 집단탈북의 제약요건이며 지금까지 이루어진 탈북도 정치적 탈북보다는 경제난민의 성격이 강한 점으로 미루어 체제붕괴와 국제사회의 지원이 결합될 경우 탈북현상은 일어나지 않을 것으로 보아야 한다.

동구라파의 경우 시민사회가 중심이 된 체제변혁이었기 때문에 일부 강경세력들은 자신의 과오 때문에 망명을 시도할 것이지만 집단적인 국외탈출 현상은 일어나지 않았다. 북한 주민들의 입장에서는 북한을 지구 최빈국으로 만든 현 집권세력보다 더 나쁜 세력이 그들을 지배할 것으로 예상하지 않기 때문에 김정일 정권 붕괴를 두려워하거나 경계할 필요는 없을 것이다. 특히 최근 미국이 미국과 북한간의 관계 정상화까지를 내다보면서 2.13합의를 도출한 것은 대북정책 대안으로서의 북한정권교체론이 약화되고 정권생존전략으로서 핵실험을 감행한 북한정권의 입장을 수용한 것으로 볼 수 있다.

북한은 결코 변하지 않을 것이다?

현재 진행되고 있는 정세는 북한이 선군정치를 끝내고 경제발전을 향하여 체제운용을 바꾸는 방향을 선택했다는 증거들이 하나씩 나타나고 있다. 북한의 김정일 위원장은 미사일발사와 핵실험으로 선군정치의 "위업"을 이룸으로써 동북아 국제정치에서 북한을 무시할 수 없는 정치실체로 만드는 데는 일단 성공했다. 그러나 세계 최빈국인 북한은 더 이상 선군정치를 밀고 나갈 여력이 있을 수 없다. 여력이 아니라 총체적 경제파탄을 극복하지 않고는 정권의 존립 자체가 어려워질 상황에 놓여있다. 북한의 선군정치는 이제 끝이 보이기 시작했다. 한국의 햇볕정책의 지원이 없었더라면 선군정치의 시효는 더 앞당겨졌을 것이다.

북한은 이러한 상황인식에서 2007년 6자회담에서 2·13합의를 이루었고 베를린에서 미국과 직접 대화를 갖는 등 대미접근을 심화시키려고 노력하고 있다. 뉴욕 필하모닉 오케스트라의 평양 동극장에로의 공연 유치, 미국의 전 국방장관 페리와 도날드 그레그 전 주한미국대사의 휴전선을 넘는 방북 허용은 북한의 새로운 태도를 엿보게 하는 조치들이다. 또 이들의 방북에 앞서 현재 미 상원 외교위원회 간사인 공화당 소속 리처드 루거 의원의 보좌관 키스 루스 씨와 국무부의 북한 담당관을 역임한 조엘 위트 씨, 그리고 미국의 핵 과학자 지그프리드 헤커 박사가 2008년 2월 12일부터 닷새 일정으로 북한을 방문했다. 이것은 북핵 폐기과정을 우크라이나 모델에서 벤치마킹하려는 동향으로서 주목을 요한다. 상황은 북한의 변화를 몰아가고 있는 것이다.[20)]

따라서 우리는 새 통일의 비전을 내면화시키면서 북한을 정상국가로 연착륙하도록 지원하는데 일차적 목표를 두고 이러한 지향에서 차근차근 평화통일의 길을 따라가면 8·15광복보다 더 감격스러운 통일의 날을 승리로서 맞이할 것이다.

---

20) http://www.voanews.com(2008−02−13) "페리 전 국방 등, 미국 관리 일행 26일 DMZ 넘어 방북" 보도

제4장 탈냉전하의 한미동맹과 북핵 처리의 정치

이 글은 2006년 2월 10일 북한의 핵보유 선언이 있은 후 한성대학교 국제대학원에서 행한 강의 전문이다.

1. 한미동맹의 발전상황

한미동맹관계는 이제 반세기가 지났다. 그러나 한미동맹관계를 탄생시킨 국제환경은 시간의 흐름과 더불어 많은 부면에서 크게 변화했다. 가장 큰 변화는 동서 간에 냉전이 종결됨과 동시에 공산권이 지구적 규모로 붕괴되었고 현시점에서 지구상에는 1대 1로 미국에 맞설 강대국은 더 이상 존재하지 않게 되었다는 사실이다. 그렇다고 미국에 안보위협이 해소된 것은 아니다. 9·11테러와 같은 비대칭적(asymmetric) 공격이 미국이 당면한 심각한 안보위협 요소가 되고 있다.[1] 미국 본토가 대칭적이 아닌 비대칭적 테러로 공격받았기 때문이다.

한편 북한은 소비에트 연방의 해체와 동구 공산권의 붕괴라는 새로운 도전 상황에 직면하였고, 이러한 상황변화에 적응할 수 없는 체제상의 모순과 결함 때문에 경제면에서 지구 최빈국의 하나로 전락하였다. 현시점에서 북한 정권이 직면하고 있는 과제는 한반도의 공산화라는 조선노동당 규약에 명시된 목표달성보다는 자기체제의 보전 내지 방어로 목표가 변화되고 있다는 사실이다.[2]

그러나 북한은 다른 공산권들처럼 개혁개방을 추구하는 대신에 핵을 포함한 대량살상무기(WMD)의 개발로 자기체제의 방어에 나서고 있다. 이 때문에 북한은 대량살상무기의 확산방지를 주요한 국가목표로 정하고 있는 미국을 포함한 국제사회로부터 대량살상무기의 포기

---

1) 비대칭적 공격은 언제, 어디서, 누구에 의해서 저질러질지 모르는 위협으로 정의할 수 있는데 오늘의 지구상에서 미국에 1대 1로 맞서 이길 수 있는 국가가 없기 때문에 테러와 같은 비대칭적 공격이 미국 안보에 위협이 되고 있는 것이다. 2001년 1월 20일의 부시 대통령연두교서는 이 사실을 잘 설명하고 있다.
2) 이 점에 대해 한국의 보수층에서는 북한은 어느 경우에나 변할 수도 없는 존재라고 단정한다. 그러나 북한의 현실을 주의 깊게 관찰하면 경제적 취약성 때문에 현실타협적으로 변하고 있다. 다만 우리가 기대하는 만큼 변화의 양과 질이 못 미칠 뿐이다.

를 강력히 요구받고 있다. 미국은 북한이 개발하는 핵무기가 비대칭적 대미 도전세력으로서의 테러집단의 손에 넘어갈 가능성이 있다고 보고 그러한 위협의 예방을 정책으로 선언하고 있다.

한편 한국은 한미안보동맹을 기반으로 하여 자유시장경제를 착실히 발전시킨 결과 GDP에서 세계 제 12위에 도달하였고 OECD의 회원국으로 성장하여 88하계올림픽과 월드컵경기를 개최할 만큼 아시아 대륙에서 앞서가는 국가의 반열에 오르게 되었다. 동시에 냉전시대의 적대국(Adversaries)들이었던 중국, 러시아와 국교를 열어 협력과 교류를 확대하는 한편 남북한 간에도 정부수준과 민간수준에서 교류와 협력을 추진하고 있다.

그러나 한미 간에는 북핵문제의 처리방식을 놓고 이견이 노정되었다. 한국은 어떠한 경우에도 한반도에서 전쟁이 재발하는 것은 막아야겠다는 입장을 강조하는 반면 미국은 북한의 핵무기 개발을 저지하는 데 필요하다면 군사적 조치를 포함한 모든 가능성을 열어두겠다는 입장을 취함으로써 양측 간에 갈등이 조성되었다. 또한 한미동맹에 기초한 한미연합군의 작전범위와 대상의 변경 문제를 놓고도 한미 간에 이견이 노출되고 있다. 다행히 2007년도에 들어서면서 북핵 6자회담의 성과로 미국과 북한 간에 직접대화가 열리고 미국이 북한을 침공하지 않을 것을 밝히고 주한미군 운영의 전략적 유연성을 한국이 수용함으로 해서 한미관계는 새롭게 조정국면에 들어섰다.

한편 중국은 한반도의 비핵화를 강력히 지지하면서도 중국안보의 필요상 북한을 중국에 우호적인 완충국으로 보호하기를 원한다. 이러한 입장에서 중국은 북핵문제 해결을 위한 6자회담에서는 미국의 요청을 받아들여 회의의 의장국으로서 역할을 맡았다. 그러나 중국은 미국과 전략적 동반자관계를 유지, 반 테러정책에서는 공동보조를 취하고 있지만 대만문제를 비롯하여 중동문제, 특히 이란문제 등에서는 미국과 입장을 달리하는 경우도 적지 않다. 갈등과 협력이 병존하는 관계다.

이러한 맥락에서 볼 때 한미동맹은 상황의 변화로 말미암아 옛 모습을 그대로 유지하기보다는 변화된 상황을 수용해야 할 도전에 직면하고 있다.

2. 동맹정책의 변화와 갈등

1) 동맹이론의 변화

이상에서 본 바와 같이 한국과 미국을 군사동맹관계로 묶었던 정세는 크게 달라졌다. 동맹이 성립되던 당시에 믿고 섰던 제반 정세가정(情勢假定)이 달라진 것이다. 한미 간의 군사동맹은 그 시발을 이른바 트루먼 닥트린에 두고 있는데 공산국가들의 침략에 대항하는 국가에 군사원조를 제공한다는 트루먼 닥트린은 동서냉전이 끝나버린 상황에서 더 이상 의미를 가질 수 없게 되었다. 2003년 5월 14일 워싱턴에서 있은 한미정상회담에서 한미 양측은 "양 국민이 공유하고 있는 민주주의, 인권, 시장경제의 가치증진과 한반도 및 동북아의 지속적인 평화와 번영을 위한 포괄적이고 역동적인 동맹관계를 구축해 나가는데 공동노력"하기로 합의했다. 이것은 1953년에 체결된 한미상호방위동맹조약의 명분, 즉 공산세력의 침략을 저지하기 위한 동맹의 성격을 넘어선 새로운 명분이다.

미국은 한미동맹을 포함한 모든 동맹이 동서냉전이 막을 내린 현실을 기준으로 하여 변화된 정세에 맞도록 재조정되어야 할 것을 강조하고 있다. 한국과 미국 간에 현재 진행 중인 미래한미동맹을 위한 공동 협의회의는 이러한 현실을 잘 반영한다.[3] 그러나 미국이 주도하는 동 맹정책의 이러한 조정 작업은 9·11 테러사건을 계기로 급속히 전면적 조정 작업으로 확대되었다.

미국은 9·11 테러가 있은 후부터 테러공격을 미국안보에 대한 현실 적 위협으로 정의하고 테러공격을 당한 후 사후에 응징하는 대처방식 은 미국의 실질적 안보가 될 수 없으며 테러공격이 예상될 경우에는 선제공격을 통해서라도 사전에 안보 위협을 저지하는 것이 실질적 안 보라는 논리를 펴고 있다. 동시에 이제 미국이 필요로 하는 동맹은 이데 올로기의 공통성을 기반으로 하는 동맹에 못지않게 테러세력의 발호 (跋扈)에 반대하는 반 테러동맹이어야 한다는 입장을 강조하고 있다.

또 미국은 유엔 등 국제사회가 이른바 불량국가(Rogue States)들에 의 한 대량살상무기의 제조확산을 철저히 봉쇄해야 함은 물론 핵무기, 미 사일 등 대량살상무기가 테러세력의 수중에 넘어가지 않도록 사전에 철저히 차단하도록 협력할 것을 강력히 요구하였다. 이 점에서 미국 부시 대통령의 대량살상무기확산방지구상(Proliferation Safety Initiative, PSI)은 가장 실천적인 반 테러국제공조안이라고 말할 수 있다. 미국은 이러한 정책노선을 천명함과 동시에 이라크, 이란, 북한을 평화를 위협 하는 악의 축(Axis of Evil)으로 규정하고 이들에 대해서는 핵무기를 포 함한 선제공격 가능성도 배제하지 않는다고 했다.[4]

한국은 미국의 반 테러정책을 적극 지지했을 뿐만 아니라 아프가니 스탄에 상록수 부대를 파견했고 이라크에도 군대를 파견하고 있다. 북한에 대해서는 1991년 12월에 마련된 남북한 간의 기본합의서를 기 초로 1992년에 합의한 한반도의 비핵화선언을 북한이 준수할 것을 촉

3) 한미동맹과 주한미군 재배치(제31회 미래전략포럼), p. kifs-15 참조. 2004년 4월 30일
4) 2002년 1월의 부시 대통령 연두교서와 9월 20일에 발표된 부시 닥트린의 주요 골자다.

구해 왔다.

2) 한미갈등의 양상

그러나 한국 내에서도 미국의 새로운 입장과 견해를 같이할 수 없는 새로운 갈등요소가 출현하고 있다.

첫째는 북한을 보는 한미양국의 태도 차이에서 온다. 미국은 북한이 대량살상무기로서의 핵개발을 포기하지 않는 한 북한의 핵개발을 모든 수단을 다해(군사력 포함) 저지한다는 방침을 밝히고 있다.5) 그러나 한국은 북한의 핵개발 기도는 어디까지나 평화적 방법으로 해결되기를 바란다. 미국이 북한 핵개발을 군사적 방법으로 저지할 경우 그것은 한반도에서의 새로운 전쟁을 의미할 뿐만 아니라 한국군도 현재의 연합방위체제하에서는 북핵 저지를 위한 군사작전에 참가하여야 하기 때문이다. 한국은 이러한 사태를 가장 바람직하지 않은 상황으로 평가한다. 한미방위조약에 의해 한국에 주둔하는 미군은 북한의 남침을 저지하기 위한 것인데 새로운 상황은 미국이 북한을 공격하는 경우로 변하는 것이기 때문이다.

둘째로 미국은 북한정권의 붕괴를 통한 정권교체(Regime Change)를 북한에서의 핵개발을 저지시키고 인권문제를 개선할 수 있는 가장 실효성 있는 대안으로 간주하는데 반하여 한국은 북한정권의 돌연 내지 급작스러운 붕괴를 민족적 재앙으로 받아들인다.6) 북한의 급작스러운

---

5) 클린턴 대통령은 2003년 네덜란드의 Lotterdam방문 기자회견 가운데서 1994년 미국은 플루토늄에 의한 북한의 핵개발을 저지하기 위해 군사공격을 계획하였다고 밝혔고 (2002년 12월 17일 일본 요미우리신문 참조), 부시 대통령은 북한이 핵을 포기하지 않는 한 이를 저지하기 위해 모든 조치를 다할 것이라고 밝히고 있다.
6) 미국은 북한문제의 처리 대안으로 정권교체를 기회 있을 때마다 강조하지만 한국은 북한의 붕괴는 한국, 중국 일본 모두에게 부담이 가는 재앙이 될 것으로 간주한다. Sam

붕괴는 한국은 물론이거니와 중국, 일본 등 국제사회에도 경제면에서 큰 부담이 된다는 것이다. 따라서 한국은 중국의 경우처럼 북한 정권도 개혁개방을 통하여 점진적으로 변화하여 남북한 관계가 안정된 가운데 남북한 간에 교류와 협력이 장기적으로 진행되면서 분단고통이 줄어드는 "과정으로서의 통일"(Reunification as a Process)을 선호하는 입장이다.

셋째로 주한미군의 역할과 기능을 재정의하려는 미국의 새로운 미군재배치전략(Global Defence Posture Review, GPR)을 한국이 수용할 수 있을까의 여부도 금후의 한미동맹의 미래를 결정하는 데서 매우 중요한 협상과제로 되고 있다. 미국의 GPR에 의하면 주한미군은 앞으로 국제적 인도주의 지원 작전이나 동북아 평화유지활동을 수행할 것이라고 언급하고 있다.[7] 앞으로 이러한 내용을 지닌 동맹조약이 미래 한미동맹을 위한 공동협의를 통해 체결될 경우 한국은 지구의 도처에서 미군의 반테러 군사공격작전이 벌어질 때마다 뒤따라 다녀야 할 경우도 가상할 수 있다.[8] 이러한 상황은 가정이겠지만 현재의 한미상호방위조약체계와는 그 내용과 입장이 근본적으로 다른 것이다.[9] 노

Crane, "North Korea: A Regime Collapse Could Bring Chaos", *The Los Angeles Times*, Calif., Mar 16, 2003 참조. 그러나 미국 부시 정권의 제2기 안보담당보좌관으로 임명된 Steven Hadley는 Regime Change라는 표현대신 Regime Transformation이라는 새로운 표현을 내놓으면서 북한 체제를 핵 등 대량살상무기에 의지하지 않고도 유지될 수 있는 체제가 되도록 유도할 것을 강조한다. 이 문제는 지금 미국과 중국 간에 논의가 진행되는 것으로 알려졌다.

7) 2004년 5월 25일 주한 미8군사령관(한미연합사 참모장 겸임) 캠벨 장군은 주한미군의 역할범위를 전 세계적으로 확대할 것이라고 기자회견에서 밝혔다.(조선일보 2004년 5월 26일자 참조)

8) "주한미군 재배치에 따른 영향과 대응", 제4회 SERI / 4(2004)에서 대만해협에서의 군사충돌에 한국군이 동원되어 중국과 전쟁을 치러야 하는 상황도 올 수 있다고 내다보고 있다.

9) 1953년 10월에 체결된 한미상호방위조약에는 미국이 서태평양지역에서 침략을 받았을 경우에만 한국에 방위분담을 요구하고 있다. 그러나 한국은 이 조약의 규정에도

무현 대통령은 2005년 3월 8일 공군사관학교 졸업식에서 행한 치사에서 "우리의 의지와 관계없이 우리 국민이 동북아분쟁에 휘말리는 일은 없을 것이다"고 언급, 금후 한미연합방위군의 전략적 유연성논의에 제동을 걸었다.[10]

넷째로 가장 중요한 문제는 북한의 안보위협에 대한 인식차가 한미 간에 존재한다는 사실이다. 한국 국민들의 상당수가 과거처럼 북한이 야기하는 모든 형태의 위협을 심각한 위협으로 받아들이지 않는다는 사실이다. 지구 최빈국의 하나로 전락한 북한이 대남군사도발을 감행하지 못할 것이라는 증명되지 않은 안도감(Euphoria)이 상당수 한국 국민들의 의식상황을 지배하고 있다. 북한의 군사적 위협은 한미동맹 없이는 절대로 극복할 수 없다는 종래의 안보관이 한미군사동맹을 유지시키는 심리적 기초인데 이 기초가 흔들리고 있다는 사실이다.[11] 비록 소수의견이기는 하지만 오히려 미군이 주둔함으로 인해 남북관계의 진전이 방해를 받고 있다는 견해가 있는가 하면 현재와 같은 형태의 주한미군의 존재 자체가 냉전적 발상에 기초한 시대착오적 양태라는 주장도 나오고 있다.[12] 좀 더 온건한 견해로는 주한미군의 존재 목적을 남침억제보다는 동북아 정세의 안정화를 위한 역할로 재정의 할 필요가 있다고도 한다.

또 놀라운 것은 북한의 핵개발 기도에 대해서까지도 이를 심각한

불구하고 베트남, 아프가니스탄, 이라크에 출병하였다.
10) 노무현 대통령의 이 발언을 청와대에서는 노무현 독트린으로 말하고 있지만 한미연합전력의 전략적 유연성 문제는 앞으로 한미관계에서 건설적으로 해결을 보아야 할 과제이다.
11) Anthony Faiola, "As tension subside between Two Koreas, U. S. Strives to adjust", WP, July 25, 2004에서 WP의 외교담당 기자였던 Oberdorfer의 말을 인용, 오랫동안 한미동맹을 지탱해온 핵심요소는 북한의 위협에 대한 남한 사람들의 공포심이었다고 지적하고 있다.
12) 제31회 미래전략포럼, "한미동맹과 주한미군 재배치"(2004년 4월 30일 중앙일보사 6층 대회의실에서 열린 포럼 결과보고서), 미래전략연구원, p Kifs-12

위협으로 받아들이지 않고 북한이 미국으로부터 더 많은 지원을 얻어내기 위한 교섭수단으로 핵카드를 이용하고 있는 것처럼 느끼는 사람들도 있다는 것이다.[13] 김대중 정권이 추진한 햇볕정책이 가져온 국내적 반향이라고 보아야 할 것이다.

3) 해결해야 할 과제들

동맹이란 국가 간의 협정에 의하여 공동의 적의 위협에 대처하기 위해 상호간에 군사적으로 지원하는 관계설정일진대 현시점에서 한미 간에 야기되고 있는 이러한 현안들은 한미동맹의 근본 전제들을 흔드는 상황이라고 하지 않을 수 없다. 앞으로 이 과제들은 미래 한미동맹을 위한 정책협의회(FOTA)를 통해 원만히 해결되어야 한다. 이 과제들 가운데는 시급을 요하는 과제가 있는가 하면 어느 과제는 오랜 시간을 두고 해결해야 할 과제도 있다. 그러나 당면해 있는 현안은 북한의 핵 처리를 둘러싼 한미 간의 이견조정이라고 할 수 있다. 2002년 후반기부터 미국이 요구하고 중국이 주선하여 시작된 북핵 해결을 위한 6자회담이 현재의 난항에도 불구하고 평화적 수단으로 북핵 포기를 가져올 수 있다면 한미동맹을 위한 제반 문제점은 미래한미동맹을 위한 공동협의를 통해 변화된 정세의 요구에 맞게 더 수월하게 해결의 실마리를 찾을 수 있다. 그러나 북핵문제가 풀리지 않는 가운데 계속 한미 간의 이견이 한미 양국관계를 압박할 경우에는 한미동맹의 장래

---

13) 앞서 주 5)에서 지적한 Lotterdam 기자회견에서 클린턴은 북한의 핵개발을 미국으로부터 더 많은 원조를 얻어내기 위한 수단으로 간주했다고 회상한다. 2005년 2월 10일 북한 외무성은 성명을 통해 북핵 해결을 위한 6자회담에 불참할 것이며 북한은 이미 핵무기를 보유했다고 선언하였다. 그러나 한국 NSC의장인 정동영 통일부 장관은 북한의 핵보유선언을 핵보유 주장으로 해석하고 일부 진보적 인사들은 북한의 핵보유 발언이라는 표현으로 받아들이면서 북한의 대미협상용 강경발언 정도로 치부하고 있다.

는 결코 순탄치 않을 수 있다. 이런 문제의식에서 한미동맹의 앞날을 가늠하는데 주요한 북핵문제 해결을 위한 6자회담의 양상을 살펴보기로 한다.

3. 북핵과 6자회담의 양상

1) 미국이 주도하는 다자적 접근

미국은 1993년 북한의 핵개발 기도가 노출되면서 이 문제는 미국과 북한 양자 간의 협상에서 해결해야 할 과제로 정의했다. 클린턴 행정부가 1994년 북한과 체결한 소위 제네바 합의(Agreed Framework of Geneva)는 사실상 미국과 북한 양자 간의 대화와 협상의 산물이었다. 그러나 북한이 미국과의 제네바합의를 위반하고 이면(裏面)에서 농축 우라늄을 이용한 핵무기개발을 추진하고 있음이 밝혀지면서부터 북핵을 보는 미국의 태도가 달라지기 시작했다. 부시행정부는 북한의 핵개발 기도를 저지시키는 것은 미국과 북한 양자 간의 문제 아닌 한반도의 안보정세변화에 영향을 받는 주변국 모두의 과제로 재정의했다.

특히 한 때 미 국무장관을 역임, 베트남 평화협상을 마무리한 바 있는 헨리 키신저는 미국과 북한간의 양자회담을 다음과 같은 이유에서 반대하고 다자회담을 주장하고 있다. 키신저에 의하면 "미·북 협상은 몇 가지 함정을 내포하고 있다. 남한 내부의 민족주의적 감정의 증대에 비춰 볼 때 양자협상이 잘 안 풀릴 때 그 책임은 모두 미국의 탓으로 치부될 것이고 북한은 협상을 통해 계속해서 미국이 받아들이기 힘든 요구조건 배가(倍加)전술을 구사할 것이며 시간이 길어질수록

한·미 관계는 더 악화될 것이다. 북한은 미국과의 양자회담을 통해 스스로 한민족 이익의 대변자로 나서면서 남한을 미국의 꼭두각시로 몰아갈 수 있다. 또 북한은 미국과의 양자회담을 가짐으로 해서 사실상 핵보유국의 지위를 국제사회로부터 얻어내고 이를 정당화하려 할 것이다. 또 양자회담에서의 어떠한 합의가 이루어져도 이 합의가 잘못 이행될 경우의 모든 책임은 미국만이 떠맡는 상황이 올 것이기 때문에 양자회담은 미국에 무익(無益)하다"고 주장한다.14)

이와 더불어 부시대통령의 전략참모들은 북이 핵개발에 성공할 경우 그 위험성은 미국만이 아닌 중국, 러시아, 일본, 한국 모두에게 미치기 때문에 양자회담보다는 다자회담이 현실적이라고 주장한다. 이러한 논거에서 미국은 북한의 사실상의 후견국인 중국으로 하여금 북핵 저지를 위한 중국의 실질적 역할을 강력히 촉구했다.15)

당초 중국은 북핵문제를 미국과 북한 양자 간의 문제라면서 발뺌을 했으나 부시행정부의 집요한 설득과 중국 자신도 한반도 비핵화를 바라고 있음으로 해서 마침내 6자회담을 소집하고 의장국의 자격에서 협상에 의한 북핵문제 해결에 나서게 되었다. 이 회담에서 미국은 북한의 핵 포기에 관해서 ① 완전하고(Complete) ② 검증가능하고(Verifiable) ③ 불가역적인(Irreversible) ④ 폐기(Dismantlement)를 요구하면서 북한이 이상 4원칙에 부합한 핵 폐기를 가시화할 경우 응분의 대북지원을 제공할 용의를 표명하고 있다.

그러나 북한은 미국이 요구하는 4원칙은 패전국에나 적용하는 항복

---

14) Henry Kissinger, "미·북양자회담의 함정", Media Tribune Service기고문을 역재한 조선일보 2003년 3월 12일자 참조
15) 미국의 부시대통령은 2002년 11월 장쩌민 중국 국가주석을 자기의 사저인 텍사스의 크로퍼드 목장으로 초청, 북핵 해결을 위한 중국의 적극적 역할을 주문한 것으로 알려졌다.

요구이기 때문에 이는 도저히 수용할 수 없다고 말하고 미국과는 달리 핵동결 조치, 검증조치, 폐기조치 등을 단계적으로 실시하면서 그에 상응하는 미국 측의 동시적 대가제공을 요구하는 대안을 내놓고 있다. 즉 행동대 행동원칙을 요구하는 것이다. 2004년 6월의 3차 회담이후 미국은 앞으로 3개월 안에 북한이 미국의 요구를 받아들일 경우 "깜짝 놀랄만한 선물"을 북한에 주겠다고 약속하였다. 미국이 말하는 3개월 이 협상의 시한인지 3개월을 초과했을 경우 새로운 강경조치를 취하겠 다는 의사표시인지는 분명치 않다.[16]

북한은 3개월이 지난 현재까지 미국 측 안을 수용하지 않을 것임을 밝혀오던 중 지난 2005년 2월 10일 북한 외무성은 성명을 통해 미국의 대북적대시정책이 철회되지 않는 한 북한은 앞으로 6자회담에 불참할 것이며 이미 핵무기를 보유했음을 전 세계에 선언하였다. 이로써 북핵 문제 해결의 외교적 돌파구로 마련된 북경의 6자회담은 그 성사여부가 불투명해진 가운데 무기한 중단상태에 몰입했다.[17]그러나 북한은 6자 회담을 완전 거부한 것이 아니고 북한이 수용할만한 조건이 마련되면 6자회담에 참가한다는 단서를 남겨놓았다.

2) 예상되는 전망

가. 북한 외무성의 핵 보유 및 6자회담 불참성명의 진의
북한이 6자회담 참가를 거부하고 핵보유를 선언하게 된 배경에 관

---

16) 곤돌리자 라이스 미 백악관 안보담당 보좌관은 지난 2004년 7월 9일 한국을 방문, 북한이 미국의 제안을 수용하면 상응한 선물을 줄 수 있으되 그렇지 않을 경우 북핵 저지를 위한 모든 수단을 다 사용할 것이라고 말해 6자회담 이외의 대안도 검토하고 있는 것으로 알려졌다.

17) David Singer, "North Korea seems to Reject Butter-For-Guns Proposal from U.S.", (NYT-July 25.2005) 및 2005년 2월 10일의 북한 외무성 성명 참조

해서는 여러 가지 설이 분분하다. 첫째 북한은 6자회담을 통해 미국으로부터 그들이 노리는 목표달성이 어렵다고 판단했다는 설이 다수설이다. 북한은 6자회담이 이루어질 경우 미국과 북한의 양자회담이 실현될 것을 기대했는데 미국이 그러한 성의를 보이지 않고 북한을 '악의 축'으로 규정한 미국의 태도가 조금도 달라지지 않고 있으며 새로 국무장관이 된 라이스 장관도 악의 축의 다른 표현인 "폭정의 전초기지(Outpost of Tyranny)"로 북한을 평가하면서 자유의 확산과 독재정권의 종식을 겨냥한 외교공세를 펴나가겠음을 선언하였다. 이로 미루어 북한은 6자회담을 통해서는 그들의 목표달성이 어렵다고 판단한 것으로 보인다.

둘째 북한은 우방인 중국이 6자회담 의장국을 맡고 있지만 중국의 정책 역시 한반도비핵화를 지지하면서 미국이 추구하는 이른바 북한 정권의 변형기도(Regime Transformation)에 가세할 우려가 있다는 것이다.[18] 바꾸어 말하면 중국은 북한이 자국에 우호적인 완충국으로 남기를 바라지만 핵무장을 포기하는 정권에 의해 북한이 지도되기를 바랄 수 있다는 점에서 미국의 정권변형론에 중국이 동조할 가능성이 있다고 보고 북한은 이를 제지하기 위해 서둘러 성명을 발표했다는 것이다.

셋째 북한은 오랫동안 염원해 왔던 핵보유국으로서의 지위를 굳히는 수순을 밟고 있는 것으로 보인다. 북한은 6자회담을 통해 목표달성이 곤란하다고 판단될 경우 핵보유국의 반열에 북한을 위치지워 놓는

---

18) 미국은 2002년 10월 방미중인 장쩌민 주석을 부시대통령의 크로퍼드 목장으로 초대, 북한 문제를 협의한 바 있고 후진타오 주석은 2005년 1월 30일 미국대통령 국가안보회의의 Michael Green국장을 직접 접견한 자리에서 북한의 농축우라늄개발진행상황에 관한 미국 측 정보자료를 보고 받았는데 북한은 이러한 美中 지도급 인사들의 접촉이 북한정권 변형을 위한 음모로 될 가능성이 있다고 보고 핵보유를 선언했다고 한다. 김태우, "북한 핵보유 선언 이후 : 새로운 대북 정책 준비해야", 미래전략연구원(2005년3월 3일 출간의 이슈와 대안 관련 보고서) 참조

절차를 밟아두겠다는 고려를 깔고 있는 것 같다.

나. 북한 핵개발의 배경

북한이 핵을 갖는 것은 미국의 적대정책으로부터 자신을 지키기 위한 방어적 조치라는 북한 측 설명에 동조하는 사람들이 있지만 그것은 북한의 핵보유정책이 노리는 목표를 지나치게 과소평가한데 기인한다. 북한이 핵무장을 추구한 것은 최대 목표가 조선노동당 규약에 담긴 목표, 즉 북한 주도하에 한반도를 사회주의적으로 통일할 무력을 기르는 데 있으며 최소목표는 김정일 정권의 체제를 안전하게 지켜내자는데 있다고 할 수 있다.

따라서 북한은 핵국가가 됨으로 해서 내부 통치기반을 강화함은 물론 남한에 대한 전략적 우세를 확보하고 외화획득, 체제안전을 보장받는 등 다양한 동기에서 핵개발을 추진해 왔다. 특히 북한은 북한 자신의 경제적 풍요나 산업발전 또는 과학기술의 발전을 기반으로 해서 핵개발을 추진한 것이 아니다. 북한의 전 주민을 외부세계와 단절시킨 가운데 수백만 주민을 아사(餓死)시키는 등 모든 것을 희생하면서 뼈를 깎는 아픔 속에서 추진해 온 것이 북한의 핵이다.

북한은 미국으로부터의 임박한 침략이 두려워서 핵개발에 착수했다고 하지만 이 주장도 부분적인 타당성 밖에 없다. 미국은 20세기 후반 이래 핵개발 등 대량살상무기를 개발하지 않는 개발도상국을 적대하는 정책을 취하지 않았다. 미국은 북한이 중국, 러시아와 상호원조 및 방위동맹을 맺고 있다는 점에서 결코 이라크와 동일시하지 않는다. 북핵에 대한 유엔안전보장이사회의 제재결의 조치가 필요할 경우에도 상임이사국으로서 북한의 동맹국인 중국과 러시아의 동의를 얻어야 한다. 미국이 유엔안보리 결의나 북한의 동맹국인 중국과 러시아의 양해 없이 북한을 군사적으로 선제공격(preemptive)할 수 있는 경우란 북한의 핵물질이 국제테러세력의 수중으로 흘러들어간다는 확증이 있을 경우에 한할 것이다.

이런 Red Line을 넘지 않는 한 이라크에서처럼 전후복구비를 감당할 능력이 전무(全無)한 북한을 미국이 먼저 공격할 가능성은 없다고 보아야 한다. 북한이 말하는 미국의 대북 적대정책은 실재하는 적대라기보다는 북한이 자기 체제를 지키기 위한 공포의 자가발전(自家發電)적 측면이 강한 것 같다. 미국의 부시 대통령은 북한을 공격할 의사가 없으며 북핵문제는 외교적으로 해결할 것임을 누차 천명한 바 있다.

다. 평가

북한의 핵개발 동기는 2005년 2월 10일 북한 외무성의 핵보유 성명 자체보다는 이 사실을 공식화할 때까지의 경과를 역사적으로 이해할 때 비로소 진면목을 파악할 수 있다. 북한은 1950년의 한국전쟁이 휴전으로 중단된 이래 한 번도 통일전쟁이 끝났다고 생각지 않고 전쟁은 아직도 계속되고 있다는 정치사상교육 위에서 정권을 유지, 관리해 왔다. 즉 전시병영국가체제를 유지해 온 것이다. 그들은 미국의 대남지원만 없었으면 1950년대에 이미 통일을 완수했고 그 이후에도 '부패하고 자생력 없는 남한정권'을 타도하고 북한 주도하에 통일을 이룩할 수 있었는데 미국의 지원 때문에 통일을 이루지 못하고 있다는 인식하에서 반미 투쟁정신을 고취해 왔다. 그들은 재래식 무기만으로는 통일의 적인 미국을 한반도에서 몰아낼 수 없기 때문에 핵탄두와 장거리미사일을 개발, 미국의 중심부를 강타할 핵 무장력을 갖출 때 비로소 핵전쟁을 두려워하는 미국이 한반도에서 손을 떼고 떠날 것이라는 정세관에서 핵개발을 추진했던 것이다.[19] 여기에 오늘날 북한이 강조하는 이른바 선군정치와 강성대국을 부르짖는 발상의 역사적 근거가 있는 것이다.

따라서 북한의 핵개발은 결코 그들의 통일정책과 무관하지 않은, 바로 통일무력의 비축사업인 것이다. 이러한 정책과 계획이 현실적으로 타당한가 여부는 전혀 별개의 문제이다. 그럼에도 불구하고 국내 일각에서는 미국이 북한의 체제안전만 보장해주면 핵개발을 포기할 것이라거나[20] 북한의 경제적 연착륙을 가능케 할 경제협력이 주어진다면 북한은 스스로 핵을 포기할 것이라고 안이하게 말하는 사람들도 있다. 이것은 북한핵문제를 역사적으로 관찰하지 못한 데 기인한다. 북한이 체제안전을 보장받거나 경제원조를 한 푼이라도 더 많이 받아내기 위해 모든 것을 다 희생하면서 핵개발에 나섰다고 본다면 그것은 오늘의 북한을 제대로 보았다고 말 할 수 없다.

그러나 북한은 현실적으로는 앞에서도 지적했거니와 핵개발의 최대목표보다는 체제의 안전확보라는 최소목표를 더 절실히 추구하고 있을 가능성도 배제할 수 없다. 왜냐하면 북한의 우방인 중국과 러시아가 하나같이 한반도의 비핵화를 강력히 요구하고 있고 특히 중국은 그들이 오늘의 동북아에서 누리는 핵 독점체제가 북한에 의해 무너지고 그것을 빌미로 하여 일본, 한국 등으로 핵개발 도미노현상이 일어날 것을 심각히 우려하고 있기 때문에 최대목표만을 고집할 수 없는 외교환경에 놓여있다. 또 북한 경제상황의 악화가 핵 국가로서의 북한이 버텨나갈 수 있는 힘의 한계를 의식하지 않을 수 없기 때문이다.

---

19) Nicholas Eberstadt, "What Surprise? The Nuclear Core of North Korea's Strategy", Article posted in Washington Post(march 1, 2005) 이 글은 미 하원군국제관계위원회의 북한 핵문제 청문회에서 필자가 증언한 내용을 간추려 발표한 글의 일부를 인용했다.

20) 김대중 전 대통령은 2005년 2월 14일 북한의 핵보유 성명 발표 후 조선일보와의 기자회견에서 미국의 적대정책이 오늘의 사태를 빚었다면서 필요하다면 자신이라도 나서서 북한을 설득하겠다는 의사를 밝혔다.

어느 면에서 북한은 이미 총체적 경제파탄의 상황을 더 이상 감내할 수 없는 한계상황에 근접하고 있다. 그러나 최소목표가 당면목표라고 해서 최대목표를 북한은 쉽게 포기하지 않으면서 버텨 나갈 것이다. 이런 상황 하에서 한국정부가 추진하는 햇볕정책은 어떠한 의의를 갖는 것인지를 진지하게 자문하지 않을 수 없다.

라. 전망

앞으로 6자회담에 북한이 다시 참석하여 핵문제의 외교적 해결에 응할지는 현재로서는 미지수지만 북한으로서도 외교적 해결에 끝까지 불응할 수 없는 입장에 놓여있다. 현재로서는 미국도 북한의 입장 때문에 자유의 확산과 폭정의 종식이라는 2005년도 미국 외교정책의 목표를 변경할 가능성도 보이지 않고 북한이 요구하는 회담복귀 분위기를 조성하는데 미국이 적극 앞장설 것 같지도 않다.

그러나 이라크 전의 심연에 빠진 미국이 기왕의 입장만을 고집할 수만 없는 상황으로 몰리고 있다. 2005년 3월 19일 동북아시아 순방에 나선 곤돌리자 라이스 미 국무장관이 북한을 '주권국가'라고 부르면서 북한이 6자회담에 참여하여 자신의 입장에 대한 존중과 협조를 받으라고 다소 유연한 입장을 밝혔고 동시에 북한의 핵 보유에 외교적으로 가장 큰 부담을 느끼는 중국이 북한 핵문제 해결에 보다 적극적으로 나서도록 중국 지도층을 설득한 것으로 보아 그 성과를 기대할만하다.[21]

---

21) 라이스 미 국무장관이 북한을 주권국가로 호칭한 것은 북한에 대한 미국정부의 인식 변화라기보다는 협상유인의 메시지로 보인다. 그간 미국은 북한을 2001년 국방검토 보고서에서 불량국가(Rogue State)로, 2002년 1월 30일 부시 대통령 연두교서에서 악의 축으로, 2005년 1월 18일 라이스의 상원인준청문회에서 폭정의 전초기지로, 2005년 3월 19일 라이스의 일본 방문시 주권국가로 불렀다.

미국은 6자회담이 있기까지는 외교적 해결을 위한 여러 가지 유인 책을 제시하기도 했지만 북한이 핵 보유를 선언하고 6자회담 참여를 거부하는 새로운 환경 하에서는 압박과 유인책을 동시에 강구하면서 북한의 선택을 강요할 것이다. 미국은 중국과 러시아가 북한에 대한 유엔안보리 제재 결의시 거부권을 행사할 명분을 주지 않기 위하여 다자협의의 틀 안에서 필요한 협의 조치를 취해 나가면서 핵무기확산 금지구상(PSI)을 통한 북한봉쇄, 북한을 제외한 6자회담 참가국들을 중심으로 하는 대북공동 압박정책과 유인책을 동시에 강구해 나갈 것이다. 결국 북한은 이러한 압박과 유인을 감내, 타산하면서 외교적 해결의 장에 나설 것이다.[22] 시간은 북한 편이 아니기 때문이다.

그러나 한국이 북한의 핵 보유선언을 한국에 대한 압박으로 받아들이지 않고 미·북 양자회담을 거부하는 대미 압박으로만 이해하면서 북핵문제의 당사자 아닌 중재자처럼 행동하고 북한에 대한 유인책-햇볕정책-만을 계속 고집한다면 한국의 6자회담에서의 입지는 갈수록 축소되고 지금까지 유지되어 온 한미일 공조체제도 더 이상 유지될 수 없을 것이다.[23] 동시에 북핵문제에 대한 국내 구조의 안정화 즉 국민적 컨센서스를 이루기도 힘들 것이다.

---

22) NYT(2005/03/20), 미국은 6자회담 참여를 거부하는 북한에 대해 인내심을 잃어가고 있다고 보도하고 라이스 국무장관은 북한에 대한 핵포기 대가로 경제지원을 요구하는 중국과 한국에 대해 실망감을 금치 못한다고 보도하였다. 동아일보(2005/03/22 A3면보도 재인용)

23) 한국의 국가안보회의 의장인 정동영 통일부장관은 북한 핵보유선언을 대미 협상용 핵보유 주장으로 평가할 뿐 한국에 대한 압박으로는 인식하지 않고 있다.(2005년 2월 12일 기자회견 내용 참조)

4. 바람직한 한미관계를 위하여

1) 한미동맹 해체후의 한국 상황은?

한국의 정치학자들이나 역사학자들은 한국이 21세기의 시작과 더불어 대외노선을 놓고 중요한 갈림길에 놓여 있다고 한다. 이른바 미국, 일본 등 해양세력과의 제휴를 통해 그간 유지해온 안보와 번영을 계속 유지할 것인가 아니면 중국, 러시아 등 대륙세력과의 새로운 관계를 개척하면서 유럽으로 뻗어나갈 것인가를 놓고 중대한 선택의 갈림길에 서 있다는 것이다. 노무현 정부는 해양세력과 대륙세력을 연결하는 동북아시아의 물류기지론을 펴면서 해양과 대륙의 양대 세력을 동시에 연계, 포용하는 노선을 모색하고 있다고도 한다. 그러나 이러한 비전은 구상단계에 있을 뿐 정책으로 구체화하는 데는 앞으로 많은 시간을 요한다. 우선 중요하고 필요한 것은 미국과의 군사동맹을 가진 한국이 이 동맹을 해체하고 이른바 비동맹의 자주화된 한국을 상정할 경우 한국이 동아시아의 국제정치에서 갖는 전략적 의미를 어떻게 정의할 것이며 또 한국을 대하는 주변국들의 태도는 어떻게 달라질 것인가를 먼저 검토할 필요가 있다.

중국은 오늘의 한중관계를 전면적 협력동반자관계라고 말한다. 적어도 이러한 외교적 수사는 남북한을 동등하게 대우한다는 뜻에서 한국의 대외정책과 어울린다. 그러나 최근 중국이 이른바 동북공정(東北工程)을 통해 고구려사를 자국의 지방사로 왜곡, 강변하는 것에서 보듯 중국의 내심에는 적어도 그들의 역사관 안에는 한국을 그들의 속방(屬邦)으로 보는 태도가 잠재해 있다. 만일 한미 간의 군사동맹이 해체되고 한국이 어느 외국과도 동맹조약이 없는 이른바 비동맹의 자주국가가 되었을 경우 중국은 한국을 어떻게 볼 것인가. 중국은 한국을 그들의 외경(外境)(Outer Frontier)안에 들어있는 소국(小國) 내지 성급(省級) 정부로 간주 할지도 모른다.[24] 주권국가로 대접받느냐 아니면 중국의 일개 성 수준의 지방정권으로 대접받느냐는 한국이 유효한 동맹을 갖고 있느냐 여부에 의해 판가름이 날 것이다.

반면 미국의 입장에서 볼 때 일본의 전략 가치는 상대적으로 높아지고[25] 일본은 한층 더 강화된 입장에서 북한의 핵이나 미사일을 포함한 지역의 안보문제에 대해 강한 발언권을 갖게 될 것이다. 또 그간 일본 정부 수뇌들이 기회 있을 때마다 강조했던 이른바 '한국의 안보가 일본의 안전에 긴요하다'는 한일 간의 안보 특수 관계론도 무의미해질 것이다.[26] 국내 일각에서는 미국도 중국과 마찬가지로 한국이 미국과 일본에 우호적인 완충국으로 남아있기를 원하기 때문에 한미동맹은 한미 간의 갈등에도 불구하고 계속 유지될 것으로 내다보면서 미국에 대해 보다 자주적인 접근을 할 수 있다고 한다. 그러나 한국이 자주국방을 강조하기 위해서는 안보협력을 제공할 미국 이외의 다른 대안을

---

24) 李榮一, "韓國과 中共의 關係正常化 試論", 中國問題(한양대학교 중국문제연구소 제 1권 제1호,1975) 참조 중국의 毛澤東은 "한반도는 이전의 중국 식민지였으나 회복할 대상으로서의 失地에 포함시키지는 않는다"고 했다(Allen S. Whiting, "Foreign Policy of Communist China", in Roy Macridis(ed.), *Foreign Policy on World Politics*(Englewood Cliffs: Prentice Hall,1967 3rd ed.), p. 317 참조 중국은 오랫동안 동북아시아의 인접국에 대해 중국과 대등한 주권국가라는 인식을 역사 속에서 가진 일이 없었다는 사실에 주목 할 필요가 있다.
25) 미국은 제1미군사령부를 일본의 자마로 이동, 세계 군사전략의 요충으로 일본을 선택 했고 일본과 공동으로 미사일 방어체제를 추진키로 합의하였다. 배성호, "21세기 미국 의 신 군사전략과 해외 주둔 미군의 재배치,"(민족통일연구원 선임연구원의 논문 참조)
26) 일본은 1996년의 신 미일안보선언과 2005년 3월 세계 속의 미일안보선언을 통해 일본 우익들이 오랫동안 갈망해 온 보통국가-그들은 평화헌법에 묶여 군대를 가질 수 없는 일본을 거세(去勢)된 특수국가라고 부른다-의 길을 걷게 되었기 때문에 한국 의 안보가 일본의 안전에 긴요하다는 1968년의 사또선언이 의미를 잃는다.

마련해야 하는데 그러한 대안 없이 자주만을 강조하고 대북햇볕정책만을 고수할 경우 미국의 동아시아정책의 우선순위에서 한국은 일본에 밀리고 그에 수반하는 불리(不利)는 한국만이 감당하게 된다.

일본은 대미관계를 강화하는 한편 앞으로 남북한 등거리외교를 취하면서 북한 시장개방에 대비하여 한국보다 유리한 고지를 선점하려는 전략도 구사할 것이다. 이런 상황 하에서 한국은 자칫 미중간의 패권싸움, 중일간의 패권싸움에 휘말려 외교적 난경에 봉착했던 19세기말의 역사 앞에 놓일 가능성도 배제할 수 없다.

러시아는 지역의 안보문제보다는 자국의 경제건설에 치중하면서 한반도 종단철도와 시베리아 철길을 잇는 TKR(Trans Korean Railroad)+TSR(Trans Siberian Railroad)을 추진하면서 시베리아의 가스관을 한반도를 거쳐 일본으로 연결하는데 힘쓸 가능성이 있다.[27] 이렇게 볼 때 한미동맹의 해체나 약화는 한국이 지금까지 이 지역에서 누리던 기득의 이익이나 전략가치를 감소시킬 뿐 어떠한 새로운 실익도 가져올 전망이 없다. 반면 북한은 대미접근 노력을 가속화할 것이다. 요컨대 한미동맹의 해체는 어느 경우에나 이 지역 국제정치 환경 속에서 한국의 전략 가치를 감소시키는 선택이 되지 않을 수 없다.

2) 한국의 새로운 선택은 무엇인가

19세기말의 한 중국 외교관은 구한말 조선의 살길은 친중(親中), 결일(結日), 연미(聯美)정책을 취함으로써 러시아를 막는데 있다고 진언

---

27) 러시아가 송유관이나 가스관을 일본으로 직접 연결할지 아직 불분명하며 TSR+KTR 공식이 그대로 될지 아니면 TSR을 북한의 라진으로 바로 연결할지는 불분명하다. (중앙일보는 2004년 10월 11일자에서 우스리스크-하산 나진 연결이 공식적으로 합의되었다고 보도하고 있다.)

하고 연미의 필요성으로서 동북아지역에 이해관계를 가지면서도 국가의 성질상 다른 나라의 영토를 탐하지 않는다는 점을 들고 있다. 그는 당시 청나라 외교관으로서 자국의 이익을 위한 조선외교의 방략을 논한 것으로 현실적 의미는 없지만 동북아시아 지역에 대한 미국의 이해관계에서 영토적 야심이 없다는데 주목한 것은 탁견이라 하겠다.[28] 그렇다면 현시점에서 한국의 선택은 무엇이어야 하는가? 한국은 대외정책의 우선순위를 어떻게 자리매김하는 것이 국익을 극대화할 수 있을까.

첫째 한국이 선택할 답은 자명하다. 현재 그리고 예측할 수 있는 장래에까지 한국이 동북아시아 지역에서 자신의 전략가치를 보존할 수 있는 길은 비용이 다소 들고 때로는 이해충돌이 양국 간에 발생할 수 있다고 하더라도 한미동맹관계를 변화된 정세의 요구에 맞게 유지 발전, 강화시키는 것이다. 이것은 동맹유지이익과 동맹포기이익을 주어진 정세 속에서 비교할 때 내릴 수 있는 자명한 해답이다. 반테러동맹에서 공동보조를 취할 경우 비용과 부담이 따를 수 있지만 그 비용과 부담은 항상 외교적 이득으로 상쇄가 가능할 것이다.

둘째로 한미동맹의 확고한 기반 위에서만이 북한으로부터의 안보 부담을 경감할 수 있음은 물론 중국과의 전면적 협력동반자 관계도 심화 발전시켜 나갈 수 있다. 중국이 보는 한국의 전략가치는 한국 자체의 역량도 중요하지만 미국과의 군사동맹을 근간으로 한 한국의 지정학적 역할에서 평가하기 때문에 한미동맹을 벗어난 한국의 존재는 중국의 안보외교에서 결코 큰 비중을 차지할 수 없다. 미중 양국은 현시점에서는 전략적 동반자 관계이고 북핵의 평화적 해결을 위해 6자회담을 통해 협력하고 있다. 따라서 한미관계와 마찬가지로 한중관계

---

28) 金弘集과 駐日淸國外交官과의 筆談: 朝鮮策略, 廣東黃遵憲 私擬 참조

도 어느 경우에나 희생시킬 수 없는 소중한 협력관계로 유지되어야 한다. 미국과 중국은 한국의 존립과 발전에 필수 불가결한 투자시장이며 수출시장이기도 하기 때문이다.

셋째로 일본과 러시아 등 주변 국가들과는 친선우호 관계를 지속시켜 나가야 한다. 기술과 자원협력의 파트너로서 양국의 중요성은 결코 과소평가되어서는 안 된다.

넷째로 북핵문제에 대한 한국의 입장을 분명히 정립해야 한다. 현시점에서 한반도를 에워싼 국제긴장의 원인이 북한의 핵개발에서 비롯되고 있음은 부인할 수 없다. 한국은 북한의 핵개발 의도가 통일무력건설에 그 동기, 출발점이 있었음을 한시도 잊어서는 안 된다. 그러나 북한의 내심의 동기가 아무리 부정적인 것이라 하더라도 현실적으로 북한은 핵문제를 협상을 통해서 풀어야 할 상황에 놓여 있기 때문에 북한을 상대로 하는 압박전술과 유인전술을 적절히 배합함으로써 북한핵 문제의 협상에 의한 해결을 적극 추구해야 할 것이다.

또한 북한의 핵문제는 그것이 장기적으로 해결되지 않는 상태에 놓일 경우 한반도의 평화통일을 위한 국제환경 조성에도 부정적으로 작용한다는 사실을 국내외에 널리 알려야 한다. 한반도의 평화통일은 군사적으로는 한반도의 비핵화를 필수조건으로 한다. 한반도 주변의 어느 국가도 핵무장한 한국의 통일을 지지할 리 없기 때문이다. 이 점에서 1992년의 한반도 비핵화선언은 평화통일을 위한 현명한 방도로 평가되어야 할 것이다.

한국은 앞으로 한반도 비핵화라는 국제사회와의 약속을 북한이 준수할 의무가 있음을 지적하고 북한에 의무이행을 강력히 촉구하여야 할 것이다. 지금까지 한국정부의 태도는 햇볕정책의 명분하에서 북한의 비위를 건드리지 않는 범위 안에서 조심스럽게 북한의 의사를 타진하는 수준을 벗어나지 않았다. 그러나 이제 북한이 핵 보유를 선언한 이상 더 이상 북한의 눈치를 보고 비위를 거스르지 않으려는 자세는 버려야 한다. 북한을 제외한 6자회담 참가국들과 공동보조를 취하면서 북한에 대한 압박정책을 강화하고 동시에 북한이 비핵화를 단행하지 않는 한 정부수준의 대북경협을 전면 유보함으로써 북한 핵을 용납하지 않겠다는 정부의 의지가 확고함을 북한 측에 일깨워줘야 할 것이다.

한국은 그동안 북핵문제를 자칫 잘못 다루어 일어날지 모르는 한반도에서의 전쟁발발을 피하고 남북한의 공존공영의 토대를 굳히기 위해서 미국과의 견해 차이를 들어내면서까지 대북 햇볕정책을 추구해왔다. 그러나 이제는 북한 측에 핵 포기를 반드시 강력히 요구하고 대북경협이 북한의 핵 포기와 직접 연계되고 있음을 북한이 실감케 해야 한다.

동시에 한국은 북한의 핵 보유가 기정사실로 될 것에도 대비, 한반도 비핵화를 위해 철수시킨 주한미군의 전술핵무기의 재도입을 검토하는 한편 북핵을 견제할 수 있는 첨단 전략무기의 도입과 배치문제도 심도 있게 검토, 추진하여야 한다. 아울러 그간 경험미숙이나 안보철학의 부족에서 비롯된 다소 껄끄러웠던 한미관계도 적극적으로 복원하는 노력을 병행해야 한다. 미국의 럼스펠트 국방장관이 지난 50년간 한미동맹은 전례 없이 성공을 거두었는데 다음 50년간에도 성공적으로 유지되기를 바란다면서 그러나 한미관계의 장래는 한국의 결정과 선택에 달려있다고 지적한 발언을 상기, 한미동맹관계를 새롭게 조정하고 보완함으로써 한미 양국의 국익을 극대화시켜야 할 것이다.[29]

---

29) 도널드 럼스펠드 미국방장관은 2003년 11월 27일 제35차 한미연례안보회의를 마친 후 가진 기자회견에서 유사한 견해를 피력했다.(주간조선 2003년 11월 27일 회견 전문) 참조

3) 한국의 자주국방은 가능할까

주한미군의 감축은 미국식 설명에 의하면 질적 보완을 통해 양적 축소를 기하기 때문에 한국 안보태세에는 전혀 지장이 없다고 한다. 그러나 주한미군의 감축 내지 철수는 안보의 질과 수준에 이상이 없다고 하더라도 한국에 부담이 없는 것은 아니다. 미군감축 이후 대체병력을 확보하는데 드는 비용은 매년 3조 내지 3조 3000억 원의 국방비를 증액해야 할 것으로 추산되며 이 국방비 증액 분을 교육비, 경제개발비, 사회개발비 등의 삭감이나 국채 및 정부보증채권 등을 통해 조달할 경우 연 1.20~1.69% 의 국내총생산감소가 불가피하다는 분석이 나오고 있다.[30]

그간 한미동맹은 두말할 필요도 없이 지난 50년 동안 한반도에서의 휴전을 사실상의 평화상태로 유지시켜왔다. 이 기반 위에서 한국이 북한의 동맹국인 중국, 러시아와 수교함으로써 한반도의 분단구조를 안정시키는데 기여했다. 21세기의 시작과 더불어 한미동맹은 새롭게 변화되어야 할 도전에 직면했다. 앞에서도 지적했거니와 한국의 주변상황에 대한 인식에도 변화가 발생했고 동맹을 바라보는 미국의 시각도 크게 달라졌다.

그러나 한국이 동북아시아의 중앙에 위치하고 있다는 지정학적 숙명을 일시라도 망각, 허황한 자주(自主)의 미몽(迷夢)에 사로잡혀서는 안 된다. 비록 비용이 들고 부담이 따르더라도 한국은 미국과의 동맹을 굳건히 유지 발전시켜나가야 한다. 한국은 21세기에도 이 동맹의 큰 틀을 유지해야 외교력을 유효히 발휘할 전략 가치를 보유할 수 있기 때문이다. 혹자는 미국과의 관계가 소원해지더라도 중국과의 관계

---

30) 정장열, "주한미군 빠지면 국내총생산 1.69% 감소", 주간조선, 2004년 6월 3일(1806호)참조

를 강화하면 그것이 변화된 상황에서 한국에 유리할 수 있다고 주장한다. 그러나 이 주장은 중국이 앞으로 한국의 외교에 중요하다는 뜻은 될 수 있어도 한미동맹이 한국에 부여하는 실익에는 거의 미치지 못할 것이다. 중국은 아직도 잠재적 강국일 뿐 실질적 강국은 아니기 때문이다.

5. 대북정책 재구성을 위한 제언

1) 북한의 상황평가

　냉전체제 종식 이후 북한은 세계 사회주의 교역권의 대폭축소, 경제체제 자체의 구조적 모순으로 하향 침체의 길을 걷다가 1990년부터 1998년까지 9년 연속 마이너스 성장을 기록하면서 세계최빈국으로 전락했다. 계속되는 식량난과 에너지난, 의료난, 외화난에 견디지 못한 북한은 1995년 마침내 유엔에 공식적으로 식량 원조를 호소하기에 이르렀다. 이 호소를 계기로 한국과 국제사회는 대북지원에 착수하였다. 1995년부터 2002년 8월말까지 한국을 포함한 국제사회의 북한에 대한 공식지원은 26억 2000만 달러에 이르고 있다. 한국의 대북지원은 1995년 6월부터 2004년 5월까지 총 6억 2338만 달러에 이르고 있다. 같은 기간 중 한국 NGO(비정부 민간기구)로서의 한민족복지재단 등의 대북지원액은 3억5346만 달러에 달하고 있다. 북한에 대한 지원은 식량 이외에도 비료, 의약품, 영양제, 대체식물로서의 옥수수 다수확품종의 보급 등 북한인들의 생활을 유지시키는데 도움이 될 다양한 품목이 포함되어 있다.[31]

북한은 아직도 체제의 기본이념으로 주체사상, 자력갱생, 선군정치, 강성대국을 지향하고 있음으로 해서, 1999년부터는 마이너스 성장이 플러스 성장으로 돌아서기는 했으나 경제자립에의 길은 아직도 요원하며 역설적으로 국제사회의 구호에 정권유지의 일정 부분을 의존하고 있다. 북한은 2002년 7월 1일부터 경제 관리개선조치를 단행하여 배급제 대신에 화폐를 통한 구매(購買)제를 실시함으로써 시장경제적 요소를 도입하고 있다. 이 조치로 주민들 간에 일할 의욕을 자극할 수는 있게 된 것은 다행이나 인플레이션과 새로운 도시빈민층의 출현이라는 부작용도 낳고 있다. 현시점에서 북한상황을 종합적으로 평가한다면 개혁개방을 향한 북한 지도부의 확고한 신념과 국제사회의 재정, 기술적 지원이 결합될 수 있을 때 비로소 경제적 재생이 가능할 것이다.

그러나 북한당국은 아직도 국제사회의 지원사실과 구호요원들의 활동이 주체사상에 기반을 둔 자립 자생 질서의 유지에 위협이 된다는 인식을 가지고 있다. 이 때문에 한국을 포함한 국제사회 NGO들은 대북지원 의욕이 저하되고 10년 이상 계속되는 장기간의 구호와 지원에도 불구하고 성과가 미흡한 데서 오는 원조피로(援助疲勞)(Donor Fatigue) 현상도 나타나고 있다. 이와 더불어 북한의 핵개발 기도는 북한 경제발전에 필수적인 국제사회로부터의 재정, 금융, 기술지원의 길마저 막고 있다.

그러나 북한은 다른 사회주의 국가에서는 볼 수 없는 특수성이 있다. 정치교육의 결과이기도 하겠지만 북한에서의 기아(飢餓)는 조용하면서도 완만하게 진행되고 있고 정권의 정치적 통제력은 비교적 손상을 받고 있지 않으며(탈북현상을 예외로 할 때), 주민들은 식량 등 제한된

---

31) 우승지, 박준성 공동 집필, 대북 인도적 지원의 현황 및 평가보고서 (외교안보연구원 2004년 8월) 참조

자원을 공급받기 위해 정권에 더욱 밀착하는 경향이 있어 조만간 체제붕괴가 오리라는 서방측 전문가들의 예측은 빗나가고 있다.[32) 그러나 핵개발의 포기와 개혁개방 없이 북한체제는 결코 새로운 활력을 얻어 경제재생의 길을 걷기는 힘들 것이다. 선군정치를 끝내지 않는 한 북한경제의 재건은 사실상 불가능한 상태에 놓여 있다.

2) 상황변화에 대응할 국내구조의 안정화

가. 과도기적 혼미상황의 출현

현재 남북한 간에는 정부수준에서는 물론이거니와 민간차원에서도 교류와 협력이 활성화되고 있다. 금강산 관광을 비롯하여 개성공단 개발, 이산가족들의 상봉실현, 2005년 10월로 예상되는 도로개통 등 냉전시기에는 상상도 할 수 없는 긍정적 변화가 일어나고 있다. 남북 정상회담 이후 정부수준에서 이루어진 회담만도 110여회에 이르며 남북한 간에 이루어진 인적 왕래도 증가추세를 보이고 있다.[33) 그러나 이러한 변화에도 불구하고 지금 한국사회는 내외정세 변화를 주도해 나갈 주도세력이 형성되지 못한 가운데 주변정세관, 안보가치관 등에서 심각한 혼미를 거듭하고 있다.

전쟁을 각오하더라도 북한 핵을 저지해야 국가안보의 기틀이 선다고 주장하는 세력들이 있는가 하면 이들을 수구, 보수, 반동이라고 몰아 부치면서 민족공조의 명분하에 탈냉전시기의 한국사회의 새로운

---

32) John Deutch등 미 CIA의 책임자를 비롯하여 미국의 전문가들 간에는 한 때 북한의 체제붕괴가 임박했다거나 붕괴를 예측하는 분위기가 강했다.

33) 남북간에 이루어진 정부수준의 회담 110여회(정치19, 경제47, 군사27, 인도, 체육 18 회 등)이며 인적왕래를 보면 남한의 북한방문자수('99: 5,599명, '00: 7,280, '01: 8,551, '02: 12,825, '03: 15,280)도 증가추세이며 북의 남한 방문자수('99 62명, '00: 706명, '01: 191명, '02: 1,052명, '03: 1023명)도 늘고 있다.

지향이 친북반미노선으로 가야만 한다는 이른바 진보세력들이 창궐하고 있다. 전자가 북한 핵개발의 최대목표를 중시했다면 후자는 최소목표에서 북한을 인식한 데 기인한다.

또 북한의 인권문제를 놓고도 그 정도의 인권문제를 눈감고 넘어갈 수 없다면 민족통일은 생각지도 말라고 하면서도 미군에 의해 교통사고로 숨진 두 명의 여학생의 경우에는 인권을 명분으로 삼아 거국적 반미투쟁을 선동하는 것이 오늘의 한국사회의 진보세력의 행태이다. 북한상황에 대해서도 보편적 가치기준이 아닌 북한의 입장에서 북한을 평가하자는 이른바 내재적 접근론이 북한연구의 주요 방법으로 등장하는가 하면 한국전쟁과 주한미군을 수정주의 사관에서 재해석하는 학풍이 진보의 이름 아래 대학가의 일각에서 상당기간 세를 넓혀왔다.

나. 국내구조 안정화의 모색

지금 우리 한국사회는 탈냉전상황의 도래와 함께 냉전의 유산청산과 새로운 선택의 기로에서 심각한 갈등을 겪고 있다. 우리는 냉전시의 상식으로는 납득이 가지 않는 주장이나 구호가 나왔다고 해서 그것을 곧 반국가이거나 반민족으로 매도할 필요는 없다. 그렇다고 35년간의 식민지 통치와 12년간의 반공 독재, 32년간의 군사권위주의시대를 살아온 국민들을 상대로 친일파 앞잡이의 후손이니, 반인권세력의 앞잡이이니 하는 식으로 분류하는 과거사 진상 파헤치기도 북한의 핵 보유 선언으로 동북아 정세가 급변하는 시기에 국민통합을 도모하는데 무슨 실익이 있을 것인가. 자칫 상황을 그르치면 후세 역사가들은 이 시기를 한국사를 쇠퇴로 이끈 저차원의 권력투쟁기로 평가하게 될 것이다.

북핵 해법과 관련하여 북핵을 보는 입장의 차이에 따라 처방이 달라질 수 있다. 북핵이 북한 주도하의 통일무력용인가 체제방어 수단인가,

현재의 유엔 5대 상임이사국으로 한정된 핵 독점체제가 정당한가 여부, 민족공조와 한미공조의 어느 입장을 중시하는가에 따라 북핵 해법은 달라질 수 있다. 북한의 2·10 핵 보유선언은 안보를 중시하는 입장에서 보면 대남 선전포고에 준하는 비상사태에 해당할 것이다. 그러나 정부는 북한의 핵 보유선언을 대미 협상전술의 하나인 핵 보유 주장 또는 핵 보유발언으로 호도하고 아무 대책 없는 국민들은 그렇게라도 되기를 바라는 희망에서 정부의 발언을 받아들이는 것 같다. 여기에도 국론분열의 요소가 있다.

다. 민족공조론의 한계

북한은 최근 대남공세 차원에서 민족공조라는 용어를 적극 구사하는데 이 용어의 사용범위는 한정되어야 할 것 같다. 북한이 심각한 식량난에 처하여 북한 동포들이 아사(餓死)하는 문제를 같은 민족인 남한 사람들이 구제역에 걸려 집단 몰사하는 가축들의 죽음처럼 받아들여서는 안 되며 식량과 의약품을 지원해 주고 경제재건을 도와주는 것은 당연하다. 민족공조는 이런 분야에 한정된다. 또 국제경기에서 공동으로 응원하거나 단일팀을 구성하는 문제도 민족공조에 해당될 것이다.

그러나 오늘날 한반도 긴장의 원인이 되는 북핵문제의 해결은 민족공조의 과제도 대상도 아니다. 북한의 핵개발 동기가 북한 주도하의 통일을 겨냥한 데서 출발한 것일신데 이 측면을 외면하고 오직 미국의 대북 적대정책의 포기만이 북핵 해결의 첩경이라고 강조하는 치우친 태도는 결국 한미갈등과 국론분열을 유발하게 된다. 북핵문제는 민족공조로는 절대 해결할 수 없으며 오직 국제사회와의 협력과 공조를 통해서 해결될 수 있는 과제임을 분명히 해야 한다.

북한의 핵은 협상적 해결이나 상생적 해결의 어느 것도 결코 쉽지 않은 과제이며 최종적으로는 군사적 수단의 사용이 한반도 비핵화의 유일한 방도가 될 수 있다는 비장한 각오 없이는 해결할 수 없는 과제라고 보아야 한다. 이러한 관점의 정착만이 국내구조를 안정화시키는 실천적 방도가 될 것이다. 반세기 동안 냉전의 한복판에서 생장해 온 한국 사회가 탈냉전상황을 맞이하여 이러한 백가쟁명식의 혼란기를 거치는 것은 불가피하다. 이러한 과정을 거쳐 21세기 한반도의 장래를 내다보고 대비해 나갈 새로운 가치관, 안보관, 시국관이 정립되고 이를 바탕으로 내외정세변화 대응능력이 향상될 수만 있다면 이것이야말로 한국의 장래를 위해 지극히 다행스러운 일이라 하겠다. 결국 우리 안보의 중요 발판인 한미동맹의 발전적 변화나 북핵문제의 평화적 해결을 위해서는 이를 뒷받침할 국내구조의 안정이 필수요소임을 지적해 둔다.[34]

6. 결론과 건의

1) 한미동맹은 개선 강화되어야 한다

현시점에서 한미협력과 주한미군의 존재형식은 냉전 시와는 같지 않더라도 한미 간의 군사협력을 전제로 한 한미동맹은 앞으로도 유지되어야 한다. 그러나 일방적인 의존이 아닌 협력적인 상호의존으로 동맹관계는 지속되어야 한다. 여기에는 부담과 비용이 수반된다. 그러나 한국이 통일 이전이나 이후를 내다보면서 동북아시아라는 지역안보의 틀 속에서 유효한 전략 가치를 갖는 국가로 존재하기 위해서는

---

34) Henry Kissinger, *The Necessity for Choice*(1962), Chapter II에서 국제협상의 성공조건으로 국내구조(Domestic Structure)의 안정을 강조하고 있다.

한미동맹의 유지는 필수적이다. 비동맹의 자주국가가 되자는 것은 동북아시아의 분단된 반도국가로서의 한국이 현실적으로 달성할 수 있는 목표도, 비전도 아니다. 역사가 과거의 사건과 미래를 향한 우리의 목적과의 대화를 의미하는 것이라고 한다면 최소의 비용으로 최대의 효과를 얻는 안보동맹은 한국과 지리적으로 인접해 있지 않은 미국과 동맹관계를 유지하는 것이다. 지금까지 한국에 안정과 번영을 보장해준 한미연대를 살려나가는 방도도 여기에서 나오기 때문이다.

그러나 변화된 정세는 한국과 인접한 국가로서의 중국, 일본, 러시아와의 우호친선 관계의 유지발전을 아울러 요구한다. 이 길만이 한미동맹에서 오는 부담을 최소화할 수 있는 방도가 되기 때문이다. 친미(親美), 친중(親中), 친일(親日), 친러(親露)의 4친 외교는 한국이 통일과 안보라는 21세기 상황에서 야기되는 도전을 극복하는데 필수적인 외교의 주요 기반이 되어야 하며 이 노선이 성공하기 위해서도 한미동맹의 강고한 뒷받침이 있어야 한다. 아울러 미국의 대 중국 견제활동이 나날이 가속화되는 상황에서 한국의 대중 관계는 항상 시험대에 오를 수 있다. 그러나 한중 우호친선은 한미 관계 못지 않게 중요함을 인식하고 사안별로 친밀도를 조정하는 외교적 슬기와 지혜가 요구된다. 즉 한미동맹과 전면적 협력동반자 관계로서의 한중 관계를 균형 있게 관리해나가야 할 것이다.

2) 한반도의 비핵화는 국제보장 하에 이루어져야 한다

북한 핵문제를 해결하기 위한 6자회담은 현재로서는 성과 없이 기존의 입장만을 되풀이하고 있다. 또 과거의 경험에서 보면 북한이 핵문제의 상생적 해결이나 협상에 의한 핵 포기를 기대하기도 힘들다.

그러나 북한이 핵 보유선언 이후 국제사회의 냉담한 분위기를 극복하면서 정권을 유지하기도 결코 쉽지는 않을 것이다. 결국 협상에 의한 해결을 추구할 수밖에 없는데 지난 3차 회담에서 미국이 내놓은 카드 즉 북한이 핵을 포기할 경우 상응한 선물을 제공하겠다는 약속이 아직 유효하기 때문에 중국이 양자의 입장을 조율하면서 북핵 타결의 길을 열어야 할 것이다. 북한도 가장 인접한 맹방이며 식량과 에너지의 주요 공급원인 중국의 당과 정부가 일치된 목소리로 한반도의 비핵화를 요구하고 있는 한 핵 보유를 계속 고집해 나가기는 어려울 것이다. 결국 북한의 생존권을 보장할 수 있는 지원과 핵개발 포기를 교환하는 선에서 '한반도 비핵화를 보장하는 베이징 합의'가 이루어져야 한다. 북한의 생존권을 보장하는 지원가운데는 북한과 미국과의 관계개선을 포함하고 국제금융기관의 대북 경제지원허용, 불량국가 및 테러지원 국가리스트에서의 북한삭제 등 북한의 존립을 위협해 온 기왕의 조치들을 미국이 철회할 수 있어야 한다.[35] 동시에 유엔을 비롯하여 한국, 일본 중국, 러시아 등 주변 국가들이 북한 경제재건을 지원하는 국제합의도 수반되어져야 할 것이다. 그러나 문제는 북한의 우선 핵 포기와 국제적 대북지원의 선후문제 처리이다.

3) 비핵국가들의 안보불안을 해소시켜야 한다

미국은 북한의 핵 포기가 일시, 미봉적이 아닌 불가역적 포기 (Irreversible Dismantlement)로 확인될 것을 요구하고 있다. 그러나 이러한 요구가 정당한 요구로 받아들여지기 위해서는 핵보유국들이 핵 비보유국들의 안보불안을 해소시킬 수 있는 적극적인 대책을 세워야 한

---

35) 미국의 클린턴 행정부는 1998년 올브라이트 미 국무장관의 북한 방문과 북한 조명록 차수의 워싱턴 방문 시 사실상 합의된 바 있는 내용들이다.

다. 우선 핵무기 비 보유국에 대한 핵보유국들의 핵무기 선제 불사용 의무를 다국간 조약으로 보장하고 다음으로 핵 비보유국들의 핵개발 유혹을 억제할 수 있는 비확산관리정책을 지속적으로 추진하여야 한다. 선제공격불사를 앞세운 비확산관리정책보다는 개발 원조를 통한 지원과 참여를 통한 비확산 유도가 한층 더 바람직할 것이다.

4) 한국 휴전협정을 평화협정으로 전환하자

한반도 비핵화에 관한 6국 합의가 이루어지면 현재 사실상 사문화되고 있는 한국의 휴전협정을 평화협정으로 전환시키는 국제합의를 도출하기가 훨씬 용이해진다. 미국과 중국, 남북한은 휴전협정의 실질 당사자이기 때문에 휴전협정을 '정치적 수준에서의 새로운 협정'으로 전환시키기 용이한 환경이 조성된다.[36) 그간 휴전협정 처리문제를 다루던 4자회담을 재개, 당사자간 합의의 토대를 마련하고 여기에 한반도 군사정세 변화에 이해관계를 갖는 일본과 러시아가 긍정적으로 참여하게 된다면 휴전협정의 평화협정에로의 전환기반이 마련될 것이다. 그러나 이 문제는 미래 한미동맹을 위한 정책협의에서 주한미군의 주둔시한과 동북아시아에서의 역할을 정의하는 방식과의 연계에서 다루어져야 한다.

5) 북한변화에 미친 NGO들의 대북지원효과 경시되어서는 안 된다

북한에 대한 지원은 흔히 밑 빠진 독에 물을 붓는 것에 비유된다.

---

36) 한국의 휴전협정 5조 60항은 정치적 수준에서의 새로운 협정으로 대체될 때까지 현재의 휴전협정은 유효하다고 명시하고 있음에 비추어 6자회담은 이러한 정치적 합의를 생산할 여건을 구비하고 있다.

식량원조가 계속되면서 북한은 원조를 당연시하면서 개혁을 미루는 경향마저 보였다. 외부로부터 원조를 받으면서도 북한체제의 안전에 영향을 미칠 이른바 사상오염을 방지하기 위하여 NGO활동을 철저히 감시 견제하는 것이 비일비재하였다. 한국의 50여개 대북지원NGO 가운데 북한에 상주연락사무실을 설치한 NGO는 하나도 없다. NGO들과 북한 주민의 접촉을 차단 내지 최소화하는 것이 외부로부터 원조를 받는 북한 당국의 태도였다. 그럼에도 불구하고 지난 10년 동안 한국을 포함한 국제사회의 대북지원이 충분히 통계화되지 않고 가시화되지 않았다고 해서 북한에 아무런 변화를 가져오지 않았다고 말할 수 없다. 그간의 협력 사업들은 국제사회와 한국과 북한사이에 친밀감과 신뢰 분위기를 조성하였고 작은 분야의 협력들이 보다 큰 분야의 협력으로 확대되는 계기를 마련하였다.

한국의 식량원조 사업이 빵 공장, 국수공장 건설 사업으로 확대되었고 의약품지원 사업이 소아과 병동지원 사업, 어린이 심장병센터 건립 사업, 나아가서는 병원 건립지원 사업으로 발전하고 있다.[37] 북한의 특구(特區)정책은 아직 성공한 것은 없으나 앞으로 개성공단의 실험이 성공할 경우 그 파급으로 북한 경제재건의 여건이 개선될 것이다.

그러나 이러한 일들과 기대가 큰 성과를 얻기 위해서는 첫째 북한의 핵 포기가 반드시 이루어져야 하며 둘째 한미동맹이 새로운 현실에 맞게 개선되면서 유지 강화되어야 할 것이다.

---

37) David Mitrany, *A Working Peace System*(Quadrangle Book 1966) 이 책은 국제기구에서의 기능적 접근을 다루고 있는데 남북한 사회의 교류협력 사업에서도 작은 분야의 협력이 큰 분야의 협력으로 확대되고 있음을 볼 수 있으나 긴장완화에 얼마만큼 기여하는지에 대해서는 보다 심도 높은 연구가 뒤따라야 한다.

제5장 국제정치에서 본 북핵문제와 남북한 관계

이 글은 2003년 4월 22일 광주의 21세기 남도포럼에서 행한 강연원고이다. 이때 까지만 해도 북한은 핵을 보유하지 않았고 한반도 관련 유관국 책임 하에 북핵 보유를 저지하기 위한 6자회담이 모색되는 시점에서 작성되었다. 따라서 지금의 상황과는 다소 차이가 나지만 논리에 내재하는 이론과 평가와 전망은 현재의 상황을 비교적 정확히 투시하고 있다.

1. 문제의 제기

2003년 4월 23일부터 중국의 수도 북경에서 북핵 문제를 다룰 미국, 북한, 중국이 참가하는 국제회담이 열린다. 우리는 북한 핵 문제 같이 우리의 생존에 중요한 영향을 갖는 이러한 현안에 대해서 의외로 문외한으로 살고 있는 경우가 많다. 오늘날 우리 한반도정세를 긴장국면으로 몰고 가는 북한 핵문제를 우리는 어떻게 이해하고 평가해야 할 것인가. 지금 북한 핵문제는 미국 정부가 전 세계에 설명하는 논리의 틀에서 이해하는 북핵 문제가 있는가 하면 그와는 달리 북한이 내세우는 주장과 논리에서 보는 북핵 문제가 있다. 나는 미국과 북한 양자의 입장을 가능한 한 객관적으로 검토하고 관련 변수를 종합적으로 검증하면서 북핵 문제에 대하여 우리가 가져야 할 입장이 무엇인가를 이 자리에서 모색하고자 한다.

2. 미국과 북한의 입장 비교

1) 미국의 입장

미국은 북한이 1994년 미국을 상대로 제네바 합의의 틀을 마련, 핵 포기를 합의해 놓고도 그 합의의 이면에서 농축우라늄(Highly Enriched Uranium: HEU)을 통한 핵무기 개발을 추진해 왔는데 이는 국제사회에 대한 약속을 완전히 무시한 폭거이며 따라서 북한의 핵 개발 포기를 믿을 수 있는 방식으로 확인할 때까지는 대북봉쇄 등 응분의 제재가 필요하다고 주장한다.[1]

제재의 방법으로는 유엔안보리를 통한 경제제재론, 북한에 대한 외교적, 경제적 봉쇄를 비롯하여 북한의 핵무기 개발이 가시화될 경우 군사공격에 의한 저지와 같은 모든 대안을 검토해야 한다는 것으로 입장을 정리하고 있다. 미국은 북한이 개발한 대량살상무기(WMD)가 테러세력의 수중으로 팔려갈 경우 미국의 안보에 직접적 위협이 된다는 인식 하에 어떤 대가를 치르더라도 북한의 핵무장에 대해서는 이를 저지한다는 입장이다.

2) 북한의 입장

그러나 북한의 입장과 주장은 다르다. 북측은 다음 네 가지 논거를 들어 제네바합의를 위반한 것은 북한이 아니라 미국이라고 주장한다.

(1) 부시정권의 제네바 합의 무시

북한은 부시행정부가 들어선 이후 제네바 합의의 틀에 대한 미국의 태도는 한마디로 제네바 합의에 대한 부정 내지 거부로 일관해 왔다고 주장한다. 우선 미국의 부시 정권은 집권 초기부터 클린턴 대통령 정부가 대북협상을 통해 만든 제네바 합의의 틀을 잘못된 합의였다고 비판하면서 액면 그대로의 승계가 아니라 내용을 수정하는 '개선'을 주장했다. 제네바 합의에 명시된 북미수교나 경제지원 문제는 외면했다.

또 현재 공사가 진행 중인 두 개의 원자력발전소 문제의 타당성도 재검토할 것을 주장했다. 여기에 더하여 2000년 10월 북한의 조명록 특사와 미국정부사이에 합의로 발표된 북미공동 코뮈니케도 사실상 백지화시켰다. 2000년 10월 미국을 방문한 조명록 북한군 차수와 마들린

---

1) 주용중, 조선일보 2003년 1월 14일(주용중 특파원 분석기사, [미국의 북핵해법] 협상이냐 봉쇄냐 강온파 격론) 참조

올브라이트 미 국무장관 간에 합의 발표된 조미(朝美) 공동 코뮈니케는 미국과 북한간의 적대의사 포기와 관계개선 의사를 표명하고 있다.

또 북한평가에 관해서도 클린턴 대통령이 북한에 대한 '불량국가' 규정을 한 단계 낮추어 '우려국가'로 재분류하였는데 부시대통령은 이를 다시 번복, '불량국가'로 규정했다.

이보다 한 걸음 더 나아가 결정적인 것은 2002년 1월 30일 연두교서에서는 북한을 이라크, 이란과 함께 '악의 축(軸)'으로 규정하였다. 뿐만 아니라 부시대통령은 북한 국방위원장 김정일을 싫어한다(Loathe)고 여러 차례 공공연히 언급했다. 미국의 대북 태도가 이처럼 적대적으로 변하고 있는 상황에서 북한은 과연 제네바 합의의 틀에만 매달려 있어야 할 것인가.

북한은 나름대로 그들의 안보방식을 심사숙고하지 않을 수 없었다는 것이다. 바꾸어 말하면 국제법이나 국제협약을 지키는 것이 살길이냐 아니면 자위(自衛)조치를 강구하는 것이 살길이냐를 놓고 심각한 고뇌의 상황에 빠졌다고 주장한다.

(2) 핵 비보유국에 대한 선제공격 위협에 반발

북한은 핵 비보유국에 대한 미국의 새로운 정책도 그들 안보에 대한 도전요소로 되고 있다는 논리를 펴고 있다. 우선 핵확산금지조약은 그 내용이 지구상에서 미국, 영국, 러시아, 프랑스, 중국만이 핵무기를 보유할 수 있고 그 밖의 국가들은 핵을 가져서는 안 된다는 이른바 불평등 조약이다. 1968년 NPT(핵확산금지조약)조약이 성립한 이래 미국, 러시아, 영국, 프랑스, 중국은 합법적으로 핵무기를 보유하였고 이스라엘, 인도, 파키스탄은 핵무기확산금지조약(NPT)에 서명을 거부한 가운데 핵을 보유하고 있어 합법적 핵보유 5개국과 사실상 같은 대열에 섰으며 남아프리카는 핵무기를 보유했다가 이를 포기한 후 NPT에 가입했으며 북한은 1985년에 NPT에 가입했다가 1993년 탈퇴를 위협한 후 이를 유보했다가 2002년 12월 다시 탈퇴하기에 이르렀다.2)

이 때문에 핵무기 비보유국은 핵보유국들이 비보유국들에게 핵무기 불사용을 보장할 것을 강력히 요구하여 유엔안전보장이사회는 '결의 255'로 비보유국에 대한 핵무기 불사용을 다짐하였다. 그러나 안보리 결의만으로는 핵무기 불사용 보장이 미흡하다고 항의한 결과 1978년 5대 핵보유국들은 개별적 선언형식을 통하여 비보유국에 대한 핵무기 불사용을 선언하였다.

그러나 미국의 부시대통령은 9·11테러 피격 이후 핵태세검토보고서(Nuclear Posture Review)를 작성한 후 발표한 그의 새로운 안보독트린(2002년 9월 20일)에서 핵무기 선제공격 가능 대상국으로 중국, 러시아, 북한, 이란, 이라크, 시리아, 리비아 등 7개국을 정하고 이들 국가에 대해서는 핵무기에 의한 예방적 선제공격(preemptive attack)을 할 수 있다고 선언하였다. 핵 비보유국에 속하는 북한이 미국의 선제 핵무기 공격대상국으로 지정한 상황에서 그들 나름의 심각한 안보불안을 느끼지 않을 수 없다는 것이다.

(3) 비확산 관리정책의 부실

핵확산금지조약체제를 유지하려면 핵보유국들은 핵 비보유국들이 핵무장에의 유혹에 빠지지 않도록 비확산관리정책을 실효성 있게 추진해야 할 책임이 있다. 클린턴 대통령은 이러한 의미의 관리정책 차원에서 북한을 상대로 핵문제에 관한 합의의 틀(agreed framework)을 만

---

2) George Perkovich, "Bush's Nuclear Revolution: A Regime Change in Nonproliferation", *Foreign Affairs*, (March/April 2003 Issue) recited in New york Times (March 11, 2003)

들고 원자력발전소 건설 지원, 중유제공, 북미 관계개선을 약속했던 것이다. 이 점에서 클린턴 대통령은 '포용적 비 확산관리정책'을 실시했다고 말할 수 있을 것이다. 그러나 부시정부는 핵무기를 개발하겠다고 위협하는 국가를 상대로 지나치게 많은 당근을 주는 정책을 잘못된 정책이라고 비판하면서 클린턴 정부의 대북 정책을 부분적으로만 승계하면서 대북 견제정책을 강화했다. 이러한 정책은 위협적 비확산관리정책이라고 부를 수 있을 것이다.

(4) 북한 경제 개선 관리정책의 실패

북한의 경제개혁조치의 실패도 대미 적개심을 불러일으킨 요인이 될 것 같다. 우선 북한은 내외 여건의 어려움에도 불구하고 2002년도에 대내적으로 두개의 의미 있는 개혁조치를 취했다. 하나는 제한된 개방구역을 나진, 선봉지구에 이어 신의주, 금강산, 개성 등 4개 지역으로 확대하였다.

다른 하나는 2002년 7월 초에 경제관리 개선조치를 단행하였다. 이 조치가 시행되기 전 북한에는 약 18,000여 개의 암시장이 북한의 민생경제를 주도해왔던 것인데 이 조치를 취함으로 해서 국가계획기구가 다시 민생경제의 주도권을 장악하게 되었다고 한다. 그러나 경제관리 개선조치가 성공하려면 새로운 암시장이 생기지 않도록 국가책임 하에 필요한 물자를 적기에 공급할 수 있어야 한다.

북한은 이러한 개혁을 성공, 정작시키기 위해서는 재원확보가 절실한 데 북한은 일본과의 수교협상을 통한 경협자금으로 이 재원의 충당을 시도한 것으로 알려졌다. 북한은 일본 자본을 유치하기 위해 고이즈미 준이치로 일본 수상을 평양으로 초청하고 국가적 수치라고 할 수 있는 일본인 납치사실을 일본 수상에게 시인, 사과하였으며 그 대가로 2002년 9월 17일 북일 평화선언을 얻어냄으로써 북일수교와 수교에 따른 경협자금 유치의 길을 열었다.

한편 일본 역시 국내의 장기적인 불황을 타개하는데 도움이 되고 장기적으로는 북한시장에 대한 접근을 도모하기 위하여 100억 달러 상당의 경협자금을 계획한 것으로 알려졌다. 특히 IT 분야와 SOC 분야에서 북한에 대한 시설기자재 지원을 검토한 것으로 알려졌다. 여기에서 우리는 개혁개방을 향한 북한 당국의 의도를 엿볼 수 있다.

그러나 이러한 노력은 미국의 제임스 켈리 특사가 2002년 10월 3일 북한을 방문, 북한의 농축우라늄을 이용한 핵개발을 강력히 추궁, 북측으로부터 시인을 얻어냄으로써 상황은 전연 달라졌다. 일본과의 수교를 통한 재원조달은 무기 연기되었고 북한의 대내적 경제개혁은 사실상 포기하지 않을 수 없게 되었다.

다른 한편으로는 북한이 제한된 개방정책의 일환으로 추진하던 신의주 개방정책은 중국 측이 그들의 동북지방 개발계획 추진에 부담이 되는 신의주 특구화를 반대하는 의사표시로서 김정일 위원장이 특구 행정장관으로 임명한 양빈(楊斌)을 구속 수감함으로써 사실상 무산되었다.3) 결국 북한 주민들은 지난 10여 년 동안 그들을 절망적 고통 속에 몰아넣었던 고난의 행군을 다시 시작할 수밖에 다른 도리가 없게 되었다.4)

▶ 이러한 절망적 상황을 타개하는 방법 가운데 북한은 다른 동구국 가들처럼 개혁개방의 길을 택하지 않았다. 그 대신 자위력 강화에

---

3) 중국은 2001년부터 동북진흥계획을 마련하고 있는데 북한의 신의주 특구정책은 중국의 동북진흥책과 상충되는 부분이 있어 중국은 단호히 특구정책을 견제하는 조치를 취했다.

4) Barbara Demick, "Inflation Adds Another Woe for N.Korea", Latimes.com.(February 4 2003) 참조. 동일한 기사로서 John Pomfret, "Reforms Turn Disastrous for North Koreans", Washington Post Foreign Service,(January 27. 2003) 참조]

역점을 둔 미사일 개발과 핵무장을 향한 단계적 조치를 취하기 시작했다. 우선 북한은 그들이 제네바 합의에 의하여 봉인했던 폐연료봉의 봉인제거를 포함하여 5메가와트의 핵발전소와 방사화학실험실의 재가동, IAEA의 감독관 추방조치를 취함과 아울러 핵무기확산금지조약을 탈퇴했다. 북한은 핵확산금지조약(NPT) 제10조에 의거, 자기들의 중요한 국익(prime national interest)이 미국으로부터 위협받는 상황에 놓여 있다는 논거를 내세우면서 1993년 핵확산금지조약(NPT)에서 탈퇴선언을 했다가 이의 실천을 유보했던 NPT 탈퇴를 다시 선언하였다. 그러면서 북한은 미국을 향하여 북한과의 직접대화를 통해 북미 불가침 조약을 맺거나 아니면 사생결단으로 핵무장의 길을 걷겠다고 최후통첩을 했다.

▶ 북한이 미국을 상대로 불가침조약 체결을 요구하는 것은 정권이 바뀔 때마다 미국의 대 북한정책이 바뀌는 것을 방지하려면 미국 의회가 비준하는 조약체결이 있어야 한다는 것이다.

▶ 그러나 미국은 국제합의를 지키지 않는 북한을 상대로 어떠한 협상도 하지 않을 뿐더러 포용적 비확산정책도 더 이상 북한에는 적용하지 않을 것이며 국제 선례도 없고 의회비준을 얻기 힘든 불가침조약체결도 불가하다면서 오직 북한의 핵 계획포기가 선행되는 경우에 한해서 북미간의 직접대화가 가능하다는 강경 입장을 내세우고 있다. 키신저는 북한이 신뢰하지 않는 미국을 상대로 불가침조약을 요구하는 것은 북미 양자협상시 협상부진의 책임을 미국 측에 전가하고 전체 한민족의 권익을 마치 북한만이 옹호, 대표하는 인상을 내외에 과시하려는 함정이라고 경고하고 있다.[5]

▶ 북한의 두 차례에 걸친 핵개발 시도(제1차 시도는 1994년에 제네

---

5) 헨리 키신저, "북미양자협상의 함정",(조선일보 2003년 3월 12일자 참조)

바 합의로 봉합되었고 지금 6자회담에서 해결을 시도하는 북핵문제는 제2차 핵개발시도이다)에 한국과의 1992년의 비핵화선언은 거의 영향을 미치지 못했고 오히려 김대중 정권의 햇볕정책이 제공하는 경제적 지원이 핵개발정책을 고무했을 가능성을 배제할 수 없다.

3. 양측 주장 평가

1) 미국 측 주장에 대한 평가

미국이 북한에 대하여 핵정책을 변경한 가장 큰 이유는 클린턴 정부의 제네바 합의의 틀이 근본적으로 잘못되었다는 것이다. 그 논거로서 부시정부는 취임 후 약 6개월에 걸쳐 북한정책을 재검토한 결과 클린턴 정부가 북한의 핵문제는 미·북양국간의 문제만이 아니고 한반도 주변의 강대국 모두의 안보 이해에 관련된 다자간 문제인데 이 문제를 미·북 양자관계로 처리한 것은 비합리적이며 또 그 합의내용도 북한의 과거 핵이나 핵개발능력은 불문에 부치고 현재 핵만의 동결에 합의한 후 거기에 중유제공, 경수로 지원 등으로 핵개발 시도라는 잘못된 행동(bad behavior)에 보상까지 제공했다는 것이다.

이 결과 아직도 핵무장에 대한 미련을 버리지 못하고 있는 북한에 대해 미국은 첫째로 (1) 제네바 합의의 약정대로 매년 중유 50만 톤을 북한에 제공해 주고 (2) 인도적 차원에서 식량을 원조하고(총 190만 톤) (3) 경수로 공사를 진척시키고 있다. 그럼에도 불구하고 북한은 핵 시설에 대한 완전 사찰을 경수로 공사완공 이후로 지연시켰다.

둘째로 북한은 1998년부터 파키스탄을 통하여 농축우라늄(High Enriched Uranium)을 통한 핵무기 개발에 필요한 원심분리기 등의 장비를 비밀리에 도입, 핵무기 개발프로그램을 진행시켜 왔다는 것이다. 미국은 그들이 취득한 정보를 2002년 10월 3일 제임스 켈리 미 국무성 차관보의 방북을 통해 북측을 추궁, 확인하였다는 것이다. 따라서 미국은 북한이 핵개발 포기를 선언하고 검증 가능한 방법으로 핵개발 포기가 확인되지 않는 한 북한을 상대로 하는 어떠한 대화도 갖지 않는다는 입장을 천명하고 있다.

이 주장은 미 국무성이 대북정책 변경 결정을 정당화하기 위해 내놓은 명분으로 보인다. 미국은 오래 전에 정보활동을 통해 북한의 농축 우라늄을 이용한 핵개발 기도를 알고 있었는데 이를 공개한 시점을 보면 다음과 같은 두 가지 목표를 겨냥한 것으로 추측할 수 있다.

하나는 이라크에 대한 군사공격 개시를 앞두고 미국의 대 이라크 전쟁이 기독교권의 이슬람권에 대한 전쟁이 아닌 테러세력에 대한 반테러세력간의 전쟁이라는 명분을 충족시키기 위하여 북한을 끌어들일 필요가 있었을 것이라는 점이다.

다른 하나는 북한의 농축 우라늄을 이용한 핵 개발 의혹이 해소되지 않은 상황에서 북한과 일본 간의 수교가 이루어지고 이를 통해 일본 자본이 북한으로 유입되는 사태를 차단하겠다는 의도도 깔려 있다고 보여 진다. 미국의 제임스 켈리 대북 특사파견 계획의 발표가 북일 평화선언이 발표된 2002년 9월 16일이 일주일 지난 후에 이루어졌다는 사실에서 이러한 유추가 가능해진다.

▶ 북한 측 주장에 대한 평가

북한은 미국의 대북 적대정책이 지속되는 한 임의의 시기에 있을지도 모를 미국의 공격에서 살아남기 위해서는 핵무장을 통한 자위책 밖에 없다는 입장을 내세운다. 따라서 북한의 핵개발을 포기시키려면 미국과 북한간의 직접협상을 통해 미국의 북한정책이 포용적 비 확산 관리정책으로 바뀌어야 하며 변경된 정책이 미국에서의 정권교체와 관계없이 유효하려면 미국의회가 비준한 불가침조약을 체결해야 한다 는 주장한다.

그러나 북한이 최근에 취하고 있는 일련의 핵 관련 정책－단계적으로 확대하는 핵개발 접근정책을 지켜보면 북한의 의도가 단순히 미국 정부와의 직접협상을 유도, 안전보장을 얻어내고 경제 원조를 받아내 자는 것 이상의 목표를 지닌 것 같다.[6] 북한은 일단 그간 비축해 놓은 플루토늄을 이용, 핵무기를 보유하게 되고 이를 선언하면 미국은 대북 정책을 근본적으로 바꾸지 않을 수 없게 될 것으로 내다본 것이다.

이 문제에 대해서는 여러 설이 있지만 북한의 핵무장 문제는 지금 겉에 나타난 현상만으로 볼 것이 아니라 역사적으로 파악해야 한다는 관점이 있다. 중국 요녕성 사회과학원의 장수산(張守山) 연구위원은 북한은 김일성 생존 시부터 오랫동안 핵무장을 검토했으며 그것은 주한미군이 오키나와로부터 핵무장 부대를 한국으로 이동시킨 1970년대 후반부터였으며 아직 핵무기 유무는 모르겠지만 핵무기를 개발할 기술의 축적은 이루어진 상태이며 기필코 핵무장을 하겠다는 강한 의지가 있다고 보는 것이 옳다는 견해를 피력했다.[7] 미국에서도 북한은 1950년 이래 핵무장을 추구해왔다고 보는 주장이 있다.[8]

---

6) 알렉산드르 만수로프, "북한의 핵전략 공갈이 아니다", (조선일보 4월 3일자 해외칼럼) 참조
7) 張守山은 2003년 3월 1일 필자와 단동에서 가진 대화에서 이러한 사실을 밝힘
8) Walter Pincus, "N. Korean Nuclear Conflict Has Deep Roots", [Washington Post, October 15, 2006] A 16면 참조

4. 대책 방향

1) 협상상황 분석

▶ 현 상황에서 느낄 수 있는 북미갈등은 양자 간에 존재하는 상호불신에서 비롯된다. 미국은 북한이 전체 인민들을 궁핍 속으로 내몰면서라도 기필코 핵무장을 하겠다는 의도를 포기하지 않을 것으로 보고 있다. 반면 북한은 미국의 궁극적 목적은 김정일 정권의 붕괴 유도이기 때문에 확실한 안전장치 없는 북미협상은 무의미하다는 결론을 가지고 있다.

▶ 최근 미국 내 여론은 북미간의 직접 대화를 촉구하는 여론의 압력이 거세지고 있으며 Joseph Liberman 상원의원은 공공연하게 미국이 북한과 직접 협상에 나서라고 촉구하였고[9] Warren Christopher 전 미 국무장관도 "Iraq belongs on the Back Burner"라는 제목의 NYT 기고문(December 31, 2002)에서 이라크보다 북한 핵이 더 급하다면서 대북 협상을 서두를 것을 촉구했다.

콜린 파월 국무장관도 양자회담은 반대하지만 한반도 비핵화에 이해관계를 갖는 한국, 일본, 중국, 러시아가 참가하는 다자간의 대화—6자회담—는 바람직하다는 입장을 천명하고 있다. 미국의 이런 제안은 한반도 비핵화가 미국만의 이익이 아닌 한반도 주변 강대국 모두의 이익이라는 점에서 북핵문제는 미—북한 양사 간의 문제가 이니고 유관국들의 협력과 참여를 통해 해결되어야 할 문제라는 것이다.

미국은 원칙적으로 북미 양자회담에는 반대이지만 미 국무성은 한반도 주변의 강국인 중국, 러시아, 일본, 한국 등이 북한의 핵무장을

---

9) 조선일보 2002년 12월 16일 기사

반대하고 있다는 사실에 유의, 한반도 비핵화를 원하는 한반도 주변국들이 참가하는 다자회담을 통해 북핵문제를 처리하는 데는 응하겠다는 입장을 밝히고 있다. 이 주장은 논리적으로나 현실적으로 타당한 견해다. 그러나 중국 측에서는 미국과 북한이 제네바에서 핵동결 합의를 주도했고 현사태가 미국과 북한 간의 합의인 제네바 핵합의 위반에서 비롯된 만큼 현사태의 주요 당사자는 미국과 북한이라면서 미국과 북한이 먼저 당사자로서 대화를 시작한다면 거기에 중국도 협조하겠다는 입장을 피력했다.

▶ 중국과 러시아는 미국과 북한 간에 직접협상이 바람직하다는 입장을 견지하고 있지만 만일 북한이 핵개발에 성공, 핵보유선언을 하는 사태까지 상황이 악화될 수도 있다는 점에서 이를 피하고 협상 시간을 앞당기려면 다자회담도 끝까지 반대할 이유가 없다는 입장을 보이고 있다.[10] James T. Laney 와 Jason T. Shaplen은 미국의 계간 Foreign Affairs지에 기고한 글에서 클린턴 정부의 제네바 합의의 틀이 있었기 때문에 중국과 러시아가 다자회담을 받아들이고 한반도의 비핵화와 NPT체제 수용을 지지하는 정책을 펴게 되었다고 제네바 합의의 틀에 대한 긍정적인 평가를 하고 있다. 한국 정부도 그간 미·북한 간의 직접 대화를 지지하다가 윤영관 외교통상부장관의 방미를 계기로 다자간 회담 쪽으로 입장을 바꾸었다.

▶ 한편 국제원자력위원회는 북한이 핵활동감시 책임을 맡은 유엔기관의 직원을 추방하고 핵확산금지조약을 탈퇴한 사실을 중시, 유엔안보리에 북한을 제소했다. 유엔 안보리 제소는 북한에 대한 국제사회의 제재를 불러오는 것이다.

---

10) James T Laney and Jason T. Shaplen, "How to deal with North Korea", *Foreign Affairs*(March 11, 2003) 참조

2) 협상상황 평가

이라크 전쟁이 미국의 승리로 조기 종결됨에 따라 현재 한반도 주변에서 전개되는 정세의 큰 흐름에서 보면 북한이 주장하는 북미 양자회담 주장은 중국과 러시아의 의례적인 지지는 있으나 적극적인 지지를 받지 못하고 있다. 특히 중국은 신의주특구 처리과정에서 여실히 증명된 바와 같이 과거 혈맹시대의 양국관계에 크게 구속받는 입장이 아니다. 특히 중국의 제 4세대 지도부는 실용주의적 외교노선을 견지하여 중국 현대화를 향한 국익의 실현에 치중하기 때문에 연간 800억불 상당의 대미무역흑자를 지키는데 외교의 우선순위를 두고 있다.

중국 외교부 부부장 왕의(王毅)가 북한의 핵 관련 조치를 외교적 모험주의라고 공개적으로 비판한 사실도 유의할 필요가 있다. 최근 중국이 기술적인 이유를 내세워 중국의 따칭(大慶) 유전에서 북한으로 보내지는 석유공급을 3일간 중단한 조치도 북한으로서는 결코 달가운 일은 아닐 것이다.[11] "지난 2월 18일 이후 중국은 헤이룽장(黑龍江)성의 다칭(大慶)에서 북한으로 가는 석유 송유관을 3일 동안 폐쇄하면서 북한에는 기술적인 문제 때문이라고 설명했으나 북한은 이를 믿지 않았다. 중국은 과거에도 북한에 대한 압력 수단으로 송유관을 폐쇄하면서 기술적인 문제라고 설명한 적이 있다.

또 북한과 수교협상을 통해 북한에 대한 경제협력을 검토하고 있는 일본은 북핵문제의 군사적 해결은 반대하지만 한반도 유관국(有關國)들 중심의 다자회담은 이를 환영하고 있다. 이 문제에 관한 한 러시아도 자국의 참가가 보장되는 다자회담의 틀을 지지할 것이다. 러시아는 한반도 문제에 관한 한 자국의 개입이나 참여를 항상 요구하고 있기

---

11) 조선일보 4월 5일자 관련보도 참조

때문에 한반도 문제에 관한 6자회담을 반대할 이유가 없다.

따라서 이라크전쟁 이후에 다루어질 북핵문제는 한반도 유관국 간 다자회담을 통해 그 해결책이 강구될 것으로 보인다. 그러면 앞으로 다자회담이 열릴 경우 이 회담에서 다루어야 할 협상과제는 무엇일까. 여기에서는 강대국 차원에서 다루기를 희망하는 과제와 한국 등 남북 한 차원에서 다룰 과제가 있을 것이다.

(1) 강대국 차원의 관심사

현재 제기되어 있는 북미간의 갈등해소를 위해서는 새로운 국제합 의를 도출하는 것이다. 즉 1994년의 제네바 합의의 틀을 넘어서는 국제 합의를 이루는 것으로 유엔안전보장이사회와 한반도 유관국(有關國) 들이 참여한 가운데 북핵(과거, 현재, 미래)의 완전포기와 이의 사찰을 통한 확인 및 기타 대량실상무기와 재래식무기 문제 등 제반 현안을 동시적으로, 포괄적으로 해결책을 강구하는 것이다. 1994년의 제네바 합의의 틀에서는 북한의 현재의 핵을 동결하는 합의였을 뿐 과거, 현 재, 미래에까지 효력을 미칠 핵을 포기시키는 합의가 아니었다. 차제에 새로운 합의를 통해 핵동결과 같은 미봉책이 아닌 확실한 핵포기를 제도화하는 합의가 필요하다는 것을 콜린 파월은 주장하고 있으며 이 것이 클린턴 정부와 부시정부 간의 차이점이라고 말하고 있다. 이와 동시에 북한체제의 안전보장과 북한 경제재건에 대한 구체적 지원계 획, 예컨대 불량국가 해제, 아시아개발은행 자금 활용, IMF지원 등을 마련하는 문제이다.

(2) 남북한 차원의 관심사

제네바 합의의 틀을 넘어서는 새로운 합의는 유관국의 공동보증으로 이루어지는 합의인 만큼 단순히 한반도의 비핵화와 대량살상무기 해제라는 군축문제 해결로 시종(始終)될 것이 아니라 현존하는 휴전협정을 대체하는 새로운 평화협정으로 발전되어야 할 것이다. 한국의 휴전협정을 국제적으로 확정한 1954년의 제네바정치회담은 현존 휴전협정의 효력을 "새로운 수준의 정치적 협정에 의하여 대체될 때까지 유효하다"고 규정하고 있다. 따라서 한반도 비핵화를 보장할 국제합의가 생산될 경우 이 협정에는 반드시 휴전협정의 대체를 명시하는 조항이 포함되도록 해야 하고 이렇게 함으로써 현존 휴전협정을 평화협정으로 바꾸어야 한다. 이미 사문화되어버린 남북한 기본합의서를 넘어서는 한반도에서의 새로운 잠정협정(Modus Vivendi)을 만들어야 할 것이다.

5. 상황 전망

1) 핵 폐기의 선례 검토

현시점에서 강대국들이 추구하는 핵 비확산체제는 핵무기의 완전 폐기에 목적이 있지 않고 유엔 상임이사국으로 핵보유국을 제한하고 더 이상 핵보유국이 늘어나는 것을 억제하자는 것이다. 그러나 이 같은 소수 핵 독점체세에 대한 도전은 오래전부터 계속되었고 지금도 진행 중이다. 그러나 최근에 핵 폐기의 몇 가지 선례가 이루어졌다. 남아프리카연방은 넬슨 만델라 대통령 당선 후 흑백 간에 화해가 이루어짐으로 말미암아 백인 지배층이 추구하던 핵무기는 스스로의 결단에 의하여 폐기되었다.

둘째로 우리의 관심을 끄는 것은 소비에트 연방이 해체된 후 우크라이나가 가지고 있던 소련 핵무기를 국제적 협의를 통해 해체한 것이다. 이 경우에는 핵무기 1기당 해체가격을 정하여 미국이 지불하고 핵과학자들의 생계보장이나 취업보장을 미국이 떠맡는 협상을 통하여 이루어졌다.

셋째로는 리비아의 카다피 대통령이 핵개발을 포기한 것이다. 국제사회와의 화해와 경제원조를 담보로 리비아의 카다피 대통령은 비밀리에 추진해 오던 핵개발 계획을 포기하였다. 지금 미국에는 북핵 포기를 유도하기 위해 리비아 방식이냐 우크라이나 방식이냐를 놓고 저울질하고 있는데 미국 내 다수여론은 리비아 모델을 선호하지만 우크라이나 핵 폐기를 주도한 미상원외교위원회의 넌−루가의원은 오히려 우크라이나 방식에 더 큰 관심을 보이고 있다.12)

그러나 이스라엘, 인도, 파키스탄은 사실상 핵보유국이지만 모두 핵비확산조약(NPT)에 가입하지 않고 있으며 국제사회는 이들의 핵 보유를 묵인하고 있는 실정이다. 핵 비확산체제가 이 같은 예외를 인정하기 시작하면서부터 이란, 이라크의 핵보유 시도가 싹트고 있으며 북한도 이러한 묵인의 선례에 관심을 갖는 것 같다. 그러나 한 가지 다른 것은 북한이 핵보유를 밀고 나갈 경제력을 갖지 못했다는 것이다. 물론 단기적으로는 고난의 행군으로 어려움을 넘기겠지만 장기적으로 버티기에는 경제력이 너무 약하다. 지구 최빈국으로 전락한 북한이 핵노선을 선택한 것이 과연 현명할지는 두고 볼 일이다.

---

12) 미국 상원은 1991년 The Nunn and Lugar Act를 의결하고 이 법안의 The Cooperative Threat Reduction Program에 의거하여 구 소련의 우크라이나의 핵무기, 탄두, 이동장치, 생화학무기들을 해체, 철폐하고 이 분야에 종사하는 과학 기술자들을 취업시키는 조치를 강구했고 2003년 이 법을 확대, 소련 이외의 지역에도 적용키로 하였다.

2) 현실적 해결 가능성 상존

앞에서도 지적한 바와 같이 부시대통령은 미국 의회와 한반도 문제 전문 학자들로부터 미국이 북한과 직접 협상하고 대화하여 핵문제를 해결하라는 압력을 받고 있다. 비록 이라크와의 전투에서는 승리했으나 반전여론의 성숙과 전후 재건 그리고 중동질서 재편이라는 외교적 과업을 마무리하려면 북한과의 직접대화를 계속 거부하는 강경 자세만을 유지하기가 용이하지 않을 것이다.

지금까지 거부했던 직접 대화를 열기 위해서는 미국 측에 그에 상응하는 최소한의 명분이 필요하다. 예컨대 제네바 합의가 갖는 한계성을 넘어서서 대량살상무기 없는 한반도, 완전 비핵화를 이룰 수 있는 새로운 국제회담을 제안하고 이 테두리 안에서 미국과 북한이 대화를 갖도록 해야 한다. 이런 상황 하에서만이 일본, 중국, 러시아도 한반도 비핵화를 위해 미국이 원하는 대북 압력행사에 동참할 수 있을 것이다.

이런 방안에 대해 단기적으로는 북한이 반대할 것이지만 국제여론의 압력 때문에 북한도 수락치 않을 수 없을 것이다. 북한의 어려운 경제사정에 비추어 시간은 불행히도 북한 편이 아니다. 그러나 북한이 일단 핵 보유를 실현하고 보유한 핵 포기를 전제로 대미협상을 시도하려 한다면 미국의 태도는 의외로 강경해질 수 있다. 이 경우에는 미군의 작전계획5027이 한국 땅에서 재연될 가능성을 배제할 수 없다.[13]

3) 중국과 일본은 북한의 급작스러운 붕괴 불원

중국과 일본은 북한이 급작스럽게 붕괴하는 것을 원치 않는다. 중국

---

13) 셀리그 해리슨, "한미군사동맹조약 재조정 공약 포기해서는 안됩니다", 한겨레 기고문(2003년 1월 19일) 참조

은 북한의 붕괴로 수많은 난민이 월경하여 중국으로 몰려드는 상황을 가장 바람직하지 않게 여긴다. 일본도 난민문제를 우려하는 점에서는 중국과 같으나 그러나 그보다 더 중요한 문제는 통일한국은 반드시 친중국적 지향일 것이고 일본을 견제할 체제로 될 가능성을 크게 우려한다. 여기에 북한의 급작스런 붕괴를 바라지 않는 일본의 진의가 있을 것이다. 이 점에서 북한은 일본과 중국이 참여하는 다자회담을 받아들일 수 있을 것이다.

4) 북한과 이라크의 차이점 활용

부시대통령이 이라크에 대한 공격명분인 대량살상무기의 배제라는 점에서는 북한과 이라크 간에는 큰 차이점이 없다. 그러나 북한과 이라크 간에는 세 가지 큰 차이점이 있다.

첫째 이라크는 경제적으로 대외의존 없이 석유를 자산으로 하여 중동의 패자(覇者)를 꿈꾸는 부국(富國)인 반면 북한은 중국을 비롯하여 일본, 미국, 한국 등으로부터 식량, 에너지, 원자재를 지원 받아야 하는 지구 최빈국이라는 점이다. 특히 에너지 문제에서는 중국에 대한 의존도가 절대적이다. 따라서 미국은 이라크의 대량살상무기를 제거하기 위해서는 전쟁수단을 동원해야 하지만 북한의 경우 주변국들과 협력할 경우 전쟁이 아닌 외교적인 수단에 의해서도 북핵문제의 해결이 가능하다고 보는 것이다.

둘째 이라크는 주변 국가들과 상호원조조약을 맺고 있지 않다. 따라서 주변국들은 반전(反戰)시위나 반전성명으로 이라크를 지원할 뿐 군사적으로 이라크를 지원할 국가는 없다. 그러나 북한은 중국과 러시아와 각기 우호협력 및 상호원조조약을 맺고 있다. 북한이 부당하게 침공을 받을 경우 군사적 지원을 받을 수 있는 시스템을 갖추고 있다. 북한은 중국과 1961년 7월 11일 조·중 상호원조 및 우호협력조약(朝中相互援助 및 友好協力條約)을 체결하고 있는 바 이 조약은 7개 조항으로 이루어져 있다. 핵심내용은 제2조인 바 '체약국 일방이 어떠한 국가 또는 몇 개 국가들의 연합으로부터 무력침공을 당함으로써 전쟁상태에 처하게 되는 경우 체약국 상대방은 지체 없이 군사적 및 기타 원조를 제공'하기로 한 것이다. 그러나 지금 중국은 지체 없이 군사원조를 제공한다는 조약에 대해서는 북한에 귀책사유가 없는 경우로 적용을 제한했고 러시아는 조약개정 당시 자동개입조항을 표기하지 않았다. 그렇지만 미국이 북한을 공격하려면 사전에 중국이나 러시아의 협조 내지 양해가 필요하고 사전통고조치를 취해야 한다.

셋째 북한은 이라크에 비해 전후복구를 감당할 자원이 전무하다는 점이다. 이라크는 세계 제2위의 산유국으로 전후복구비의 감당이 가능하지만 북한은 세계의 어느 나라에서도 탐낼 만한 자원이 없다. 이러한 점도 미국으로서는 고려하지 않을 수 없을 것이다.

5) 우려 사항

(1) 북한의 진의는 핵무장에 있다?

그러나 몇 가지 우려되는 요소도 없지 않다. 노무현 정부는 북한의 핵 개발 계획이 대미협상을 통해 자국의 안전을 보장받고 경제적 원조를 받는데 목적이 있을 뿐 핵 개발 자체가 목적이 아니라는 입장을 견지하고 있다. 노무현 대통령은 취임 초부터 이런 입장을 견지하고 있다. 그러나 북한의 진정한 의도가 그러한가. 북한 핵문제를 역사적으로 검토해 보면 북한이 핵무기 개발에 큰 집착을 가지고 있음을 알 수 있기 때문에 북핵문제를 단순히 대미협상용이라는 식으로 안이하게 말할 수는 없을 것이다. 북핵에 관해서 우리가 크게 우려하는 바는 바로 이 점이라고 해야 할 것이다. 논리적으로 보면 한반도는 다음과 같은 이유로 핵무장이 부적합한 상황이다.

▶한반도는 핵전장터 아닌 재래전장터

북한이 핵 개발에 성공한다고 해도 그것이 북한의 안보목적에 실질적으로 공헌하고 나아가 한반도 및 동북아지역에서 북한의 영향력과 발언권이 강화될 것으로 보이지 않는다. 핵무기는 주지되는 바이지만 개발에 투입되고, 유지에 투입되는 경비에 비해 실용성이 낮고 경우에 따라서는 재앙을 불러 올 수도 있다. 한반도처럼 국토가 비좁은 곳은 군사이론상 재래전장역(在來戰場域-theatre conventional)이며 미국이나 중국, 러시아 같은 핵전장역(核戰場域-theater nuclear)이 아니다. 핵 공격을 받은 후 재가격할 전략적 종심이 없기 때문이다. 따라서 실용성은 없으면서 일본 등의 핵무장을 부추기고 나아가 대만, 한국의 핵무장을 유발할 수도 있어 실익보다 부담이 더 많을 것이다. 그러나 북한은 이런 실정을 알면서도 오랜 동안 핵에 대한 미련을 간직해 왔고 그것이 오늘의 위기를 불러온 것이다.

▶북한의 핵 개발은 인민들의 희생 위에서 추진

더욱이 북한의 핵 개발은 북한의 경제, 산업, 과학발전의 결과나 그 축적을 딛고서서 추진되는 것이 아니다. 전체 주민을 궁핍과 질병, 영양실조 상태 속으로 내몰면서 추진되는 것이라는 점에서 인민의 이익에 반하는 것으로 비난받아 마땅하다. 따라서 경제력이 약한 북한이 무리한 핵 개발을 추진해 나갈 경우 북한 핵이 테러세력의 수중으로 판매될 가능성이 높다고 미국은 경계하고 있으며 이럴 경우 그것은 곧 미국에 대한 핵 공격이나 다름없다고 간주한다. 또 요즈음처럼 미국과 북한이 날카롭게 대치하는 상황에서 발생하는 우발적 사고도 군사대결을 불러일으킬 수 있다. 최근 미정찰기에 대한 북한 전투기들의 납치기도 같은 사건은 자칫 미국의 군사공격을 유발할 수 있다는 점에서 우발적 전쟁유발 형태로 지적될 수 있을 것이다

(2)북한정권 교체론 상존

또 한 가지 우려되는 것은 부시행정부 내부에 북핵 해결방식으로 북한 정권을 교체해야 한다는 교체론적 시각이 깊이 뿌리내리고 있다는 점이다. 김정일 정권이 존재하는 한 핵 포기 유도는 불가능하다는 전제에서 미국이 오랫동안 검토해온 정책이며 미·중간에도 강대국 논리 차원에서 논의되곤 하는 주제이다. 그러나 이 정책은 경우에 따라서는 한반도 정세를 긴장시켜 전쟁재발을 가져올 수 있다는 점에서 햇볕정책을 추진하는 한국정부가 항상 우려를 표시하는 사항이다.[14]

6. 금후의 과제와 전망

1) 포괄적인 평화안 마련

앞으로 북경에서 열릴 북핵 회담은 처음에는 미국, 북한, 중국의 3자간에 시작된다. 하지만 회담이 진행되는 정도에 따라 미국이 다른 국가들을 참가시킬 권리를 유보한 조건에서 이번 3자회담이 열리기 때문

---

14) 김재호, [조선일보(2003/04/21 뉴욕주재 김재호 특파원 발신), 뉴욕 타임스 (04/21자 보도) 인용, [미 국방부] "김정일 축출", 미 핵심인사에 비망록 회람] 참조

에 초기 회담의 성과가 진전을 보일 경우 한국의 참가도 예상된다.15) 따라서 이 회의는 전술한 바와 같이 한반도 평화를 유지할 수 있는 한반도 비핵화를 위한 북핵 포기를 포함한 포괄적 평화안을 마련해야 할 것이다. 즉 한반도의 비핵화는 물론이거니와 생화학무기, 미사일 등 대량살상무기의 철폐를 포함하는 전쟁수단 제한조치와 병행하여 남북한의 공존을 보장하는 국제적 약속─한반도 평화보장조치가 마련 되어야 한다. 아울러 비확산관리정책의 일환으로 북한 경제재건을 위한 국제사회의 원조계획을 마련, 포함시켜야 한다. 특히 이 기회에 강조해야 할 과제는 이 회의가 마련하는 평화안이 1954년에 시도했다가 실패로 끝난 한반도에 관한 제네바 정치회담이 남긴 과제로서 한국 휴전협정의 대안을 차제에 마련해야 한다는 점이다.

2) 한반도 평화협정의 필요성

한국은 금년으로 휴전협정 50주년을 맞으며 마찬가지로 한미동맹 50주년도 맞게 된다. 원래 통상적으로는 휴전협정이란 그것이 체결된 후 짧게는 1~2년, 길게는 4~5년 내에 전쟁상태를 법률적으로 종결시키는 평화조약(강화조약 내지 평화협정)이 체결된다. 그러나 한국의 휴전협정은 국제법이 생긴 이래 가장 긴 휴전협정이다. 남북한은 유엔 헌장에 입각, 모든 국제분쟁은 평화적 수단으로 해결할 것을 약속하고 유엔에 가입하였으면서도 아직도 한반도에서는 한국전쟁을 법률적으로 종결시키지 못한 휴전체제가 그대로 지속하고 있다.

휴전협정이 평화협정으로 대체되지 않고 지금까지 유지되어 온 것은 크게 보아 두 가지 이유에서이다. 하나는 남북한이 단일민족으로서 통

---

15) David Sanger, "Washington to take talk with North Korea, with China sitting in", The New york Times, Thursday, April 17, 2003 참조

일문제를 안고 있는 분단국이라는 점이다. 따라서 휴전협정을 평화협정으로 바꾸는 것은 통일포기 사태를 초래하리라는 우려가 컸기 때문이다. 다른 하나는 평화통일에 대한 비전이 정립되지 못했기 때문이다.

그러나 1990년대의 동서독에서 본 바는 양독(兩獨) 간에 기본관계협정이-양독 간에는 전쟁이 없었기 때문에 평화협정은 맺을 필요가 없음-체결되어 법적으로 두 개의 독일이 탄생했어도 독일은 민족자결에 의하여 평화적으로 통일을 이루었다. 유엔동시가입이나 평화질서가 확립될 경우 무력통일은 어려워지지만 평화통일을 이루는 데는 전혀 지장이나 방해가 되지 않는다는 것을 말하는 것이다. 1972년의 7·4남북공동성명이나 1991년의 남북기본합의서도 평화통일에 관한 남북한의 합의를 전제하고 있다.

지금 남북한 간에는 평화협정이 없음으로 해서 남북교류와 협력에 적잖은 불편과 부담이 가중되고 있다. 남북내왕의 경우 상대방의 허가를 받지 못할 경우 지금은 한국의 국가보안법이나 북한행법의 규제를 받지만 평화협정이 맺어지면 여권법 위반이 될 뿐이다. 평화협정이 없기 때문에 대북 비밀 송금문제도 국회의 특검 사항이 되는 것이다. 남북관계의 포괄적인 개선과 교류와 협력의 활성화를 위해서는 평화협정을 체결하는 것이 급선무이다. 한반도평화에 관한 4자회담이 중단된 현 시점에서 북핵문제를 위한 한반도 유관국 국제회담-6자회담안은 협상의 현안 해결과 함께 한반도 평화보장 방안을 내놓을 수 있이야 한다.

3) 전망

전화위복이라는 말이 있다. 북한의 핵보유 움직임은 분명히 위기이다. 한반도에 전화(戰禍)를 몰고 올 가능성이 있기 때문이다. 그러나 이

위기를 슬기롭게 해결할 경우 휴전체제의 평화체제로의 전환이라는 역사적 계기를 만들 수도 있다. 이럴 경우 위기는 분명 위험과 기회가 동시에 존재하는 상황의 축어(縮語)라는 정의가 맞을 것이다. 이제 우리는 지혜를 모아 북핵 위기를 한반도 평화정착의 새로운 기회로 발전시켜 나가야 할 것이다. 그러나 국제회의가 열린다고 해서 모든 문제가 다 잘 해결되는 것이 아니고 관건은 북한이 궁극적으로 핵무장을 포기할 의사가 있을지 여부이다. 현실적으로는 북한이 핵문제의 해결에 선행하여 요구하는 체제보장 요구와 미국의 대량살상무기 포기 요구를 여하히 조화시킬 수 있을지도 앞으로 지켜보아야 할 과제이다.

특히 북한의 경제적 파탄과 궁핍은 설사 북한이 핵무장에 성공한다고 해도 그것을 지탱해 나갈 힘이 없기 때문에 한국이 햇볕정책으로 지원하는 경제적 지원이 끊어지고 국제사회와의 대화를 통해 경제난 극복의 대안을 마련하지 못한다면 김정일체제도 그 최후를 맞게 될 수도 있다. 북한의 지혜로운 선택은 한국과의 관계를 유지하는 가운데 국제사회와의 대화를 추구하는 방향으로 표현될 것이다. 이런 분석을 전제로 할 때 시일은 다소 걸리더라도 국제정세의 큰 흐름은 한반도 비핵화, 북한의 정상국가화를 제도화시키는 방향으로 전개될 것이다.

제6장 이영일의 평양 방문기

처음으로 밟은 북녘땅(86. 3) 제1차방북-2001년 5월 13일부터 19일 평양에서 드린 산행과 긴장의 예배(49. 3) - 제2차방북 2002년 6월 14~18 북한 땅에도 변화가 오기를 고대하면서(107. 6) - 나의 네 번째 방북일지 2007년 5월 9~23

처음으로 밟은 북녘 땅

제1차 방북(2001년 5월 13일부터 19일)

가득한 호기심과 설레는 마음으로

한민족복지재단 사역에 참여한지 얼마 되지 않았는데도 정책담당 부이사장이라는 직책 때문에 북한 사역 현장을 방문하는 뜻밖의 기회를 가졌다. 2001년 5월 13일부터 19일까지 일주일간 평양을 방문하게 되었다. 나는 5월 13일부터라는 말을 들으면서부터 잔잔한 감동이 내심의 축제처럼 내 마음 속에서 되살아나는 것 같았다. 지금부터 40년 전인 1961년 5월 13일은 내가 민족통일전국학생연맹 선전위원장으로서 북측을 상대로 남북학생회담을 제의한 날이기 때문이다. 나와 같이 동행하는 일행 가운데 어느 누구도 5월 13일이 과거의 나와 이렇게 연관되었다는 것을 알 사람은 없었다.

대학시절에 한번 가고 싶었던 평양

그러나 나는 남북학생회담 제안으로 인하여 5·16 군사혁명재판에서 7년 징역형을 선고받았다. 함께 재판정에 섰던 유근일(조선일보 논설위원)은 무기징역을 구형받았다가 15년형을 선고받았고 경희대학교 민족통일연맹위원장 이수병은 무기징역을 선고 받았다.(그 후 1974년 이른바 인혁당 사건에 연루되어 사형 당했다) 이 사건은 해방 후 학생운동가운데 가장 극형을 선고받은 사건이었으나 유근일과 이수병을

제6장 이영일의 평양 방문기 187

제외한 나머지 학생들은 동기의 순수성을 인정받아 전원 4·19 2주년을 맞이하여 형 면제로 출감했다. 당시 재판장은 현역 군인이었으나 주심판사는 민간인으로 혁명재판에 차출된 이회창(李會昌) 판사였다.

이 사건으로 출감은 했지만 학교는 퇴학당했다. 서울대학교의 경우 복학신청을 한지 2년 만에 학교 측의 복학허가로 졸업할 수 있었지만 사립대학이나 지방대학의 경우에는 복학조건이 까다롭거나 본인들의 사정이 여의치 않아 학업을 포기하는 사람도 적잖았다. 나는 복학은 되었지만 취직은 참으로 어려웠다. 신원조회에 걸렸기 때문이다. 또 사상적 특이자로 분류되어 징집영장이 나오지 않아 병무청에 영장을 발부해 달라고 진정서를 제출하기도 했다. 징집문제가 풀리면 신원조회의 장벽 때문에 취업을 할 수 없는 국내추방상태를 살아야 했다. 이런 사유로 해서 5월 13일은 나에게 평생 잊을 수 없는 날이었다. 그러나 이때로부터 만 40년이 되는 날 나는 평양을 향해 떠나는 기회를 얻게 된 것이다.

북경을 거쳐 평양으로

우리 일행을 태운 항공기는 바로 평양으로 향하지 않고 북경에서 일박을 해야 한다. 북경의 서우두(首都)공항은 한창 신축공사 중이어서 어수선하기가 마치 공장 속에 들어온 것 같은 느낌이었다. 나는 한중문화협회 총재직을 맡고 있어 중국에 입국할 수 있는 복수비자가 있지만 다른 사람들은 먼저 중국 입국비자를 받아 북경에 들어오는 것이 첫째 관문이다.

다음에는 북경에서 일박하면서 북한 비자를 북측 대사관에서 받아야 고려항공에서 평양행 티켓을 구입할 수 있기 때문에 북경에 있는 북한대사관에서 북한 입국비자를 서둘러 받아야 한다. 북측에서 초창 인사 명단이 북한대사관에 도착하면 비자는 자동으로 나오게 되어 있지만 가끔 명단이 잘못 기재되거나 명단에서 이름이 빠질 경우 비자가 나오지 않아 북경까지 왔다가 되돌아가는 경우도 종종 있다는 것이다. 대표적으로 광주광역시장이 비자를 받지 못해 북경에서 일주일을 대기한 후 방북한 것은 유명한 이야기다.

북경에서 출국수속을 마치고

우리 일행은 김형석 재단 사무총장과 함께 북경 시내 젠궈먼(建國門) 근처의 장푸궁(長富宮) 호텔에 여장을 푼 후 곧장 북경에 있는 북한대사관을 찾아갔다. 외관으로 보면 대사관 위치는 한국식 사우나와 중국의 간이식사(小吃) 광고판들이 많이 눈에 띄는 다소 후진 지역에 있었다. 외곽 경비도 허술하고 대기실로 들어가 앉아있는데 한산한 사무실 안쪽에서는 대사관 직원들이 이리 저리 왔다 갔다 하는 모습도 보였다. 약 1시간 가까이 앉아있었는데 비자업무를 취급하는 북경 주재 재단 연락원이 전원 비자가 나왔다면서 비자를 한 묶음 가지고 나왔다. 비자를 받아 쥔 후 우리는 시내에 있는 고려항공 대리점으로 가서 평양행 왕복 티켓을 구입했다.

평양을 여러 번 다녀온 김형석 총장에게는 평양행이 별 감동이 없겠지만 나 같이 처음 평양 가는 사람들에게는 북경에서의 하루 밤이 여러 가지 호기심으로 하여 잠을 설치게 된다. 북경에 있는 친지들에게 아무 연락도 하지 않고 나는 여러 가지 상념에 잡혔다. 혁명 재판받을 때 내가 북한을 너무 몰라 혁명검찰관들의 질문에 제대로 답변하지 못했던 안타까웠던 일이며 재판과정에서 내가 행한 낯 뜨거운 진술들이며 일 년간 갇혀 있으면서 가끔 탈옥을 하고 싶은 충동을 느꼈던 일들이며 통일원에 들어가 10년 동안 평화정착이나 휴전협정의 평화협정에로의 전환문제, 통일전략을 만든다고 보좌관들과 함께 타워 호텔방에서 밤을 지새우면서 작업했던 일들이 주마등처럼 뇌리를 스쳐갔다.

또 내가 남북학생회담을 제안한 죄로 혁명재판을 받은 사실을 그들이 알고 있을까. 남북적십자회담 때 만났던 북한 측 인사를 갑자기 평양에서 만난다면 그가 나를 알아볼까. 국회의원을 세 차례나 지낸 나를 북측에서 어떻게 대할까. 나의 신원을 그들이 소상히 알고 있을까. 이런 생각들로 머릿속은 꽤나 복잡해지기도 했다.

다음날 아침 평양행 고려항공이 오전 11시에 출발한다고 해서 서둘러 공항으로 나갔다. 입국수속을 마치고 대기실에 들어섰는데 평양 가는 고려항공은 에어브리지가 장착되지 않은 1층대기실에서 탑승해야 했고 그곳은 중국 국내 항공들과 함께 사용하는 곳이었다. 중국은 북한을 자국의 한 지방 도시로 생각하는 것이 아닌가하는 의구심이 들었다. 고려항공의 출발시간은 계속 늦춰지다가 오후 3시경에야 겨우 탑승할 수 있었다. 북경─평양간은 너무 가까워서인지 얼마가지 않아 평양상공에 닿았다.

고려 항공 내에서는 북한 여성 특유의 목소리로 안내방송이 나오고 그래도 국제선이라고 기내 서비스로 음료수와 캔디조각이 나왔다. 별로 구미를 당기게 하는 것이 아니어서 보는 듯 마는 듯 지나쳤다. 그러나 입국신고서 작성은 매우 까다로웠다. 자기가 가지고간 짐과 돈을 유형별로 상세히 기록하고 출국할 때는 기록된 것만 가지고 나갈 수 있다는 경고문을 읽은 후 신고서류를 빽빽이 기록하는데 한참 시간이 걸렸다. 성경책 한권은 허용된다고 해서 짐 속에 가져갔다.

비행기 차창 속에서 굽어본 평양

비행기의 차창으로 북한의 산야가 눈에 들어 왔다. 5월의 산야는 초록으로 물들어 있어야 하나 어찌된 일인지 북한의 산들은 나무들이 보이지 않는 민둥산들이 많았다. 모두 땔감으로 벌목당한 모양이다. 헐벗은 산야가 마음을 아프게 했다. 그러나 봄의 들판들은 농부들의 손길을 기다리는 양 초록으로 채색되어 봄을 맞은 분위기를 자랑하고 있었다. 붉게 벗겨진 산정들은 부스럼자국처럼 첫인상을 흐리게 하지만 저기가 북녘 땅이라는 감동 때문에 더 이상 그 문제로 시간을 버리고 싶지 않았다.

공항에 착륙한 직후 나는 평양의 관문인 순안 국제공항이 너무 초라하고 빈약한 데 놀라지 않을 수 없었다. 평양이라는 두 글자 밑에 김일성의 초상이 걸려 있고 승객과 탑승기를 연결하는 에어브리지도 없는 시골 비행장이었다. 나는 이곳에서 1987년 니카라과의 수도 마나과에서 열렸던 제87차 세계의원연맹 총회에 참가했을 때 처음으로 보았던 마나과 공항을 연상했다. 산디니스타 혁명정권의 다니엘 오르데카가 집권한 마나과 공항이 이곳과 너무 닮았기 때문이다. 그 회의에 함께 참석한 손성필 북한의원연맹 단장에게는 아주 익숙한 공항이었을 것 같다.

탑승기를 내려와 출구 쪽으로 걸어 나오자 두 명의 가이드가 우리를 영접했다. 말이 가이드이지 북한에서 우리를 영접하는 사람은 통일전선부의 산부이거나 노동당에서 지도적 위치에 있는 사람들이다. 그들은 웃으면서 우리를 귀빈실로 안내했다. 면세품점과 겸용으로 사용하는 귀빈실인데 진열대 위에 놓여있는 상품 가운데 사줄만한 물건들이 하나도 없었다. 자주(自主)와 주체(主體)로 화장은 하고 있지만 가난과 궁핍의 냄새가 짙게 느껴졌다. 우리가 가지고 간 물건과 기록한 신고

서를 대조하느라고 그런지 거의 두 시간 가량 기다린 후 짐을 찾아 밖에 대기 중인 자동차에 올랐다. 단장인 나와 김상인 한국건강관리협회 회장님, 그리고 사무총장은 벤츠에 타고 나머지 분들은 마이크로버스에 오른 후 평양 시내로 향해 질주했다.

평양 시내를 향해 달리면서

지루한 기다림이었지만 공항에서부터 여기까지 오는데 계속 기다림의 연속이어서 그런지 차 타고 텅빈 포도 위를 달리는 맛은 그런대로 좋았다. 공항에서 평양까지는 아스팔트길인데 길 양편에는 포플러 나무가 초록의 이파리를 날리면서 우리 일행을 환영하는 것처럼 도열하고 있었다. 오랜만에 자동차 체증 없는 도로 위를 신나게 달렸다. 맨 먼저 만난 건물이 김일성의 시신이 안치된 금수산궁이다. 우리는 크리스천들이라고 해서 금수산장 참배를 면제해주었다. 이런 결정을 노동당이 내리기까지에는 많은 승강이가 있었다고 한다. 북한을 방문한 목사님들에게 이곳을 참배시킨 후 경배를 하라고 하자 목사님들이 "우리는 산 사람에게는 경배도 할 수 있고 죽은 사람을 위해서는 명복을 비는 기도는 할 수 있어도 시신을 앞에 놓고 인사할 수는 없다"고 맞서는 승강이가 여러 차례 일어났다는 것이다. 결국 노동당은 기독교 신자들을 참배시키지 않는 것이 좋다는 결론을 내리고 참배면제를 했다는 것이다. 듣던 중 반가운 소리였다.

금수산장 다음에는 김일성종합대학이 나오고 그 다음이 아마 모란봉 경기장으로 기억되고 마지막으로 시내의 큰 건물은 만수대 인민회의장인데 이곳에서는 반드시 김일성 동상 앞에 헌화해야 한다는 것이다. 하는 수 없이 김 총장이 혼자 내려서 헌화하고 우리들은 뒤에서 구경만

하다가 차로 돌아왔다. 금빛으로 번쩍이는 우람한 김일성 주석의 동상
이었다. 아무리 평양에 전기사정이 나빠도 이곳만은 밤이 없다. 벌써부
터 전기불이 켜져서 어둠을 몰아내고 있었다. 거기서부터는 이미 해가
져서 거리는 어둑어둑 해졌다. 길가에서 버스를 기다리거나 걷는 사람
들의 움직임이 멀리서 보이지만 전기 사정의 악화로 불 없는 평양의
밤이 시작되었기 때문에 사람들의 모습을 자세히 볼 수는 없었다. 시내
길을 돌고 돌아서 고려호텔에 도착했다. 사무총장이 가이드들에게 우
리들의 여권을 거두어 주고 방을 배정받았는데 1방 2인씩 들어갔다.
사무총장은 우리들에게 방에는 도청장치가 되어 있기 때문에 말조심에
각별히 유의하라고 당부했다.

민화협 초청 만찬을 마치고(필자는 중앙)

민화협 초청 만찬에 참석하다

첫날밤에는 민족화합위원회 허혁필 부위원장 초청의 만찬이 고려

호텔에서 열렸다. 허 부위원장의 인상은 몇 차례 남북대화시 북측 대표단의 일원으로 화면을 통해 본 얼굴이어서 낯설지 않았다. 그는 우리 일행이 민족의 화해와 협력을 위해 멀리 중국을 거쳐 평양을 찾아오신 것을 환영한다고 말하고 그간 한민족복지재단이 해온 여러 가지 업적을 평가하면서 앞으로도 더 큰 공헌을 기대한다고 말했다. 단장인 나는 북측에서 이처럼 환영만찬을 베풀어준데 대해 감사한다고 말하고 남북한 간에 조속히 북경을 거치지 않고 바로 내왕할 수 있는 길을 열 것과 출입절차의 간소화 등을 넌지시 제안했다. 재단 사무총장 제안으로 함께 온 서울 중앙교회의 박규용 목사님의 식기도로 만찬을 시작했다. 고려호텔에 준비된 최고급 한정식이었는데 나물이나 김치는 물론이거니와 모든 요리가 정갈하고 맛있었다.

만찬이 끝난 후 일행은 각자 방으로 갔으나 나는 서울의대병원에서 오신 N교수와 함께 호텔 입구 왼편에 마련된 생맥주 홀로 가서 두어 잔을 마셨는데 일본에서 가져온 아사히 맥주였다. 우리를 안내해준 가이드를 호텔 로비에서 만나 함께 맥주를 나누었는데 그들은 우리들이 평양을 떠날 때까지 이 호텔에 체류한다는 것이다.

14층에 있는 방안에는 목욕탕이 붙어있는데 100V와 220V의 전기를 사용할 장치가 되어 있었다. 나는 잠자리를 옮기면 빨리 잠이 잘 안 드는 편인데 이날은 너무 긴장되고 피곤한 탓인지 눕자마자 잠이 들었다. 새벽 다섯 시 경 함께 투숙한 김 총장이 나를 깨우면서 "단장님, 지금 사람 사는 소리를 좀 들어 보세요"라고 말하는 것이다. 고층 아파트 건물로 둘러싸인 평양의 창광거리(서울의 명동에 해당되는 거리 이름)에서 닭울음소리가 이곳저곳에서 들려왔다. 아파트의 베란다에서 닭을 기르고 있다는 것이다. 닭만 아니라 돼지를 기르는 사람들도 있다고 했다. 이곳에서는 집안에서 무슨 냄새가 나는 것은 검사대상이 아니나 외관은 촬영 때문에 반드시 깨끗하게 관리해야 쫓겨나지 않는 다는 것이다. 이곳 아파트 주민이라면 거의 전부가 당의 고급간부나 군 고위간부들이 사는 곳인데 닭을 기르고 돼지를 기른다니 잘 믿기지 않았다. 한국적 기준으로 북을 보지 말라고 김 총장이 말해주었다.

일행은 다음날 아침 모두 우리 방에 모여 조용한 목소리로 찬송을 부르고 박 목사님 집전으로 경건시간의 예배를 보았다. 서울의대 N교수 는 교회에 다니지 않지만 우리들과 어울리기 위해 일부러 경건시간에 동참했다. 예배 후 서둘러 조찬을 했는데 콩나물국과 반찬이 맛있었다.

평양 제일인민병원을 찾아서

우리 일행은 평양의학대학에 가서 금년도 사업계획을 위한 정책토 론회를 갖기에 앞서 작년도부터 한민족복지재단이 지원을 개시한 평 양제일인민병원을 먼저 방문하기로 하였다. 여성분이 병원장인데 김 총장이 나를 소개하면서 내 처가 작년도에 방문한 누구라고 말하자 왜 함께 오시지 않았느냐면서 반갑게 안부를 물었다. 병원 안을 들어 갔는데 각 진료과목에 해당하는 표시판과 의사는 있었지만 병원유지 에 필수적인 약이 전혀 눈에 띄지 않았다. 약이 눈에 보이지 않는다고 말했더니 몹시 부끄러운 표정을 지으면서 제약회사가 원료난과 전력 난으로 가동이 중단된 지 오래여서 약을 제공받지 못한다고 이야기하 면서 한 의사는 저도 신의학(新醫學)을 공부했지만 지금은 중의(中醫) 로 활동하고 있다고 말했다. 현대의학을 공부했지만 약과 시설이 없어 서 한의사처럼 침으로 환자를 다스린다는 뜻이다.

어린이 병동에 들렀는데 작년에 재단에서 보내준 쇠침대가 시트도 없는 채로 진열되어 있고 한 어린이 환자는 어머니가 가지고 온 포단을 깔고 누어서 사이다 병 같은 유리병에서 링거액주사를 맞고 있었다. 도대체 북한을 하나의 국가나 나라라고 보아야 할 것인가 하는 의구심이 들었다. 미묘한 분노의 감정이 복받쳐 오르는 것을 참았다. 전 세계가 잘살려고 불꽃 튀기는 경쟁을 하고 있는 판에 왜 우리의 북녘 땅만은 발전이 중단된 채 중세시대와 같은 공간으로 머물러 있어야 하는가에 대한 분노라고 해야 내 직성이 풀릴 것 같았다.

박 목사님은 자기 교회가 앞으로 이 병원의 취사기구와 기초 의약품을 제공하겠다고 약속했다. 약속한다고 다 되는 것은 아니다. 그 약속을 노동당이 받아들이느냐가 더 중요한 문제다. 선군정치 하는 나라에서는 북으로 들어오는 모든 제품이 군수(軍需)에 필요한지를 먼저 검토하여 챙긴 후에 민수(民需)에로의 전용 여부가 결정되기 때문에 우리 일행 중의 누군가가 선심을 쓰고 싶다고 해서 그대로 다 된다는 보장은 없다.

평양 의과학대학병원에서 가진 토론

평양 의과학대학병원은 일제시의 서울의전(현 서울대학교 의과대학병원)과 함께 명성을 날리던 평양의전을 말한다. 병원의 위치나 건물의 풍모는 옛날의 권위를 느끼게 해준다. 시내 중앙에 위치해 있고 원장실로 올라가는 대리석 계단은 나이테처럼 반질반질하게 달아서 세월의 길이를 말해주었다.

이날 모임에는 북한 보건성부부장(차관)까지 나와서 평양의과학대병원의 현대화 구상을 설명하면서 한국 측의 지원가능성을 경청했다. 우리는 서울대학교 의과대학병원이 의료 기구를 신형으로 바꿀 때 거기에서 나오는 기재를 지금까지는 입찰에 붙여 지방대학이나 개인병원들에 팔았으나 앞으로는 북한이 원한다면 그러한 의료 기구를 북측에 제공할 용의가 있음을 밝혔다. 북측은 한국이 의료에서 북한에 앞서가고 있기 때문에 적극 협력을 받으라는 지시가 있었다면서 서울의 대병원 관계자들을 조속히 초청, 협의를 갖기로 합의했다.

이어 광주(光州)에서 자기가 사용하던 복강경을 가지고 우리 일행으로 함께 온 방충헌 박사는 이 기구를 이용, 실제로 환자를 수술해 주면서 이 병원에 복강경 수술기구를 설치해 주었다. 마지막 회의 안건은 한민족복지재단이 한국건강관리협회와 제휴, 북한어린이 전체를 대상으로 공급해 준 구충제의 활용현황을 청취하고 금후 발전계획을 논의하는 것이었다. 이 자리에는 북한 의학계에서 원사(院士:박사보다 위급으로서 장관급 대우를 받는다고 함)로 존경받는 미생물학의 대 권위자 나순영 박사가 참석했다. 한국건강관리협회의 김상인 회장은 나순영 박사를 만나는 순간 선생님 하며 반갑게 인사를 했다. 80세를 훨씬 넘은 노교수가 그를 알아 볼 리 없었지만 김상인 박사는 자기가 서울의대 재학 시절에 그 분으로부터 미생물학(세균학)을 배웠다고 하면서 6 · 25사변 후로 못 뵈었기 때문에 반세기가 넘었다고 술회했다.

나순영 박사는 연세대학교 음대학장을 지낸 작곡가 나운영 선생의 형님이었는데 6 · 25사변이 발생하자 서울의대 미생물학교실에 있다가 자기가 아끼던 클라리넷을 인민군 군악대들이 빌려간 후 돌려주지 않자 그 악기를 찾으러 청량리 교사(당시 서울의대 예과가 청량리에 있었음)로 갔다가 북측에 끌려 이곳으로 왔다는 사연이다. 키는 작고 얼굴은 신선처럼 맑고 고왔지만 거의 묻는 말 이외에는 입을 열지 않는 과묵한 분이었다. 김상인 교수가 그분의 동생인 나운영 선생이 작고한 후 그 가족들은 모두 미국으로 이민을 떠났다고 동생 소식을 알려주자 주의 깊게 들으면서 조카들은 어떻게 되었는지를 물었으나 우리는 미리 알아오지 않았기 때문에 답변을 하지 못했다.

북측은 우리가 보낸 구충제를 행정기관을 통해 전국으로 분배했다고 하지만 제대로 골고루 구충작업에 쓰였는지는 잘 모르고 있는 것 같았다. 아마도 몇몇 기관에서는 제대로 나누어주지 않고 창고에 그대로 처박아 두었을 것이라는 소리도 들렸다. 잘 먹지도 못하는 어린이들이 몸속의 기생충에게까지 영양분을 빨린다면 얼마나 불행한 일이냐고 개탄하면서 이미 생산을 중단해버린 신풍제약[1]의 기계를 다시 가동시켜 제조한 구충제가 제대로 분배되지 않았다면 정말로 슬픈 일이다. 그러나 주인 없는 체제하에서 그런 현상은 비일비재하니 뭐라고 탓한들 무슨 소용이랴.

재단이 설치 운영하는 빵 공장을 시찰하면서

한민족복지재단은 북한 어린이들을 위한 급식지원 차원에서 2000년에 빵 공장을 평양 중구 동성동에 세웠다. 케이크 생산 공장이던 고려당이 IMF사태로 부도가 나서 네 개 공장 가운데 폐쇄될 공장 하나를 인수하여 재단이 평양에 공장을 세워 하루에 1만5000 개의 소보루 빵을 생산, 평양시내의 탁아소에 배급해주었다. 이 공장은 150g의 소보루 빵 한 개면 북한 어린이 한 사람의 식량이 되기 때문에 적어도 6개 탁아소에 15,000 개를 돌려야 최소한의 수요를 충족시킨다는 개념에서 출발했다.

우리 일행이 도착했을 때 공장에서는 제빵 작업이 한창 진행 중이었

---

1) 한국은 기생충 없는 나라로 분류되어 전국 각 시도에 설치 운영되던 기생충 박멸협회가 한국건강관리협회로 기능을 전환하면서부터 신풍제약에서는 구충제생산을 중단하고 있다.

다. 북한 광명성총공사 소속의 여자 사장이 반갑게 우리를 맞이하면서 공장의 이곳저곳을 안내해 주었다. 그런데 놀랍게도 빵의 분배가 그날그날 제대로 이루어지지 않는 실정이었다. 이유인즉 자동차가 없기 때문에 차량 형편이 닿는 대로 탁아소에 돌리고 형편이 안 좋을 때는 이틀에 한번 씩 돌리기도 한다고 했다. 빵의 도착을 기다리는 어린이의 입장은 문제가 되지 않았다. 불쌍한 어린이들을 돕기 위해 "사랑의 만나운동"[2]에 참여하는 한국의 기부자들의 입장도 그들에게는 문제가 되지 않았다.

나는 단장 입장에서 사장에게 항의했다. 제때에 공급되지 않는 빵은 무슨 소용이 있으며 그 빵이 오기를 기다리는 어린이의 입장을 생각할 때는 그럴 수가 있겠느냐고 따졌다. 여사장은 당당히 답변했다. 우리에게는 생산책임만 있을 뿐, 분배책임은 없다면서 제때에 나누어지기를 바란다면 단장님께서는 차를 한 대 사달라고 요구했다. 차만 사주시면 운전수와 기름은 자기들이 해결하겠다는 것이었다. 나는 하도 어처구니가 없었지만 나름대로 일리가 있는 주장이어서 연구해서 대책을 세워 주겠다고 약속했다. (나는 귀국 후 내가 참여하는 서울 영동 CBMC에 가서 이런 어려운 사장을 호소했더니 그 자리에서 1500만원이 갹출되어 현대의 스타렉스 밴 한 대를 구입해서 북으로 보냈다.)

평양 시내와 인근지역 관광에서 느낀 것들

3일째 되는 날에는 온종일 관광을 다녔다. 맨 처음 방문지가 김일성의 생가가 있는 만경대였다. 평양 여인 특유의 음성으로 김일성 수령

---

2) 사랑의 만나운동은 이스라엘민족이 광야에서 고생할 때 하나님께서 만나를 주어 배고픔을 덜어준 이야기에서 아이디어를 얻어 북한 어린이 한 사람이 한 달 먹는 빵 값이 5000원이라면서 이 운동에 국민들이 동참하라고 호소하던 모금운동의 이름이다.

의 어린 시절의 이야기를 감동적으로 유창하게 읊어댔다. 이런 광경은 평양뿐만이 아니다. 미국의 워싱턴D.C.에서 북으로 30분 쯤 자동차로 달려가면 포토막 강 상류의 경치 좋은 곳에 자리 잡은 마운트 버논의 조지 워싱턴 대통령의 생가가 나오고 이곳에서도 여자 가이드들이 미국 대통령의 생애, 특히 어린 시절의 정직함을 소재로 한 이야기를 들려준다. 이곳도 마찬가지다. 지금 지구상에서 개인우상화의 수준에서 김일성 주석을 능가할 사람은 없다. 김일성 한 사람만의 우상화가 아니다. 가계(家系) 전체가 우상화되고 있다. 김일성 주석의 할아버지, 아버지로부터 자기 자신에 이르기 까지 우상화 작업은 이루어졌고 이제는 위대한 피를 물려받은 김정일 위원장에게도 우상화의 줄기가 이어져 내리고 있다.

오후에 우리 일행은 21세의 영국 스코트랜드의 토마스 선교사가 미국상선 제너럴 쉬만 호를 타고 대동강 변으로 올라오다가 관헌들의 공격으로 배는 불타고 군중들에게 잡힌 그가 인민재판에서 맞아죽은 순교지로 안내되었다. 그러나 이곳은 순교 사적지가 아니라 김일성 수령의 할아버지가 반제투쟁에 앞장서 미국의 침략선을 불태운 사적지로 변해 있었다. 여기에 1968년 동해에서 나포한 미국 푸에블로 호를 끌어다놓고 미제에 반대한 투쟁의 전적지로 선전하고 있었다. 가이드가 이곳에서 아무리 목청 높여 열심히 설명해도 사적지로 변한 순교지의 역사를 아는 사람들에게는 추호의 감명을 주지 못했다.

이곳 다음으로 간 곳이 쑥섬 사적지였다. 북한정권이 공식으로 출범하기 전인 1948년 김일성의 초청으로 독립진영의 김구 선생, 김규식 박사, 좌익진영으로 김일성, 김두봉이 참석한 이른바 4김 회담이 열린 곳이다. 이 회담이 아무 소득 없이 끝나자 김구 선생은 귀향하는 길에 독립 아닌 분단조국을 볼 바에야 차라리 3.8선을 돌베개 삼아 죽고 싶다고 토로했다는 것은 유명한 이야기다. 이곳에는 그때 참가했던 분들의 이름이 새겨진 큰 돌비가 서 있었다. 사적지 아닌 사적지였다.

사적지 순방을 마친 귀로에 우리는 북한 지하철을 타 보았다. 평양 창광거리에서 부흥로까지를 연결하는 짧은 거리의 지하철을 탔다. 입구에서 지하철 타는 곳 까지를 에스컬레이터로 오르고 내려야 하는데 지하로 100m를 내려가야 차를 탈 수 있었다. 우리 일행이 지하철을 타고 내려갈 때 다른 쪽에서는 지하철 밖으로 걸어 올라가는 사람의 모습이 보였다. 지하철 내부 대합실 같은 곳에는 김일성 수령이 자애로운 모습으로 어린애들을 안고 있는 대형사진이 걸려 있고 또 한쪽에는 김일성 주석이 아들 김정일과 나란히 걸어 나오는 모습을 담은 그림이 붙어 있었다. 지하철 내부를 마치 궁정같이 꾸며놓았는데 이 지역은 전시용으로 개발된 것 같았다. 왜 이리 깊은 곳까지 내려가서 지하철을 타야 하느냐고 물었더니 핵전쟁에 대비하여 지하철을 깊이 팠다고 말했다. 답답하고 싱거운 소리였다.

옥류관과 모란봉과 을밀대에서

평양여정에 꼭 포함시켜야 할 곳이 있다면 대동강변에 위치한 옥류관과 모란봉과 을밀대일 것이다. 이곳에 오르면 평양의 모든 아름다운 경관을 다 볼 수 있기 때문이다. 우리 일행은 가이드인 K씨를 따라 냉면으로 명성을 얻고 있는 옥류관으로 들어갔다. 문전은 사람들로 성시를 이루고 있었다. 북한에서는 평양에 출장을 오거나 직장에서 특식을 먹도록 식권을 받아 이곳 옥류관에서 200g짜리 냉면 한 그릇 먹는 것을 영광으로 안다고 한다.

우리 일행은 기다리는 순서 없이 예약된 테이블로 안내되어 각기

200g짜리 냉면을 주문했는데 고향이 황해도 신천인 서울의대병원의 N교수는 눈 깜짝할 동안에 한 그릇을 다 먹어치웠다. 이것을 보고 있던 가이드 K씨가 냉면을 잘 드신다면서 자꾸 권하는 바람에 결국 N교수는 700g을 먹게 되었다. 나도 한 그릇 더 들라고 권해서 400g을 먹었다. 서울 장충동에서 먹는 평양냉면이 더 맛있었지만 이북에서 먹는 평양냉면은 나름대로 맛이 있는 것처럼 느껴졌다.

식사를 마친 후 일행들은 모두 모란봉을 향해 걸어갔다. 모란봉으로 오르는 언덕길 옆에는 소풍 나온 학생들, 인민복에 모자를 쓴 직장인들이 나와 즐겁게 담소를 하거나 도시락을 먹고 있었다. 일부러 가까이 가서 도시락 내용물을 훔쳐보았는데 계란말이나 두부부침 같은 것이 흰밥과 함께 눈에 띄었다. 들리는 소문보다는 잘 산다는 느낌을 받았다. 김 총장은 여기는 평양이기 때문에 시골보다는 형편이 나을 것이라고 말했다.

모란봉 정상이 을밀대다. 일행들은 다투어서 사진 찍기에 바빴다. 이수일과 심순애의 연애이야기를 아는 사람들에게는 그 낭만적인 이야기를 회상하는 곳이지만 현재 이곳에서 내려다보이는 대동강 풍경은 실로 가관이다. 대동강 말고도 주체탑이나 인민학습당 등 우리나라 고전건물을 연상시키는 대형건조물들도 멀리서 보면 아름다웠다. 대동강을 가로지르는 옥류교도 한 폭의 그림처럼 고왔다. 도보로 모란봉 일대를 돌고나니 다소 피곤은 하지만 그런대로 평양 구경을 잘 하는 것 같아 모처럼 평양에로의 봄나들이가 잘된 선택 같았다.

저녁 식사는 초청받은 측에서 초청자를 초대하는 식사모임이라고 했다. 단장인 내가 호스트로서 북측 파트너인 허혁필 단장이하 북측 간부들을 민족 식당으로 초청했는데 이 자리에 승용차 편으로 나순영 박사도 참석했다. 장관급 인사라고 해서 승용차가 나온다고 했다. 그래도 제대로 대접받고 계시구나 하는 생각에 마음이 안도되었다. 한복을 입은 여인들이 나와 흘러간 노래도 부르고 불고기를 구워 와서 식사를 즐겼다. 그러나 식대가 너무 비쌌다. 1인당 100달러였기 때문이다. 대접받은 음식에 비해 값이 너무 비싸면 바가지요금이라고 하는데 이곳은 바가지의 대표 같았다. 외국 손님들만 받는 곳이고 경영주가 재일조선동포이니 운영상 비쌀 수밖에 없다는 것이다. 그러나 서울에서 온 손님들을 꼭 외화로만 지불하는 식당으로 안내하여 값비싼 밥을 먹게 하는 것도 외화벌이의 한 방편 같다는 느낌을 받았다. 그러나 반드시 그런 것만은 아니라고 가이드가 말했다.

모든 식당이 다 정결하고 특히 수세식 변소 같은 것이 잘 갖추어져 있지 않아 손님 대접을 좋은 곳으로 하지 않을 수 없다는 것이다. 나는 이 식당에서 나순영 선생의 동생 나운영 교수가 작곡한 '달밤'을 마이크를 잡고 한곡 부르고 싶은 강한 충동을 느꼈으나 분위기가 성숙되지 않아 참았다. 나(羅) 선생은 시종 말이 없고 건배 제의에도 형식적으로만 응했다. 그러나 우리들의 북한 여행 중에 이처럼 납북인사 가운데 저명한 분을 상면한 것은 하나의 수확이 아닐 수 없다.

김대중 대통령의 베를린 연설을 놓고 논쟁하다

고려호텔에 돌아온 지 약 3시간이 지난 밤 11시경 우리를 가이드했던 두 K씨들이 호텔 옥상식당에서 만나자는 연락이 와서 나는 김형석 총장과 함께 나갔다. 회전무대로 만들어졌지만 작동이 안 되는 곳이었으나 스낵코너가 있었다. 통일전선부에서 나온 K씨가 다른 K씨의 정체를 소개했는데 그는 1961년 한국 대학생들이 남북학생회담을 제안하고 판문점에서 만나자고 했을 때 그곳을 취재하기 위해 현지에 파견

되었던 노동신문 기자 출신으로 지금은 당 중앙위에서 활동하고 있다면서 이영일 선생 같은 분이 오셨기 때문에 일부러 가이드를 맡았다고 말했다. 기분이 섬뜩해졌다. 그 두 사람이 야밤에 우리를 만난 이유는 과거를 회상하자는 것이 아니라 노벨평화상을 받은 김대중 대통령이 베를린 연설에서 한 약속을 이행하지 않는다면서 그 약속이 노벨평화상을 타기 위한 공수표가 아니었느냐는 것이었다.

DJ의 베를린 약속은 전기, 철도, 항만 등 사회간접자본을 북한에 지원하여 북한 산업을 재건하겠다는 것이었다. 나는 그 약속은 공수표가 아니고 미국과 북한 관계가 개선되어 미국의 테러지원국 명단에서 북한이 빠지고 미국이 대주주로 있는 아시아 개발은행이나 세계은행에서 자금을 융통할 수 있을 것이라는 전제하에 연설했던 것인데 미국 대통령선거에서 공화당이 패함으로써 클린턴 대통령의 북한 방문이 성사되지 못한데 원인이 있다고 말했다. 만일 북한이 지금이라도 미국이 내놓고 있는 핵 포기나 미사일통제기구 가입 같은 절차를 필하여 북한을 테러지원국 명단에서 제외시킨다면 한국의 건설업자들은 앞다투어 방북, 북한 산업재건을 지원할 수 있을 것이라고 말했다.

그러나 그들은 미국의 지원이 없더라도 한국 단독으로도 약속이행이 가능하지 않느냐고 따져 물었다. 나는 그들에게 1994년의 제네바합의에 따른 경수로 공사는 원자력 발전을 겨냥하는 프로젝트인데 이 공사를 하면서 별도로 한국이 전기를 제공한다면 제네바 합의 위반에 해당된다고 지적하고 앞으로 북한이 미사일 통제계획이나 핵통제질서에 적극 참여, 북한과 미국과의 관계가 좋아진다면 베를린 연설에서의 약속은 언제나 이행 가능할 것이라고 설득했다. 이 사실은 내가 귀국한 후 신건(辛建) 국정원장을 만나 충분히 설명했고 그 분도 나의 해명이 옳았다고 평가했다. 밤늦게까지 그들과 맥주로 폭음하면서 친교의 시간을 가졌다. 술 한 잔도 못 마시는 김 총장은 매우 지루했을 것이다.

안산관에서 맛있게 먹은 단고기 요리

북한에서는 개고기 요리를 단고기라고 하는데 돈이 있다고 해서 바로 예약하고 주문해서 사 먹을 수 있는 것이 아니다. 내가 단고기를 먹고 싶다고 하면 가이드가 당에 보고 당은 식당을 지정하여 원료를 배급받도록 한 후 식당에 가야 하기 때문에 아무리 빨라도 하루가 걸린다. 우리 일행은 마지막 날 밤 통일교에서 운영한다는 안산관이라는 식당으로 안내되었는데 보통강호텔이 지척에 보였다.

단고기 전문요리점이었다. 단고기의 각 부위 별로 이름이 다른데 서울에서 먹는 전골식이나 개다리 하나를 백숙으로 뜯는 방식과는 달리 뭔가 제대로 요리를 한 것 같은 맛있는 단고기 요리였다. 우리 일행 10인에 가이드와 차량 운전사 등 약 20여명이 식당을 통째로 점유하고 난생 처음으로 북한식 단고기 요리를 즐겼다. 이곳 역시 외국인 전용 식당이기 때문에 가격도 매우 비싸고 북한 사람들은 식당종업원 외에는 한 사람도 만날 수 없었고 식당종업원과도 음식 주문 관련 대화 이외에는 나누어 본 일이 없다.

이번 북한 여행에서 우리 일행 중의 누구도 북한 민간인들과 자유롭게 말을 나누어 본 사람은 하나도 없었다. 북한 민간인들과의 접촉은 철저히 차단되어 있기 때문이다. 오직 노동당 간부와 그들이 내세우는 사람 이외에는 누구와도 대화한 일이 없다. 외국에 나가면 말이 안 통해 그럴 수 있는 경우도 있겠지만 남북한 동포는 6·15선언에서 "우리 민족끼리"라고 말하는 관계인데 "우리 민족끼리"를 느낄 수 있는 분위기는 전혀 아니었다.

쇼핑센터 방문을 끝으로 방북여정을 마치다

여행이 끝나는 날 아침 우리는 아침 일찍 서둘러 쇼핑센터를 찾았다. 안내하는 아가씨들은 모두 친절했지만 외국인을 상대하는 쇼핑 접대원들이기 때문에 일반 북한 민간인들과는 달랐다. 진열대에 여러 가지 쇼핑거리를 늘어놨는데 살만한 물건은 거의 없었다. 자수(刺繡)로 된 몇 가지 선물이나 북한 화가들이 그렸다는 동양화를 구입하는 사람도 있었고 누구에게 선물한다고 여인용 한복을 구입하는 분도 있었다. 가난한 나라에 와서 물건이라도 좀 많이 사주고 싶지만 살만한 물건이 없는 것도 가난한 나라의 특징 중의 하나 아닐까.

나도 들쭉술 한 두어 병에 그림 몇 점을 일부러 구입했다. 그러나 상점 내 아가씨들이 물건을 많이 팔기 위해 자세히 설명을 해주면서 애교 떠는 모습이라곤 찾을 수 없었다. 물건이 많이 팔리거나 적게 팔리거나 받는 월급은 같기 때문에 손님을 따라다니면서 열심히 물건을 사도록 권유하는 동작이 있을 리 없다. 우리 일행은 물건을 사는 둥 마는 둥 하다가 서둘러 평양 순안공항으로 나왔다.

공항에 와서는 입국 시 공항에 맡겼던 휴대전화기도 찾고 출국수속도 밟았다. 이 절차는 의외로 쉬웠고 가지고 나가는 짐 검사도 간단했다. 곧장 탑승하여 북경 공항에 도착하였더니 다행히 바로 서울로 연결되는 국적선이 있어 5박6일의 평양여행을 끝마칠 수 있었다. 그렇게 그리던 평양여행이었으나 선진국 사람이 후진국을 여행한 느낌이었다. 도시에서 살다가 시골에 갔을 때의 느낌과는 전혀 다른 후진국 여행을 마치고 돌아온 기분이었다. 나는 5박 6일 동안 북한의 누구와 대화했는가를 곰곰이 생각하면서 귀국하는 비행기에 몸을 맡겼다.

평양에서 드린 신령과 진정의 예배

(제2차 방북 2002년 6월 14~18일)

한국 크리스천들, 전세기로 평양으로 출발

나는 2001년 5월에 이어 2002년 6월 14일부터 4박 5일 동안 평양을 다녀왔다. 한민족복지재단이 6·15선언 2주년을 맞아 평양의 봉수교회와 칠골교회에서 남북한 기독교인들이 함께 만나 민족의 화해와 통일을 기원하는 예배를 드리기 위해 조직한 방북단의 일원으로 다녀온 것이다. 이번 여행은 대한항공에서 낸 전세기 KAL 815 편으로 북경을 거치지 않고 황해를 돌아 바로 평양 순안공항으로 들어가는 특별코스였다. 입국 절차도 간소하여 그 까다로운 짐 조사도 없이 성경책을 든 채 그대로 들어갔다.

그러나 우리 일행이 평양 고려호텔에 들어가 여장을 풀면서부터 사정에 변화가 생겼다. 북측 대표는 우리의 방북목적이 김일성 주석 90회 탄생을 기념하는 아리랑 축제를 참관하기 위한 것으로 알고 모든 편의를 제공했다면서 그들과 사전협의가 없는 남북한 연합예배가 방북목적이라면 그러한 입국은 승인할 수 없다는 것이었다. 그러나 복지재단 측은 북한의 범태(범태평양 조선민족경제개발촉진협회)와의 교섭을 통해 재단의 대북 사업을 지금까지 지원해 온 교회 지도자들을 포함한 평신도와 학계, 언론계, 의료계 인사 등 297명으로 방북단을 구성하고 남북한 연합예배는 물론 백두산 관광까지를 보장하는 북한

체제일정과 신변보장각서까지를 주 중국 북한대사로부터 확인 받고
방북한 것임을 입증하는 서류를 제시했다. 한민족복지재단의 공동대
표의 한사람인 나도 협상대표로 나가서 북측의 아리랑축전 추진위원
회의 K 부위원장, 범태의 L부위원장과 만나 진지한 협의를 가졌다.

나는 아리랑축전은 이달 말로 끝나지만 한민족복지재단의 대북지
원 사업은 앞으로도 계속될 터인데 북측의 이런 식언으로 우리 재단
사업을 후원하는 방문단을 실망시켜 북측에 무슨 이득이 있겠느냐고
강력히 항의했다. 북측의 대표단 가운데도 나의 말에 동조하는 듯 머
리를 끄덕이는 사람도 있었다. 그러나 아리랑축전의 K 부위원장은 태
도를 조금치도 굽히지 않고 완강했다.

입국목적을 둘러싼 양측의 의견대립은 이틀간에 걸친 담판 끝에 가
까스로 합의점을 찾았다. 계약문건상의 해석 차이를 조정한 결과 한국
측 방북단원 가운데 희망자에 한해 아리랑축전 참가를 허용하고 북측
은 그 대신 한국 측의 나머지 일정을 보장하는데 다시 합의한 것이다.

이 날의 합의는 우리 측이 내건 세 가지 조건을 북측이 받아들임으
로써 이루어졌다. 내용인즉 우리 일행은 아리랑축전 행사의 관람에
참여하되 일행 각자의 자유의사로 참가한다. 둘째 북측이 요구하는
관람료 300달러는 여행자에게는 과도한 부담이기 때문에 1인당 50달
러로 낮춘다. 셋째 행사장에 입장할 때 남조선 대표단이 참관하러 왔
다는 것을 방송으로 보도하는 조치를 일체 삼가야 한다는 것이다.

북측은 못마땅한 표정이면서도 일단 우리의 요구조건을 받아들였
다. 우리 일행 중 120여명이 아리랑축전을 참관하기 위해 떠났다. 그러
나 문제가 이것으로 끝나지 않았다. 일요일인 16일 새벽 1시경 북측은
돌연 재단 측이 요구한 남북한 연합예배가 남북한 간에 사전 합의가
없었다는 이유를 들고 나와 새로 맺은 모든 합의를 다시 일방적으로

파기하고 이를 우리 측에 통고해 온 것이다.

칠곡교회 앞에서 목사님들과 함께

평양 한복판에서 통성기도로 예배드려

사정이 이렇게 꼬이자 우리 측의 재단이사장인 최홍준 목사는 기독
교 신자들에게 주일 날 예배를 교회에 가서 드리지 못하게 하는 조치
는 도저히 수용도, 인내도 할 수 없는 것이라면서 아침 7시 식사를
하기 위해 고려호텔 대 식당에 모인 우리 일행 전원에게 "지금 바로
이 자리에서 우리 모두 금식을 하고 온종일 찬송과 말씀과 기도로서
남북연합예배의 보장을 요구하는 산 예배를 하나님께 드리자"고 호소
하고 이 사태에 따른 모든 책임은 재단 이사진이 지겠다고 선언했다.

이 호소에 참가자 전원이 한 목소리로 아멘 하면서 찬송가 248장,
"시온의 영광"을 부르기 시작했다. 삽시간에 고려호텔이 떠나 갈듯이
찬송과 기도가 이어졌다. 동참한 목사님들이 한사람씩 나와 예배를

인도하고 찬송과 기도제목을 정해서 말씀을 전할 때마다 우렁찬 찬송과 통성 기도가 계속되었다. 한참 찬송이 계속 진행될 때 숙명여대 이만열 교수(장로님)가 큰 소리로 이 호텔에서 30M밖에 과거 평양의 산정현 교회가 있던 곳이라고 주장하면서 지금부터 100년 전 평양에서 일어난 대 신앙부흥운동을 상기시켜 분위기를 한층 고조시켰다.

북한 정권 수립 이후 이날 처음으로 평양 한 복판에서 기독교 교역자와 신자들이 아무 두려움 없이 당당하게 하나님의 성호와 찬송을 부르고 소리 내어 기도하면서 예배를 드리는 엄청난 사건이 폭발한 것이다. 고려호텔 대 식당은 한 순간에 남녀노소 할 것 없이 주여! 주여!를 울부짖고 다 같이 눈물을 흘리면서 민족의 화해와 통일을 한 목소리로 간구하는 신앙공동체로 변하고 말았다. 이 예배 형식의 농성은 오전 7시부터 시작하여 오후 1시까지 계속되었다. 이 광경을 함께 지켜본 중앙일보 대기자 K씨는 기독교가 어려운 상황에 처하여 이렇게 담대할 줄은 몰랐다면서 한국의 기독교를 다시 인식하게 되었다고 감탄했다.

한편 북한 측은 고려호텔 사태가 심각해지고 찬송소리가 밖에 까지 퍼지자 여기에 맞불 놓는 격으로 김일성 장군의 노래를 확성기로 틀어서 호텔 안의 찬송소리, 기도 소리가 외부로 퍼지는 것을 막으려고 안달이었다. 외국에서 온 투숙객들도 식당 안 사태가 심상치 않음을 느꼈는지 식당 입구에서 쭈뼛거리다가 뒤돌아서 나가버렸다.

낮 11시 정각이 되자 최홍준 목사는 일요일 낮 예배를 정식으로 드릴 것을 선언했다. 우리와 함께 방북한 모테토 합창단은 성가대의 역할을 맡게 되었는데 마침 식당 안에 그랜드 피아노 한 대가 놓여있어 열어보았는데 잠겨 있지 않았다. 이곳에 피아노를 갖다 놓은 사람은 이 피아노가 이처럼 값있게 쓰일 것을 알았을 리 만무하다. 예수님이 예루살렘에 입성하실 때 길가에 메어둔 나귀를 제자들이 끌고 와서 예수님을 태웠는데 바로 그때 쓰인 나귀처럼 이날 예배를 위해서는 식당 안의 피아노가 중요한 역할을 했다. 모테토 성가대의 찬양에 이어 '남북화해는 하나님의 뜻'이라는 최홍준 이사장의 감동적인 설교가 행해졌다. 예배가 진행되는 동안 경동교회의 집사이며 서울대학교 인문대 교수인 김문환 박사는 식빵과 포도주를 구입해 와서 고려호텔 예배에서 성찬식 행사까지를 곁들이게 했다. 이영순 광주 서문교회 목사님의 축도로 평양에서의 감동적인 예배를 마쳤다. 이날의 예배는 참가자 모두가 울면서 드린 예배였다. 정말로 진정과 신령이 가득 베인 예배였으며 나 같은 평신도에게는 처음이라고 말해도 거짓이 아닐 만큼 감동적인 예배였다.

봉수교회에서 드린 뜨거운 예배

북한 당국 입장에서 보면 우리의 예배가 신앙의 자유를 인정한 그들 헌법 68조에는 합당할지 몰라도 북한의 관행상으로는 교회가 아닌 식당에서 예배를 드린다는 것은 도저히 묵과할 수 없는 반칙이었다. 그러나 북측은 우리를 힘으로 저지하지 않았다. 고려호텔 예배 때도 종업원들이나 기관에서 나온 사람들이 우리를 지켜만 볼 뿐 적대적 몸짓으로 제지하려 덤빌 기세는 전혀 아니었다. 낮 12시 30분 경 그들은 우리 측에 대화를 요구했다. 그들은 우리가 보장을 요구한 남북연합예배가 오전 11시를 넘겨 이미 불가능하므로 우선 점심식사를 하고 관광일정을 재개하자고 제안해 왔다. 그러나 우리는 주일날은 관광하는 날이 아니고 온종일 예배하면서 경건하게 보내야 한다고 관광제안을 거부했다. 결국 북측은 그러면 차라리 봉수교회와 칠골교회에 가서 예배를 드리는 것으로 사태를 마무리하고 추후일정을 협의하자고 태도를 수정했다. 우리는 이를 수락했다.

우리는 고려호텔에서 오찬을 마친 후 자동차에 분승, 봉수교회로 향했다. 1987년에 건립되었다는 봉수교회는 신도 200명 정도 들어가면 꽉 찰 시골 개척교회의 외관을 하고 있었다. 다만 교회가 있다는 사실이 고마웠을 뿐이다. 이 교회 목사는 갑자기 몰아닥친 반갑지 않은 손님들 때문에 몹시 당황한 표정이었다. 우리는 그에게 기도를 부탁했으나 사양했다. 헌금위원을 맡은 아내는 헌금 자루를 달라고 봉수교회의 장승복 목사에게 말하자 그는 성단 옆문을 열고 헌금 자루를 내주었는데 그 때 문틈으로 보니 김일성 부자의 초상을 급히 떼어서 그리로 옮겨놓은 것 같았다고 아내가 말했다. 아내는 이러한 뜻 깊은 예배에서 헌금위원으로 쓰임 받게 된 것을 몹시 자랑스러워했다. 결국 주일 낮 예배는 고려호텔 대식당에서 드리고 저녁예배는 봉수교회에서 모테토 합창단의 성가 연주를 통한 음악예배로 올리게 된 셈이다.

당시 북한 측은 김일성 탄생 90주년을 기념하는 아리랑축전에 20만 명의 관객을 동원할 계획을 세웠으나 한국과 일본에서는 전 세계가 주목하는 월드컵 경기가 열리는 바람에 북한을 찾는 관객 동원에 어려움을 겪고 있었던 것 같다. 이런 어려움을 풀기 위한 방편으로 이도경이라는 사람을 내세워 조직한 대북사업단체인 범태평양 조선경제개발촉진협의회(약칭 범태)를 통해 무슨 수단을 쓰던지 아리랑축전 관객을 평양으로 몰고 오라고 부탁한 것 같았다. 이 미끼에 한민족복지재단이 말려들어 평양에 왔다가 누구도 사전에 생각도 못했던 사건을 일으킨 것이다.

북한의 교회는 우리가 아는 북한신도들의 교회라기보다는 국제사회에 북한에도 교회가 있다는 것을 알릴 외교적, 선전적 목적에서 세워진 것이다. 또 평양에 와있는 외국공관원들이나 그 가족들을 위한 시설물이었다. 이런 목적을 가진 교회이기 때문에 교회의 주인은 하나님이 아니고 조선노동당이 주인이었다. 그러나 우리 한국에서 온 크리스천들이 봉수교회에 모여 신령과 진정으로 예배를 드림으로 해서 봉수교회의 주인은 노동당에서 하나님으로 바뀌는 역사가 일어났다. 아벨의 제사를 받으신 하나님이 우리들의 예배를 흠향하셨을 것으로 믿기 때문이다.

평양의 이곳저곳을 둘러보면서

예배를 마친 후 우리 모두는 기쁜 심정으로 저녁만찬이 준비된 옥류관을 향했다. 작년과 똑같은 외관이지만 평양에서 잊을 수 없는 추억을 간직하면서 옥류관 냉면을 다시 먹는 기분은 옛날과 같지 않았다. 냉면 식사가 끝난 후 우리 일행들은 옥류관 난간으로 나와서 저녁노을로 아름답게 물들어 가는 석양의 대동강을 감상했다. 디지털 카메라를 가지고 온 사람들은 삼삼오오 짝을 지어 사진을 찍기도 하고 나이든 사람가운데는 어린 시절을 평양에서 보낸 사람들이 많았는데 옥류관 난간에 기대어 대동강 너머로 보이는 평양 시가지를 바라보면서 자기가 살던 집이 아직도 그대로 있는가를 궁금해 하기도 했다.

이런 모습과 이야기를 들을 때 나는 눈시울이 뜨거워옴을 느꼈다. 얼마나 고향이 그리웠을까. 모처럼 찾아온 평양이건만 금쪽같은 시간 중에 이틀간은 고려호텔에 연금당하고 3일째는 하나님께 울부짖으면서 예배를 드리고 이제야 겨우 고향을 회상하는 순간을 맞고 있기 때문이다. 옥류관에서 이른 저녁을 마친 일행들은 모란봉으로 올라가 을밀대를 구경하고 멀리 대동강에 그림처럼 떠있는 능라도와 옥류교, 그 건너에 세워진 인민대학습당과 주체탑을 바라보았다.

모란봉 주변관광을 마치고 고려호텔로 돌아왔을 때 호텔 주변에서는 아리랑축전을 기념한다면서 도처에 노점상들이 문을 열고 토산품이나 장난감, 옷가지를 팔기도 하고 북한 화가들이 그린 그림도 내놓고 파는가하면 포장마차도 여러 군데 세워놓고 술을 팔기도 했다. 중앙일보에서 우리와 함께 일행으로 참가한 몇 분들은 벌써 포장마차 하나를 대절한 것처럼 앉아 술잔을 기울이고 다른 일행들은 모처럼의 평양의 새로운 모습을 구경하는데 정신이 없는 것 같았다. 그러나 재단 간부의 한 사람인 나의 마음은 시종 편치 않았다. 이번에 일어난 큰 사건을 어떻게 처리할 것인가에 몹시 신경이 쓰였기 때문이다.

우리 일행 가운데는 통일부에서 나온 사람도 있었고 KCIA에서 온 직원도 있었기 때문에 나는 그들과 함께 북측에서 나올 금후의 태도를 검토했다. 대체적인 결론은 기독교인들의 숫자가 너무 많은데다가 6·15선언을 기념한다는 명분으로 방북한 사람들이기 때문에 이들을 인솔하고 온 한민족복지재단에 대해서는 금후 사업상의 불이익을 줄 수는 있지만 나머지 여행객들에게는 아무 일도 없을 것이라고 했다. 이 예측은 적중했다.

이튿날 평양 시내관광을 다닐 때 하나의 예외만을 뺀다면 안내원들이 모두 아무 일도 없었던 것처럼 흔연히 대해 주었다. 하나의 예외란 목사님 한분이 자기가 탄 버스 안에서 길거리에 걸린 포스터에서 "당이 결정하면 우리는 한다."라는 글을 읽고 옆 사람이 들릴 정도의 목소리로 "우리는 당회가 결정해도 잘 안 되는데 이곳에서는 잘되는 모양"이라고 말한 것이 빌미가 되었다. 버스 안에 타고 있던 안내원이 돌연히 태도를 표변, 북한체제를 비방했다면서 버스를 멈춘 후 다른 사람들은 다 내리라고 하면서 그 목사님만은 내리지 못하게 한 것이다. 김형석 사무총장이 뛰어 올라가서 안내원이 목사님의 말을 오해했다면서 한국교회에는 당회가 있는데 이 당회가 교회의 주요 결정을 하는데 잘 안될 때도 있다는 뜻이며 결코 북한체제를 모독한 것이 아니라고 설명한 끝에 겨우 상황이 끝났다. 결국 목사들의 입에 제동을 걸려고 벼르고 있다가 한 건을 한 모양이었다.

그 다음날은 일찍부터 서둘러 북한을 찾는 모든 사람들에게 관람시키는 만경대를 참관했다. 작년에 이곳에 왔던 나에게는 별 흥취가 없었지만 처음 온 사람들에게는 이곳도 봤다는 증명이 필요해서인지 사진들을 많이 찍었다. 만경대에 이어 두 곳의 사적지를 참관했는데 한곳은 제너럴셔먼호를 타고 평양으로 선교하러 오던 중 관헌들에게 잡혀 순교한 21세의 토마스 목사의 순교지인데 이곳은 김일성의 할아버지가 반제투쟁을 했던 사적지로 변해 있었다. 우리 일행들은 안내원의 설명을 들은 체도 않고 외면했다. 눈치 없는 안내원은 앵무새처럼 김일성 일가의 혁명 역사를 줄줄이 읊었다. 날조된 역사가 없었더라면 북한의 개방은 더 쉬웠을지도 모를 일이다. 그러나 이러한 현대사의 날조는 김정일 정권의 개혁개방에는 큰 부담의 하나가 될 것이다. 평양 시내 관광 끝 무렵에 일행들 가운데 재단의 빵 공장을 구경하겠다는 사람들은 그리로 가고 의료인들은 재단이 지원하고 있는 평양 의학대학 대학병원을 시찰하기도 했다.

마지막 일정은 쇼핑시간으로 안배되었다. 만수대 창작사를 찾은 사람들은 몇 점의 그림을 샀는데 값은 쌌다. 일반 잡화상점을 백화점이라고 부르는데 살만한 물건이 별로 없었으나 값싸고 기념이 될 만하다고 하여 이것저것 구입하는 사람들도 적잖았다. 나와 같이 다닌 장로님 한분은 부인에게 준다고 색동 한복 한 벌을 샀는데 우리 돈으로 만원 이하였다. 나는 부인이 좋아할지 알아보고 사야하지 않겠느냐고 했는데 자신 있다고 했다.

하나님을 섬기는 일정만 살았다

당초 여행계획에는 남북한의 연합예배가 끝난 후 일행을 두 개 팀으로 나누어 한 팀은 백두산 관광을 가고 다른 팀은 개성 쪽으로 관광할 계획이었는데 예배파동을 거치면서 6박 7일이 4박5일로 단축되었다. 나머지 여행경비의 문제가 걱정이었는데 일부 인사를 제외하고는 대다수가 재단의 대북사업에 사용하라면서 청구하지 않겠다고 했다. 그러나 일부 인사들은 우리가 아멘, 아멘 하면서 따라 다니니까 속조차 없는 줄 아느냐 면서 재단 측이 사전에 교섭과 준비와 점검이 미흡해서 이런 사고가 났기 때문에 실로 유감스럽다고 재단을 원망하는 사람들도 없지 않았다.

나는 그분들을 만나 지금까지 북한이 남한 측과 맺은 약속을 잘 지켰더라면 통일도 되었을 텐데 그렇지 못한 것이 현실이 아니겠느냐고 위로하면서 그러나 우리는 약속을 위반한 북측의 요구사항을 단호히 물리치고 국토분단이래 누구도 감히 할 엄두도 못했던 일 즉 고려호텔 대 식당에서 하나님의 성호를 큰 목소리로 부르면서 찬송과 기도와 예배를 당당히 드렸지 않느냐고 말했다. 이 이야기에 대해서는 누구도 이의를 달지 않고 승복했다. 만일 우리가 북측 주장을 액면대로 받아들여 예배를 포기하고 아리랑축전만 관람했다면 북측의 대우도 좋았고 관광스케줄도 예정대로 진행되었을지 모른다. 그러나 귀국한 후에 이 행사에 참가했던 사람들은 한민족복지재단을 사기집단으로 몰았을 것이고 재단은 이미 간판을 내리고 해체되었을 것이다.

그러나 놀라운 것은 당초 예정했던 모든 스케줄이 하나도 제대로 지켜진 것이 없지만 고려호텔, 봉수교회에서 우리들이 신령과 진정으로 울면서 예배드렸던 일정은 예정에 없었던 것이지만 새로 만들어져 성취되었다는 사실이다. 당초 생각했던 백두산도, 개성도, 묘향산 관광도 다 없어졌고 하나도 예정대로 된 것이 없었다. 그러나 북한 땅에서 예배드린 일만은 예정과 관계없이 이루어졌다는 것이다. 실로 놀라운 일이 아닐 수 없다. 사람의 계획은 허사가 되었으나 하나님을 경외하고 섬기는 일만은 성취된 것이다.

인천공항에 도착했을 때 터진 뜨거운 박수소리

북한 사람들이 우리 크리스천 여행자들에게 어떤 위해도 가할 수 없으리라고 예상은 했지만 그러나 우리들이 일정을 앞당겨 귀국하는 일을 그들이 아무 방해 없이 그대로 진행시킬지가 걱정스럽지 않을 수 없었다. 우리 일행이 떠나는 날 아침 북한의 아리랑축전 부위원장 K는 우리 재단 간부들을 불러 모으고 고려호텔을 농성 점거하고 예배드린 반칙에 대하여 사과할 것을 요구했다. 그러나 최홍준 목사님은 예수 믿는 사람들이 일요일 날 하나님에게 예배드린 일은 응당한 권한에 속하는 일이므로 누구에게도 사과드릴 일이 아니라고 잘라 말했다. 이에 대해 K는 "우리 공화국도 신앙의 자유를 인정하고 있지만 호텔 식당에서 예배드리는 행위는 용납될 수 없는 일로서 공화국의 존엄을 짓밟은 처사이기 때문에 사과를 요구한다."고 강경하게 응수해 왔다.

최 목사님은 예배 볼 공간을 제공하지 않고 이틀간 고려호텔에 연금시킨 사람들에게 전적인 책임이 있다면서 오히려 그들에게 사과를 요구했다. 더 이상 말해봤자 다른 방도가 없음을 깨달은 그들은 우리 일행을 바로 공항으로 출국하라고 하면서 한민족복지재단의 사무총장의 방북은 앞으로 결코 용납하지 않겠다고 으름장을 놓았다. 우리는 그의 말에 개의치 않고 짐을 꾸려 공항으로 향했다. 공항에서는 올 때와 마찬가지로 복잡한 짐 조사 과정 없이 수월하게 출구수속을 끝내

주었다. 차창 밖에는 우리를 실러 온 KAL 815호가 대기 중에 있었다.

공항 면세점에서 무언가 좀 사주는 것이 북한 사람들을 도와주는 일이라 생각해서 이것저것을 골라보았으나 정말 살 것이 없었다. 여러 가지 사연을 남기면서 KAL은 우리 일행을 태우고 인천으로 향발했다. 비행도중 하루 지난 KBS뉴스를 틀어주었는데 우리 선수들이 월드컵에서 포르투갈과의 대전에서 승리하는 것을 보여 주었다. 너무 감격스러웠다. 북한에서도 밤에 TV중계방송이 있었지만 월드컵의 구문(舊聞)만 보여주어 실감이 나지 않았다. 스튜어디스가 인천도착을 알리는 방송을 하자마자 누구의 선창이 없었는데도 일행 모두가 박수를 쳤다. 겉으로는 태연했으나 모두의 마음속에 이름 모를 긴장이 잠재되어 있었기 때문이다. 매우 소란하고 긴장된 여행이었지만 모두가 뭔가를 성취했다는 믿는 자들의 보람을 가슴에 안고 4박5일간의 북한 나들이를 무사히 마쳤다.

당시 중앙일보가 보도한 아래 기사에서 알 수 있듯이 이날의 통성기도사건은 월드컵의 열기 속에서 주목을 받지 못했지만 남북한관계에서는 적잖이 큰 사건이었다.

방북단, 평양서 대규모 예배
고려호텔서… 北 정권 수립 후 처음 허용
축전 참관요구로 南北 공동예배는 무산

6·15 남북 공동선언 2주년을 맞아 남북 공동예배를 위해 방북했던 한민족복지재단(이사장 崔弘俊) 회원 2백97명이 지난 16일 평양의 고려호텔 대식당에서 7시간여 동안 예배를 드렸다. 북한 정권 수립 후 평양 시내 한복판에서 예배가 대규모로 공개리에 열리기는 이번이 처음이다.

이정익(신촌성결교회) 목사의 사회로 진행된 고려호텔의 예배는 북한 당국의 유연한 대처로 물리적인 충돌없이 평온하고 질서정연하게 진행됐다.

당초 예정됐던 남북 공동예배는 남북간 합의사항에 대한 해석문제를 놓고 이견을 보여 무산됐다.

한민족복지재단과 이번 행사의 북측 초청자인 중국 베이징(北京) 소재 범태평양조선민족경제개발촉진협회(범태.회장 이도경)는 당초 평양 봉수교회와 칠골교회에서 16일 오전 10시 남북 연합예배를 드리기로 합의했다.

그러나 방북단이 출발하기 직전인 지난 12일 북측의 '아리랑축전영접위원회'가 예배 목적의 방북에는 동의할 수 없다는 방침을 통보해와 공연 참관은 회원 자율에 맡긴다는 합의서에 서명, 일단 방북이 성사됐다.

방북단이 도착한 14일 오후부터 북측은 방북단 전원의 아리랑공연 참관을 요구해 이틀간 양측 간에 합의서의 해석을 놓고 진통을 겪었다.

이 기간 북측은 방북단의 호텔 밖 출입을 제지했지만 호텔 내의 행동에는 어떠한 제한도 가하지 않았다.

그러나 주최 측이 15일 오후 타협안으로 아리랑공연 참관을 희망한 일부 회원의 관람을 허용했으나 북측은 다음날 남북 연합예배를 무산시켰다.

방북단은 이에 따라 16일 오전 7시 고려호텔 대식당에 모여 아침식사를 기른 채 예배와 강연을 들으며 북측의 약속 이행을 촉구했다.

한민족복지재단 김형석(金亨錫)사무총장은 "남북 연합예배가 무산된 게 아쉽지만 서로의 체제와 입장이 달라 생긴 일"이라며 "남북관계가 한층 더 발전하는 계기가 되기를 바란다"고 말했다. 평양=이동현 기자 2002. 06. 18

북한은 언제쯤 달라지려나

나의 네 번째 방북일지(2007년 5월 19~23일)

5월의 평양은 맑고 밝았다

평양의 5월은 이 계절에 주는 모든 찬사가 허언이 아닐 만큼 아름답다. 우리 일행을 태운 고려항공이 심양의 따오시엔 공항을 출발 약 40분후인 오후 4시경 평양 근처의 상공을 맴돌면서 착륙을 준비할 때 차창을 통해 보이는 평양의 산야는 초록으로 물든 한 폭의 그림처럼 맑고 고왔다. 우거진 숲은 없지만 이 봄과 함께 땅에서 솟아난 초목들로 하여 지난해 3월 내 마음을 어둡게 했던 붉은 민둥산들이 상당 부분 가려지고 대지는 생명력이 약동하는 초록의 들판으로 변하고 있었다. 영접 나온 마이크로버스를 타고 공항에서 평양 시내로 들어가는 가로의 연변은 푸른 포플러나무와 살구나무들이 씩씩한 사병들처럼 늘어서서 우리의 방문을 반겼다.

그러나 나는 공항에 도착하면서부터 몇 년 동안 계속 느끼는 것이지만 이곳은 아직도 발전이 정지된 것 같다는 느낌을 지을 수 없었다. 7년 전이나 작년이나 지금이나 평양의 관문인 순안국제공항은 하나도 달라지지 않았다. 승객과 공항을 연결하는 에어브리지가 아직도 설치되지 않은 채 그대로였다. 공항에서 시내로 들어오면서 보이는 거리의 풍경이나 건물의 모습, 눈에 들어오는 정치선전의 구호들, 지나가는 사람들의 남루한 모습들이 지난 수년 동안 변함없는 그대로이기 때문이다.

지난 5월 14일 미국의 북한문제 전문가의 한 사람인 스칼라피노 박사는 오늘의 북한을 "혁명적 사회가 아니고 외부세계에 문을 걸어 잠근 전통사회라" 설명했다.[3] 그의 말이 상당한 설득력을 지닌 것 같아 마음이 우울했다.

나는 한민족복지재단의 공동대표의 한 사람으로서 재단이 추진하는 인도적 차원의 북한 돕기 사업의 현장을 점검하기 위해 2001년부터 이번까지 네 차례 평양을 방문했다. 이렇게 보면 지난 7년 간 나는 평양을 비교적 자주 드나든 셈이다. 그러나 평양은 고여 있는 물처럼 변화가 체감되지 않는다. 북한의 크고 작은 건축물들은 대부분 60년대나 70년대에 지어졌고 고층 아파트들은 80년대에 건축되었다는데 지금은 너무 낡아 서둘러 재개발을 하지 않는 한 먼발치에서 사진으로 보면 그럴싸해도 가까이서 보면 창고형의 음산한 시멘트 구조물로 변해 버렸다. 물론 외관이 변하지 않았다고 해서 북녘 사람들의 마음과 생각도 달라지지 않았다고는 말 할 수 없다. 만물이 유전하듯 북한도 변하고 여러 측면에서 변화가 일고 있다. 그러나 바깥사람들의 눈에는 북에서의 변화가 빙하가 녹는 것처럼 너무 더디다고나 할까.

우리 일행은 소형버스를 타고 평양 시내를 향하여 달렸다. 차창 밖으로 무궤도 전차버스들이 몇 대 지나가는 것이 보이고 고색창연한 전차가 아직도 교통수단으로 사용되고 있었다. 시내에 가까워지면서 청색유니폼을 입은 여자 교통순경이 수신호로 오가는 차를 정리하고 있었다. 그러나 재미있는 것은 다니는 차가 너무 적어서 여자 교통순경이 도시의 장식품 같은 느낌을 주었다. 교통순경이 차를 기다리고 있을 만큼 한가한 평양거리에 멋진 폼으로 수신호를 보내는 교통순경의 진정한 용도가 무엇인가를 궁리하는 사이에 차는 벌써 시내 중심으

---

3) 2007년 5월 14일 서울 프라자호텔에서 열린 인하대학교 국제문제연구소 주최 학술회의에서 North Korea Nuclear Issues and Korea—U. S. Relations라는 연설에서 이렇게 말했다.

로 접어들고 있었다.

버스는 모란봉 경기장과 영생문(永生門)을 지나 보통강호텔에 도착했다. 호텔에 도착하자마자 안내원은 우리 일행 모두의 여권을 일괄 수거한 후 방을 배치해주었다. 이에 앞서 공항에서는 한국에서 가져온 휴대폰을 귀국할 때 공항에서 되돌려준다면서 일괄 수거해 갔다.

다른 외국인들에게는 잘 적용되지 않는 룰이다. 이제 우리는 여권마저 없기 때문에 떠날 때까지는 꼼짝없이 모든 행동을 북측의 안내원 지시에 따르지 않을 수 없게 되었다. 외국의 관광지에서라면 벌써 화를 냈겠지만 모든 결례를 현실로 알고 왔으니 참을 도리밖에 없지 않은가.

북한, 남한이라는 표현을 쓰지 맙시다

도착당일 저녁 7시부터 북측의 고위층이 주최하는 환영 만찬이 보통강 호텔 모란식당에서 열렸다. 60대 초반으로 보이는 민화협(민족화해협의회의 약칭) 부회장이 환영인사를 했다. 작년 방문 시에는 남북적십자회담 수석대표를 역임한 중량급 인물이 나왔는데 민화협 부회장들이 우리 일행을 돌아가면서 접대하는 모양이었다. 그는 우리의 복토직파농법의 성과가 양호하다는 보고를 받은 탓인지 한민족복지재단의 기여를 높이 평가하고 우리 민족끼리 모든 사업을 꾸려 나가면 어떠한 민족적 난관도 극복할 수 있다고 강조했다. 그는 한민족복지재단이 작년에 복토직파사업을 통해 북쪽의 식량증산에 기여한 공헌을 평가하고 금년 5월은 남북한 간에 철길이 이어진 뜻 깊은 해라면서 우리 민족끼리 서로 협력해서 나라의 통일문제를 잘 풀어나가자는 취지의 "우리 민족끼리"론을 내놓고 건배를 제의했다.

단장인 나는 답사를 통해 한반도의 남북 어디를 막론하고 식량부족이 있다는 말이 들리지 않을 우리 조국을 만드는 것이 우리 재단이 추진하는 중요한 사업목표임을 강조하고 복토직파사업은 분명히 이런 꿈을 이루는데 크게 도움이 될 것이라고 말했다. 또 한민족복지재단의 지난해의 기여를 크게 사준 점에 대해 평가하고 우리 한반도를 식량 걱정 없는 땅으로 만들어나가는데 앞으로도 재단이 계속 노력하겠다는 것과 남북협력과 한반도의 평화를 기원하는 건배를 제의했다. 서로 간에 인사가 끝난 후 그는 한국에서 이번에 처음 북한에 온 일행 분들에게 방북소감을 물었다.

우리 일행으로는 성결교회의 북한선교 담당 목사님 한분과 총무, 고향이 평안남도 숙천군 출신으로 1·4후퇴 때 월남한 권사님 부부, TV제작 프로덕션을 경영하는 CEO와 나를 포함한 재단관계자 3인 등 모두 9인인데 처음 방북한 사람들이 돌아가면서 소감을 이야기했다. 그런데 남쪽에서 온 사람들은 말끝마다 남북한이라거나 남한 또는 북한이라는 표현을 쓰면서 이야기했는데 북측 민화협 부회장은 이 말이 몹시 귀에 거슬렸는지 만찬이 끝나기 전에 한 마디를 던졌다. 그는 "남측에서 오신 분들이 모두 선의에서 하신 말씀이기 때문에 그냥 지나칠 수도 있지만 북한이라는 표현은 한국을 중심으로 삼고 중심의 북녘을 지칭하는 것 같은 인상을 풍기기 때문에 북남협력을 다짐한 6·15정신과도 맞지 않는다"면서 "가능하다면 앞으로는 남측, 북측으로 말하는 것이 더 듣기 좋을 것 같다"고 충고했다. 그의 말을 듣고 보니 북측 요원들이 남조선이라는 표현을 거의 쓰지 않고 있다는 사실을 새삼 느꼈다. 왜 하찮은 용어나 표현 하나에도 이처럼 민감하게 반응하면서 시정을 요구할까.

식사가 끝난 후 안내원과 함께 호텔 주변의 거리를 산책했다. 전보다 밤거리가 좀 밝아졌다. 안내원 설명에 의하면 평양화력발전소가 석탄채굴량이 늘어 전기생산량을 늘렸기 때문에 전기사정은 조금 나아졌지만 그 대신 화력발전소에서 나오는 매연 때문에 평양의 오후는 오염으로 매일 하늘이 뿌옇게 된다는 사치스러운 걱정도 늘어놓았다.

공기 맑고 물 좋은 보통강변을 거닐면서

다음날 아침 우리 일행은 보통강 호텔 주변을 산책했다. 수양버들이 강변에 늘어서 있고 아침 공기는 맑고 신선했다. 이 강의 양안을 연결하는 줄다리 근처에 왔을 때부터 아침 출근을 서두르는 사람들을 구경할 수 있었다. 줄다리 주변의 아침은 매우 부산했다. 이 다리를 건너 아침 출근을 서두르는 사람들이 적잖았다. 여자들은 키들이 작아 잘 안 어울리기는 해도 예외 없이 하이힐을 신었다. 바퀴가 둘 달린 손수레에 무거운 짐을 가득 실은 아낙들도 흔들리는 다리에서 넘어지지 않으려고 조심스럽게 수레를 밀고 당기면서 다리를 건넜다. 아침의 신선한 공기 때문인지 체육대학의 운동선수들은 아침 일찍부터 떼를 지어 조깅을 하는가 하면 카누 선수들은 보통강에 배를 띄우고 노 젓는 훈련에 열중하는 모습도 눈에 띄었다.

호텔 옆 큰길가로 나오면 낙랑구역에서 서평양으로 가는 두 칸짜리 낡은 전차가 부지런히 통근하는 사람들을 날랐고 코디가 잘 맞지는 않지만 검은 싱글 양복에 넥타이를 매고 가방을 든 채 부지런히 어디론가 서둘러 걸어가는 근로자들도 볼 수 있었다. 또 아침의 강가에는 노인들이 한가로이 앉아서 친구들과 무언가를 이야기하는 모습도 보였다. 우리 일행을 호기심에 찬 표정으로 응시하면서 남쪽에서 온 사람으로 인식하는 것 같았다. 평양에서 이처럼 생활인들의 모습을 가까이서 보기는 그리 쉽지 않다. 고려호텔이나 양각도 호텔 아닌 보통강 호텔에서만 누릴 수 있는 특권 같았다.

평양 칠골교회에서 주일예배를 드리다

방북 다음날인 5월 20일은 주일이다. 우리 일행은 아침식사를 마친 후 두 명의 안내원과 함께 칠골교회로 출발했다. 지금 북한의 평양에는 두 곳에 교회가 있는데 봉수교회와 칠골교회다. 봉수교회는 1987년에 건립되었고 칠골교회는 그 후에 세워졌다. 오늘 우리가 예배를 드릴 칠골교회는 김일성 주석의 어머니 강반석 여사(독실한 크리스천으로 권사의 직분을 가졌다 함)의 생가가 있는 마을에 세워졌다. 당초 우리는 먼저 세워진 봉수교회에서 예배를 드릴 생각이었으나 봉수교회는 현재 한국의 장로회 통합측 지원으로 신축공사 중이어서 칠골교회를 택했다. 이날 교회예배에는 한민족복지재단 이외에도 기아대책의 방문단과 월드 비전의 북한지역위원장인 Victor Hsu 등 3~4개의 방문단이 몰렸다. 황민우 담임목사가 외빈들을 영접했는데 봉수교회의 손효순 목사, 장승복 목사도 칠골교회로 예배를 드리려 왔기 때문에 함께 만나 인사를 나누었다.

11시에 시작된 예배의 사회는 담임목사인 황민우 목사가 맡았는데 한국어와 영어를 능숙히 구사하면서 한국어를 모르는 외국인들이 예배순서를 이해하게 도와주었다. 주일 설교는 봉수교회의 장승복 목사가 맡았다.(2002년에 그는 우리들의 기도 부탁도 외면했던 사람이다) 설교에 앞서 성가대의 전주(前奏)와 함께 찬송가 434장 "나의 갈길 다 가도록"을 합창했다. 성가대원들은 젊은이들은 거의 없었고 40대 가량의 남녀 20여명으로 구성되었는데 남자보다 여자들이 더 많았으며 중년이상의 성가대인데도 화음이 너무 좋아 나는 큰 감동을 받았다. 장로 한분이 나와서 중보의 기도를 올렸는데 기도문 가운데 정치색이 전혀 없어서 또 한 번 놀랐다. 여자 권사가 나와 성경을 봉독했다.

장승복 목사의 설교 본문은 요한일서 4장 11절로 17절의 말씀인데 서울 경동교회의 故 강원용 목사님이 가장 사랑하는 성구였다. 그는 하나님의 인간을 향한 사랑은 아가페의 사랑으로서 인간의 죄를 용서하기 위해 자기 자신까지를 내준 사랑이라는 요지의 복음 메시지를 전했다. 그는 이어 우리는 이러한 사랑 속에 살면서도 그간 남북한 동포들이 서로 사랑하지 못했다고 말하고 앞으로는 6·15정신을 받들어 남북한 동포들이 사랑을 실천할 것을 강조하였다. 결론 부분에 다소 정치적 요소가 들어 있지만 나처럼 민감하지 않은 사람이라면 그냥 넘어갈 수 있을 만큼 정치색을 죽인 설교였다. 헌금위원들이 헌금을 마친 후 여신도 한분이 나와 봉헌 기도를 올렸다. 봉헌기도 후 찬송가 88장 "내 진정 사모하는"을 함께 부른 후 황민우 목사의 축도로 예배가 끝났다.

한국교회의 북한 섬김이 변화를 몰고 왔다

2002년 6월 두 번째 방북했다가 고려호텔에서 농성했던 사건을 회상하면서 이날 칠골교회에서 예배를 드리는 나의 마음은 남달랐다. 북한에서 교회가 변하고 있는 것 같기 때문이다. 황장엽 씨 같은 사람은 북한교회를 변했다고 말하는 나에게 그들의 위장전술에 속지 말라고 할 것이다. 또 북한의 대남전략에 밝은 사람들은 이 같은 예배도, 성가대도 모두 짜고 치는 고스톱이라거나 쇼로 치부할 것이다. 또 북한에도 기독교 신앙의 자유가 있는 것처럼 위장함으로써 남측 신도들로부터 많은 원조를 끌어내려는 술책으로 보는 사람도 있을 것이다.

나는 이러한 평가나 논평도 전혀 틀린 것이라고 말하고 싶지 않고 모두 타당한 근거가 있는 견해라고 말하고 싶다.

그러나 지금 북한은 50년대처럼 남침할 능력이 없고 호시탐탐 남침을 획책할 형편도 못된다. 오히려 남한에 흡수당하지 않기 위해 발버둥치고 있는 지구 최빈국가라는 사실에 주목해야 한다. 국제적으로도 고립되어 있고 남한의 도움을 간절히 바라고 있는 상황임을 주목해야 한다. 이번에 내가 직접 두 눈으로 본 사실은 북한교회 안에 김일성 부자의 초상이 걸려 있지 않고 당에서 파견한 안내원들이 교회당 안으로 들어오지 않았으며 남측의 교회와 똑같은 찬송, 똑같은 중보의 기도, 똑같은 성경을 읽고 있다는 것이다.

설교의 결론에 정치성이 다소 깃들어 있지만 그것을 우리는 '틀린 것'으로 볼 것이 아니라 우리와 '다른 것'으로 보아야 할 것이다. 우리 교회의 설교에도 정치성이 가미되기도 하고 북측을 강하게 비난하는 내용이 담겨 있음을 생각할 때 북측의 교회는 가짜 교회이고 우리의 것만 진짜 교회라는 구별법은 큰 의미가 없을 것 같다. 북한의 교회는 비록 소수가 참여하여 사회적 영향력은 미약하지만 분명히 과거와는 달라지고 있는 것 같다. 비록 작은 교회, 적은 성도가 모여 있지만 진리의 영이 그곳을, 그 사람들을 북한 복음화의 큰대들보로 세울 가능성을 우리는 부정해서는 안 될 것이다. 믿고 기도해야 한다.

이러한 변화는 남측에서 북측을 찾는 사람들이 늘어났기 때문이며 또 어렵고 힘든 이웃으로서 북한을 돕는 인도적 지원 사업에 한국의 교회가 앞장섰기 때문이다. "형제가 주리거든 먹을 것을 주고 목마르거든 마실 것을 주라", "지극히 적은 자를 돕는 것이 나를 사랑하는 것"이라는 예수님의 말씀을 한국교회가 지난 10년 동안 꾸준히 실천하고 있기 때문이다. 한국교회의 이러한 섬김이 있음으로 해서 이제 북측에서도 교회가 변하고 예배가 바뀌고 예수님 복음의 숨통이 트이고 있는 것은 아닐까.

나는 이날 예배에서 가장 놀란 것은 공식예배를 마친 후 황민우 목사가 예배에 참석한 외빈을 소개한 후 몇 사람을 지명하여 인사말을 갖게 한 순서에서였다. 맨 처음 소개된 서울 강변성결교회(성결교회의 북한선교위원장)의 L목사님은 짤막한 인사말을 통해 하나님의 은혜로 남북한 성도가 이렇게 서로 교통하게 된 것을 감사한다고 했다. 뒤이어 기아대책의 정정섭 이사장이 등단, 예수님을 섬겨 자기 집안이 복을 받아 9남매 형제들에서 자기 아버지의 손자들이 200명이 넘게 되었다고 자랑하고 하나님 은혜로 자기 가정도 잘 되었고 한국이 세계에서 열한 번째로 잘 사는 나라가 된 것도 하나님 은혜라고 말했다. 나는 정정섭 이사장의 인사말을 들으면서 머리끝이 쭈뼛했다.

왜냐하면 오늘날 북한이 개혁개방을 하지 못하는 가장 큰 이유가 중국이나 미국이 아닌 남한이 북한보다 훨씬 잘 산다는 사실 때문인데 한국이 잘 산다는 이야기를 공공연히 발언한다는 것은 북쪽 사회로서는 타부를 건드린 것이기 때문이다. 그러나 그의 발언이 끝난 후 아무 일없이 성도들의 박수를 받으면서 그가 하단했다. 나는 안도의 한숨을 내쉬었다. 정말 북한의 교회가 변하고 있는 것일까. 혼자 입속으로 이 말을 되씹으면서 하나님의 은혜로 북한 교회가 좀 빨리 변했으면 하는 기원이 담긴 상념에 잠기기도 했다.

"우리 민족끼리"라는 말 속에 담긴 속내는

우리 일행은 북한에서 매일 최고급이라고 해도 과언이 아닐 만큼 값비싸고 질 좋은 식사를 했다. 조찬은 호텔에서 한식으로 하지만 서울

일류 호텔의 한식에 못지 않았고 값도 비싼 편이다. 점심이나 저녁도 우리가 이번에 방문했던 협동농장이나 국영농장에서 조합원들이 직접 만든 요리가 아니고는 예외 없이 북한인들이 출입하기 힘든 외화로 식대를 지불하는 식당으로만 안내되었다. 대성식당, 은반식당, 안산관, 민족 식당 등이 모두 여기에 해당한다. 다만 옥류관에서 냉면을 먹는 경우만이 북한 사람들과 어울릴 자리지만 식당에 온 북한 사람들의 얼굴만 볼 뿐 그 사람들과 대화할 수는 없었고 식대도 다르다고 한다.

이런 접대방식을 이해할 수 없는 것은 아니다. 손님들을 좋은 식사로 잘 접대하여 북한에 대해 좋은 인상을 갖게 하기 위한 것이라고 할 수 있다. 그러나 북한을 찾은 한국 사람들을 다른 외국인들보다 더 불편하게 차별화하고 한국 사람들의 북한 사람 접촉을 차단, 대화할 수 없게 하고 북한 당국이 접촉을 허가한 소수사람들만 만나게 하는 것은 어떻게 해석하더라도 "우리 민족끼리"라는 표현을 쓰기에는 부적절하다. 다른 외국인들에게 허용하는 휴대폰을 한국 사람들에게서는 공항에서 수거해 가고 한국으로 국제전화를 걸 수 없고 인터넷 사용도 불가능하며 여권마저 없기 때문에 안내원을 동행하지 않는 한 일체 바깥출입이 차단되는 한국인 처우가 과연 "우리 민족끼리"라는 표현이나 "민족공조"론에 합당한 것인가.

북한에도 국제기구에서 파견된 사람들이 적잖게 와 있고 각국 공관 사람들도 북한에서 직원들과 함께 살고 있다. 그들은 북한 사람들과 만나 대화할 수도 있고 상담도 한다. 그러나 한국 사람들에게는 북한 사람들과의 자유로운 접촉이나 상담이나 대화가 통제, 차단되고 있다. 한국에는 북한을 돕는 NGO단체가 50여 개 있으며 매년 이들은 정부에 못지않게 기부자들을 통해, 또는 정부와 제휴하여 북한을 돕고 있지만 평양에 NGO 관련 연락사무소 하나도 설치가 허용되지 않는다.

오직 북한을 방문하려면 그 쪽의 초청장이 있어야 가능하며 그 쪽이 비토 하는 사람은 북측의 쪽지비자조차 받지 못하기 때문에 방문할 수 없다. 한국을 이렇게 대접하면서도 말끝마다 북측 지도급 인사들은 "우리 민족끼리" 잘 해보자는 말을 구두선처럼 되뇐다.

북한을 여행하면서 가장 마음 아픈 일은 우리가 만나는 북한 민간인 들에게 말을 걸어도 응대하지도 않고 오히려 외면한다는 사실이다. 사정을 알아보면 그들이 우리를 싫어해서가 아니라 남쪽에서 온 사람 들과 무슨 말을 했느냐고 다그침을 당하거나 대화내용을 보고해야 하 는 불편을 피하기 위해서라는 것이다. 한국과 한국인을 이처럼 경계하 고 차별하고 대민 접촉을 차단하면서도 북측이 "우리 민족끼리"를 줄 곧 강조하는 까닭은 무엇일까.

통신, 통행, 통상의 3통 협정을 빨리 추진하자

나는 5월 22일 밤 평양을 떠나기 하루 전날 밤 내가 주최한 송별만찬 석상에서 북측 책임자(민화협 부회장)에게 평양방문에서 가장 불편한 점으로 병중인 아내에게 전화로 진찰 결과를 물을 수 없었고 이메일을 통해 나에게 연락해 오는 사항을 하나도 체크하거나 회신할 수 없었다 는 점을 지적하고 말이 나온 김에 한국 NGO들을 위한 연락사무소의 평양설치 문제를 제기하면서 이런 문제점을 곧 해결해 달라고 요구했 다. 북측의 답변은 아직 남북한 간에 통신협정이 없어 그런 애로가 있다고 말하고 앞으로 연구해서 순차적으로 풀어가자고 답변했다.

그러나 북측은 그들이 쌀이나 비료가 필요할 때는 통신협정이나 통 행협정이나 통상협정 같은 3통 협정이 없더라도 그들의 필요를 해결 해 왔다. 또 한국의 NGO단체들에게 필요한 물자를 지원받기 위해서는 필요한 연락은 물론 수송도 지원해주고 필요한 물자를 사고파는 통상에도 응하고 있다.

북한은 1992년 남북한이 합의하여 발표한 한반도 비핵화선언을 2006년 10월 핵실험을 통해 일방적으로 파기했다. "우리 민족끼리" 행한 합의를 일방적으로 파기한 것이다. 그러면서도 남북장관급회담에서 한국 측이 대북 식량지원을 6자회담에서 합의한 2·13조치의 제1단계조치의 이행 즉 북한 핵 폐기의 제1단계조치에 연동시키자 그들은 식량원조는 인도적 지원이며 이 문제를 핵문제에 연결시키는 것은 "우리 민족끼리" 잘 해보자는 6·15정신에 맞지 않는다고 화를 낸다.

또 제19차 남북장관급회담에서 미사일 발사에 항의, 쌀과 비료지원을 우리정부가 유보하자 그들은 대항조치로 이산가족상봉을 거부하였다. 이런 경험에서 보면 북측이 말하는 "우리 민족끼리"라는 주장은 남한으로부터 필요한 도움이나 지원을 받을 때 쓰는 명분일 뿐 실질적으로 남북을 하나 되게 하면서 단절된 혈맥을 잇자는 의미의 "우리 민족끼리"가 아님을 알 수 있다. 남쪽에 대해서는 여유 있는 쪽이 그렇지 못한 북쪽과 나누자는 의미이고 북한 주민에 대해서는 남한의 원조를 받아들이는 것을 정당화하는 명분으로 이용하며 친북세력들에게는 반미자주통일운동에 협력하자는 다목적 구호인 것 같다.

가두구호로 본 북한정권의 당면 목표

나는 북한지역을 다닐 때마다 유달리 공공건물이나 대형건물에 부착되어 있는 현수막이나 구호에 남다른 관심을 갖는다. 북한정권이 그때 그때마다 역점을 두는 주민들을 향한 정치교육의 목표가 잘 나타나 있기 때문이다. 평양에서는 걷기보다는 주로 자동차로 이동하기

김정일 예찬 현수막

때문에 도시의 이곳저곳에 걸려 있는 수많은 현수막이나 선전포스터, 플래카드를 주차간산(走車看山)식으로나마 많이 볼 수 있다. 선전구호의 내용들은 내가 여행했던 지난 7년 기간 동안 전혀 변하지 않는 것과 간혹 내용이 달라지는 것을 엿볼 수 있는데 "김일성 수령 동지는 우리와 영원히 함께 계시다"는 구호는 항상 북한 지역의 어느 것에서나 가장 많이 볼 수 있고 도시, 농촌을 가릴 것 없이 전국 방방곡곡에 부착되어 있다. 이 구호는 현수막으로 걸려있기보다는 벽에 새겨 있거나 탑으로 세워져 있고 건물에 그대로 각인되어 있는 경우가 대부분이다. 두 번째로 많은 구호는 "김정일 동지를 수반으로 하는 혁명의 수뇌부를 목숨으로 사수 옹위하자"는 것이다. "21세기의 태양 김정일 동지를 옹위하자"거나 사수하자는 내용이 김일성 주석 영생(永生)론 다음으로 가장 많이 눈에 띄는 구호이다. 또 도처에 선군의 위업을 다지는 구호들이 세 번째로 많았다. 2002년도에는 "가는 길 험난해도 웃으며 걷자"는 구호도 가끔 볼 수 있었는데 요즈음에는 잘 안보이고 간혹 보이는 구호가운데는 경제발전을 강조하는 내용으로 "공동사설에서 밝힌 과업을 완수하자"거나 "경제 강국 건설에서 일대전환을 이룩하자"는 구호가 몇 군데서 보였으며 "뜻 깊은 올해 경제건설과 인민생활 향상에서 혁명을 일으키자"는 구호는 딱 한군데 붙어 있었다.

작년 10월 핵실험 이후 선군정치의 위업을 치켜세우면서 핵실험 성공을 자찬하는 구호가 범람했다는 외신보도를 확인하기 위해 주의 깊게 살펴보았으나 가두선전탑이나 현수막 플래카드 가운데 핵무기를 암시하거나 알리는 것은 하나도 없었다. 핵의 "ㅎ" 자도 보이지 않았다.

북한이 추구하는 절대가치는 김정일 체제를 수호하는 것

가두구호를 분석하여 북한정권이 현시점에서 추구하는 목표를 도출한다면 그것은 한 마디로 김정일 정권, 김정일 체제를 수호하자는 것이며 이는 지난 7년 동안 일관되게 추진해온 목표라고 볼 수 있다. 나는 이번 여행을 준비하면서 북한이 핵실험에 성공했고 또 미사일 분야에서도 큰 발전을 이루었기 때문에 주민들의 사기가 크게 올라가서 그 어느 때보다도 자신감이 활활 넘칠 것으로 기대했었다. 그러나 내 눈에 보이는 것은 작년보다 더 다운된 분위기였다. 지금 북한 주민들이 필요로 하는 것은 핵무기나 장거리 미사일이 아니라 식량과 의약품과 에너지라는 이름의 연료와 땔감이다. 의식주 생활이 날로 악화되는 상황에서 핵실험이나 장거리 미사일을 앞세운 4 · 25기념 퍼레이드(인민군창설기념일)가 북한 주민들에게 무슨 의미가 있겠는가.

북한 지도부도 개혁개방을 하면 북한 주민들의 생활이 현재보다 향상되고 오늘의 중국이나 베트남에 못지않게 잘 살 수 있다는 것을 모를 리 없다. 그러나 북한 지도부는 개혁개방의 결과로 나타날 체제위기가 인민생활 향상보다 더 큰 걱정거리가 된다. 미국이나 중국이나 일본이 그들보다 잘 산다는 것은 역사적으로 그래왔기 때문에 그렇다고 치더라도 한국이 지금 세계 13위의 경제대국이 되어 있는 터에 자신들은 지구 최빈국의 하나로 전락, 세계 각국의 구호물자로 삶을 이어간다는 사실이 주민들에게 노출되는 것만은 꼭 피하고 싶을 것이다.

또 분단 후 반세기동안 북한 주민들에게 북한정권이 심어준 통일관, 즉 미 제국주의 침략자들의 강점 하에서 헐벗고 굶주리는 남조선인민을 해방하자는 통일관을 앞으로 어떻게 설명해야 할 것인가. 어디 이뿐인가. 북한이 오늘날 미국과의 관계개선에 목을 매고 있는 현실을 어떻게 설명할 것인가. 남한이 정치, 경제, 외교에서 단연 북한을 앞서가고 있다는 사실이 북한 동포들에게 알려지는 일만큼 고통스러운 일은 없을 것이다. 이래서 지금의 북한은 개혁개방을 회피하고 있는 것이다.

그러나 오늘의 북한은 그들 나름대로 상황을 점진적으로 잘 풀려고 노력하는 것 같다. 우선 "우리 민족끼리"와 "민족공조"론을 내세워 남한으로부터 오는 원조물자의 라벨을 떼지 않고 그대로 주민들에게 나누어주고 있다(그러나 뗄 수 있는 것은 떼지만 기계류는 쇠로 각인되어 뗄 수 없는 것이 많다). 같은 동족이니까 서로 나눌 수 있다는 주장의 명분이 "우리 민족끼리"로, "민족공조"론으로 포장되는 것은 바람직하다.

농촌에 가보아도 많은 농기구들이 남한에서 만든 것임을 곧 알아볼 수 있도록 라벨이나 철인이 그대로 부착되어 있다. 그 대신 남조선인민해방이라는 구호는 상당히 오래전에 지하로 잠복해 버렸다. "우리 민족끼리"를 말하는 동안에는 남조선해방론은 등장하지 않을 것 같다. 남한이 더 잘 산다는 것을 충격 없이 받아들이도록 주민에게 면역력을 길러주는 구호가 우리 민족끼리를 내세우는 이유의 하나인지도 모른다. 인민생활 향상을 강조하는 구호가 수령님의 "영생"론이나 정권수호론 보다 더 중요해지는 시절이 언제쯤 북한 땅에 찾아올 것인가. 해묵은 숙제가 다시 마음을 심란케 한다.

모내기 안하는 복토직파농법의 정체

많은 농업전문가들은 논밭을 바로 파서 볍씨를 심고 모내기를 하지 않아도 벼가 잘 자라 높은 수확을 내는 농법을 오래전부터 연구해왔다. 특히 한국에서는 해마다 농업인구가 줄어들고 최근에 와서는 농촌인구가 전체인구의 4.7%로 줄어들고 또 농촌에서 60대가 최연소로 불릴 만큼 농업종사자의 수가 줄어들면서부터 직파농법의 필요성은 격증되었다. 그러나 여러 가지 형태의 직파농법이 발표되고 시험되었으나 번번이 실패를 거듭했다. 때문에 직파농법에 대한 신뢰도 줄어들고 역시 쌀농사는 모내기를 해야 벼도 튼튼히 자라고 소출도 는다는 역사적 경험이 주류를 이룬다.

이 결과 대형 농기구 회사들은 모내기를 도울 이앙기를 개발하여 농촌 일손을 도울 방법을 제시하고 있다. 그러나 이런 와중에서 한국 농촌진흥청 산하 농업학교의 박광호 박사는 새로운 형의 직파농법을 개발, 실험에 성공하였다. 즉 트랙터에 12개의 날이 붙은 직파기를 부착한 후 날 하나가 논을 3.5cm씩 파고 그 골에 볍씨를 심고 규산질 비료를 뿌린 후 흙으로 덮어 주는 방식인데 트랙터마다 12개의 날이 이런 작업을 동시에 수행하기 때문에 짧은 시간에 적은 인원으로 많은 면적에 벼를 심을 수 있다. 이 농법은 볍씨가 깊이 심어져서 싹이 나오고 사전에 깊이 뿌려둔 비료가 유실되지 않음으로 해서 모내기를 하지 않아도 벼줄기가 튼튼히 자라 병충해에 강하고 소출도 많아진다는 것이다.

박광호 박사의 복토직파농법은 국내의 대형 농장들에서 실험재배에 성공, 경기도와 경상도 지방에서 실용화되었다. 그러나 이 농법이 환영받는 것만은 아니다. 우선 전통주의자들은 모내기 없는 농사의 실효성을 의심했고 이앙기를 대량 생산해둔 농기구 회사들은 이앙기의 판로가 막힐 것을 우려, 복토직파농업을 신뢰할 수 없다고 비난하고 있다. 또 비닐 방막업체들 역시 모내기를 하지 않을 경우 방대한 농촌시장을 상실하기 때문에 직파농법에 반기를 든다. 그러나 중국의 후진타오 주석은 복토직파기를 대 아프리카 원조외교에 활용하고 있다. 즉 복토직파기를 생산한 한국의 금강기건과의 기술제휴로 중국에서 만든 복토직파기를 아프리카의 카메룬에 농업원조로 제공하였다.

북한에서 확산되는 복토직파농법

우리 일행은 방문 3일째 되는 날 약전리 농장과 순안 국영농장 방문길에 나섰다. 비교적 이른 시간이었는데도 이곳저곳의 밭에서는 농부들의 일손이 분주히 움직이고 있었다. 농부의 곡괭이들이 봄의 대지를 찍는 순간 놀란 흙덩이들은 이리 튀고 저리 튀었다. 여자들은 3인 1조가 되어 쟁기질해서 뒤엎어 놓은 밭두렁에 골을 내는 가래질에 여념이 없었다. 배토기만 한 대 있으면 전근대적인 가래질을 하지 않아도 몇 정보의 논이나 밭의 고랑을 내는 것은 문제도 안 될 터인데 이곳은 가래질 이외의 다른 대안이 없는 것 같다.

그간 북한의 식량난을 돕기 위해 어린이를 위한 식빵공장을 운영해오고 있는 한민족복지재단은 북한 농촌이 한 면(面)을 단위로 하는 협동농장체제이고 협동적 소유형태이기 때문에 논두렁이 적고 경지정리

약전리 농장의 오찬

가 비교적 잘 되어 있다는 사실에 착안, 북한에 복토직파법을 소개했다. 북한에서는 농업부 주관으로 농업전문가들의 토론을 거쳐 평안남도 숙천군 약전리 협동농장에서 처음으로 복토직파농법을 시험하기로 했다. 박광호 박사와 김포에서 복토직파에 성공한 기업농 대표인 C사장 등이 직접 북한을 방문, 약전리 협동농장의 직파농법의 시행을 지도하였다. 한민족복지재단은 그간 거출된 기부금을 이용하여 광주광역시 하남공단의 금강기건이 생산하는 직파기와 트랙터를 구입, 지원하고 필요한 농약과 비료도 지원해 주었다. 이 결과 2006년도에 약전리 협동농장은 농업생산에서 최대의 명예인 조선노동당 중앙위원회, 최고인민회의 상임위원회, 조선민주주의 인민공화국 내각이 공동으로 수여하는 농업생산 대상을 획득했다. 동시에 북한 농업성은 복토직파농법을 북한의 순안 국영농장에도 실시하자면서 재단에 지원을 요청했다.

우리 일행은 작년도에 이 협동농장에서 탄 우승기를 게양할 깃봉이 없다고 해서 이번에 오면서 서울에서 깃봉을 사들고 와서 기를 걸어주었다. 약전리 협동농장 관계자들은 우리 일행이 가져온 깃봉에 농업 대상기를 꽂고 우리 일행을 열렬히 환영하면서 금년에도 작년 같은 성과를 올려 연 3승을 해야 이 대상기를 협동농장이 영구히 소유하게 된다면서 금년 농사도 작년에 못지 않게 성공하도록 지원을 요청했다.

북한 농업성에서도 국장이 나와 지난해의 성과를 평가하고 금년 농사의 성패는 비료지원이 가능하냐에 달려 있다면서 비료원조를 간곡히 부탁했다. 나는 한국정부에서 비료지원을 하고 있지 않느냐고 묻자 약전리 농장이나 순안국영농장에는 필요량의 50% 정도 밖에 배급되지 않기 때문에 이 두 농장을 지원하려면 각각 비료 2백 톤씩의 비료가 더 필요하다면서 비료지원을 거듭 간곡히 요청했다.

약전리 협동농장과 순안 국영농장은 자체 식당에서 직접 만든 음식으로 우리 일행을 접대해주었는데 정말 맛있는 오찬이었다. 특히 약전리 농장의 봄나물과 토종닭 요리, 그리고 토장국 찌게는 오래 기억날 만큼 맛있었다. 그러나 도와달라는 비료의 양이 대접받는 식사 값 보다 너무 무거워서 입맛을 체감시켰다. 약전리 농장 주변이나 순안농장 인근에서는 5월 21일부터 시작되는 모내기 전투에 농민들이 동원되고 있었다. 이곳 평야는 열두 삼천리벌이라고 불리는 평야지대로 경지정리도 잘 되어있고 땅이 기름져 논두렁에도 콩을 심는 등 협동농장 단위로 열심히 농사에 매진하는 곳이다.

모내기가 한창인 들녘에는 경사(慶事)를 알리는 붉은 기들이 이곳저곳에 길게 꽂혀있고 갓 심은 모들이 삶의 의지를 나타내는 듯 실바람에 흔들리면서 자라고 있다. 형형색색의 옷을 입은 아낙들이 허리를 굽히고 모내기를 하는 모습이 안쓰러웠다. 모내기전투에 동원된 농민들이 모내기를 마친 후 점심이나 제대로 먹을 수 있을지가 걱정되어서

다. 한국에서는 집에서 해내는 새참과 막걸리가 있어 모내기 날이 경사가 되는데 자기 집 농사일이 아니고 협동농장의 모내기전투에 참가한 사람들에게 누가 새참을 마련해줄까. 공유지의 비극(tragedy of the commons)을 맛보지나 않을지 걱정이 머리를 스친다.

약전리 농장은 북녘에서는 비교적 잘 나가는 협동농장이지만 작년에 처음 가 보았을 때나 올해나 달라진 것은 하나도 없었다. 60년대에 지었다는 문화주택으로서의 농가들은 여전히 유리창 하나 없이 초췌한 모습 그대로였다. 다른 농장들도 조금도 변하지 않고 있다. 여전하다는 것은 변화와 진보가 없다는 말이고 다른 나라들의 발전에 비추어 보면 뒷걸음질하고 있는 것이다.

북한을 돕는 재단의 무기는 기도뿐이다

두 농장을 방문하고 돌아오는 우리들의 발길은 무거웠다. 4백 톤의 비료를 어떻게 확보하며 비료 값보다 더 비싼 해상 운임료는 어떻게 마련해야 할 것인가. 한민족복지재단은 돈이 있어 세워진 재단이 아니다. 북한 사람들을 섬기기 위해 기도하면서 세워진 재단이다. 새로운 기도 제목이 생겼으니 또 기도하면서 구해야 한다.

그러나 농사철에 실기하지 않고 보내야 한다는 생각에 마음과 머리가 무겁기만 하다. 얼마 전까지 만해도 북한 사람들은 우리에게 무엇인가를 부탁할 때 넌지시 암시하듯 했으나 요즈음에는 노골적으로 간절히 도와줄 것을 호소해 온다. 아마도 경제사정이 더 악화되어 있을지도 모른다. BDA사건 이후 일본 조총련으로부터 들어오던 돈이 차단되었고 외국에서 받아야할 수출대전이 국제금융기관들의 송금협력 거부로 제대로 북한은행에 도착하지 않는 어려움을 겪는지도 모른다.

어떻든 북한의 경제현실은 외견상으로 보면 분명 더 나빠져 있는 것 같다. 어떻든 우리가 맡은 비료지원이라는 숙제를 해결, 북녘 동포들의 먹고사는 문제해결에 우리 재단이 좀더 크게 쓰임 받기를 기도할 뿐이다.

일요일의 모란봉에서 보고 느낀 것들

5월 20일 오후 우리 일행은 칠골교회에서 예배를 마친 후 평양이 자랑하는 옥류관에서 냉면으로 오찬을 했다. 1인당 물냉면 100g과 쟁반 100g씩을 먹은 후 대동 강변을 조망하면서 모란봉으로 올랐다. 옥류관 앞에 냉면을 먹기 위해 북적대고 있는 인파를 멀리하면서 우리 일행은 모란봉 정상을 향해 발길을 옮겼다. 모란봉 입구에는 예년에 보지 못했던 노점상들이 있었고 그곳에 모인 사람들은 아이스크림이나 음료들을 사서 드는 모양이었다. 나는 안내원에게 저 노점상이 무엇이냐면서 혹시 북녘 땅에서 앞으로 시장경제의 기수가 될 사람들이 아니냐고 물었다. 그는 웃으면서 협동가내반(協同家內班)에서 운영하는 이동매대(移動賣臺)라고 말했다. 그런데 이동매대 옆에도 더 작은 규모의 노점상들이 눈에 띄었다. 이동매대는 약전리 같은 시골농장 부근만이 아니라 점점 도시로도 확대되는 모양이다.

유원지로 변한 모란봉 일대에는 휴일을 맞아 가족들과 함께 냉면을 먹은 후 휴식을 취하는 사람들도 보이고 또 그룹별로 놀러 와서 불고기를 구우면서 술도 마시는 사람들이 군데군데 보였다. 또 우리 일행 중에서 TV 프로덕션을 운영하는 젊은 사장 한분이 그들 틈으로 접근, 술 한 잔에 고기 한 점을 안주로 대접받고 왔다. 정말 서울의 야외에서 볼만한 광경이다. 모란봉 일대에는 북한의 화가들이 이곳저곳에 화판을 차려놓고 앉아 그림그리기에 열중이었다. 그린 그림을 팔기도 한다는데 말을 건네지는 않았다. 모란봉에는 을밀대, 최승대, 현무문들이 있어 그림의 소재로 좋은 탓인지 주로 풍경화를 그리고 있었다.

외국 손님들이 많이 오는 곳이기 때문에 일부러 이러한 세팅을 해둔 것인지 아니면 자연발생적인지 구별되지 않았다. 우리가 들어 알고 있는 북한 정보와 어울리지 않는 광경을 만나면 으레 이런 의문이 생기기 마련이다. 그러나 이들의 표정이나 안내원의 설명을 들으면 주말이나 휴일에 가족과 함께 이 정도의 나들이는 평양에서는 가능하다는 것이다. 그것이 사실이라면 오죽 좋으랴.

모란봉의 높은 곳에 을밀대가 있다. 나는 여러 차례 이곳을 다녀갔기 때문에 별 감흥이 없었지만 처음 오신 분들은 앞 다퉈 사진 찍기에 바빴다. 을밀대에서 내려다보이는 5월의 대동강 경치는 정말 수려했다. 멀리 능라도와 양각도가 물 위에 둥실 떠 있고 두루미가 많다는 두루섬은 보이지 않지만 대동강의 한 부분을 장식하고 있을 것이다. 인민학습당, 주체탑 등의 건물사이에 숲들이 우거져 산에서 내려다보는 5월의 평양은 참으로 화려했다.

우리 일행은 시내로 들어오면서 평양산원(産院) 앞을 지나게 되었다. 안내원이 재미있는 이야기를 꺼냈다. 이쪽 여자들은 딸을 많이 낳기 때문에 평양 산원의 앰불런스가 시내를 질주하면서 내는 소리를 평양사람들은 "또 딸, 또 딸"하면서 달린다는 것이다. 아들 선호사상은 여기서도 강한 모양이다. 그러나 다행이다. 남한에서는 초음파 검사로 아들과 딸을 미리 식별하여 아들만을 골라 낳는 잘못으로 여자아이가 줄고 있는데 아들을 선호하면서도 초음파 검사시설이 없어 딸의 수효가 남자보다 많아진다니 통일을 생각할 때 얼마나 다행인가.

평양의학대학의 달라진 모습을 보면서

한민족복지재단이 진행해온 북한 사역은 크게 세 가지로 나누어 볼 수 있다. 맨 처음 시작한 것이 평양 동성동에 세운 빵 공장이고 하루에 150g짜리 소보루 빵을 매일 15,000개씩 생산, 탁아소에 보내 무료급식을 지원하는 사업이다. 지금은 시설 교체를 위해 공사 중이다. 둘째는 북한 협동농장 복토직파사업 지원이다. 셋째는 평양의학 대학 부속병원에 신장센터를 건립한 것이다. 신장센터 건립에 앞서 복강경수술기, 혈관내시경 촬영기, CT설비를 지원해 주었고 소아과 병동의 침실, 취식기구도 지원해 주었다. 평양의학대학 병원에 설치된 인공신장센터는 투석이라는 어려운 표현을 쓰지 않고 혈액정화실이라는 쉬운 표현의 간판을 달았는데 너무 산뜻하게 정돈되어 도움을 제공한 우리 모두의 마음을 흐뭇하게 했다.

그러나 이보다 더 기쁜 것은 한민족복지재단의 윤종극 이사(충현교회 안수집사이며 영동 CBMC부회장)가 거금 3억 원을 들여 평양의학대학의 창틀 공사를 마친 것이다. 평양의학대학은 일제 강점기 때 서울의대와 함께 건립된 평양의전의 후신인데 너무 장기간 방치된 까닭에 창틀이 모두 망가져 병원이라고 말하기 힘든 몰골이었다. 그러나 이제 창틀을 다 끼워 단장하고 보니 옛 평양의전의 모습이 되살아났다. 평양의대 병원 부원장은 창틀을 고치고 보니 병원 모습이 전보다 더 좋아졌으나 외관이 너무 낡아 페인트칠이라도 했으면 좋을 것 같다는 희망을 말했다. 그러나 병원이 당면한 급선무는 페인트보다는 신장이나 심장수술에 필요한 소도구 부족을 메워 주고 필수불가결한 의약품을 확보하는 일이다. 평양의학대학 병원은 그들이 필요로 하는 의약품 리스트를 기록한 노트를 재단에 제출했다. 이 약품을 지원하는 문제도 우리의 새로운 기도제목에 포함되어야 한다.

타워 크레인은 한국이 지원하는 공사 현장에만 걸려 있다

병원 방문을 마치고 나온 우리 일행은 처음 평양을 방문한 사람들을 위해 시내 드라이브를 하면서 평양 시내의 이곳저곳을 둘러보았다. 낮 시간의 평양 시내는 인적이 드물 만큼 조용했고 도로에는 차량통행도 적어 양장한 여자 교통순경이 차를 반갑게 맞이할 만큼 한산했다. 모든 대도시들은 도로공사나 수리, 재개발, 신축공사 등으로 교통체증이 끊일 날이 없다. 서울, 동경, 북경이 아마 이런 소음과 체증의 대표적인 도시일지 모른다. 그러나 평양은 예외다. 발전하는 대도시의 특징인 건설현장의 타워 크레인이 거의 눈에 띄지 않는 것이다. 수년 동안 크레인만 걸려 있을 뿐 공사에 아무 진척도 없는 평양의 괴물 유경호텔을 제외한다면 지금 우리 눈에 보이는 타워 크레인은 세군데뿐이다. 한국의 대북지원 NGO인 어깨동무가 지원하는 평양의학대학 부설 소아과병원 신축공사 현장, 통일교에서 신축중인 21세기 국제평화센터 공사현장, 그리고 낙랑구역에 기아대책이 추진하는 인민병원 공사현장이 그것이다. 모두 한국에서 지원하여 세우는 건물공사장들이다.

나는 안내원에게 지금 평양에는 전에 있던 장마당을 폐쇄했다고 하는데 사실이냐고 물었다. 그는 정색을 하면서 종래 자연발생적으로 생겼던 장마당을 이제는 국가가 그대로 인정, 수용하여 평양 15개 구역에 구역별로 시장을 열어 운영하고 있다고 말했다. 한번 가 볼 수 없느냐고 물었더니 차로 중구 시장 밖을 돌면서 이곳이 시장이라고 소개하고 그러나 들어가는 것은 곤란하다면서 딱 잘라 거절했다. 중부 시장이라고 쓰인 간판 밑 건물 속으로 사람들이 들락거리는 모습을 밖에서 보았을 뿐 시장 내부는 구경하지 못한 것이 못내 아쉬웠다. 현 서울 크기의 넓이이면서도 인구 200만밖에 살지 않는 평양의 외관은 정말 공원 속에 세워진 도시였다. 나는 평양이 서울처럼 복잡하지도 않고 교통체증도 없는 공원도시로 계속 남아 있기를 바란다. 또 겉모양만이 아니라 내실 있는 지구촌 도시의 하나로 발전하기를 바란다. 동시에 배고픔도 없고 인권이 숨 쉬고 누구나 하나님께 자유로이 찬송하고 경배할 수 있는 도시로 변하기를 더욱 간절히 기도한다. 우리 힘이 아닌 하나님의 놀라운 은사로 평양이 변하는 날을 기대하면서 4박5일의 짧은 여정의 일기를 맺는다.

제7장 통일꾼의 외침 -시국칼럼

3단계 통일론, 국민합의 거쳤나 한반도 비핵화만이 통일의 진을 연다 통일비전의 공유가 시급하다 중식식 사회주의와 북한식 사회주의 중국식 개혁개방은 가능한가 신중히 접근해야할 대북송전 제안 "맡겨놓은 물건 내 놓으라"는 식의 남북협력을 지양하라 정부는 대북 경협의 전면유보로 핵 보유선언에 맞서라 국제 제제 없이 북핵 해결은 불가능하다 지금이야말로 6·15선언을 즉각 폐기해야 할 때다 한중공조로 북핵 폐기를 촉진하자 평양이 노리는 노무현 대통령과의 정상회담

'3단계 통일론', 국민합의 거쳤나

(동아일보, 2001년 10월 14일)

우리 사회의 통일논의는 북한에 대한 퍼주기 문제나 "햇볕"론의 효용을 둘러싸고 전개되고 있다. 그러나 정부는 이런 논의의 핵심은 개의치 않고 김대중 대통령의 '3단계 통일론'을 펼치는 데 주력하고 있는 것 같다.

김 대통령의 3단계 통일론의 1단계는 남북연합단계로 남북한이 남북연합(1민족, 2국가, 2체제, 2독립정부, 1연합)에 합의하고 이를 토대로 남북정상회의와 각료회의를 정례화하면서 남북연합회의를 열어 분단 상태의 평화적 관리와 교류와 협력을 실시한다는 내용이다. 1단계가 10여년 계속돼 민족동질성과 신뢰가 회복되면 2단계인 1민족, 1국가, 1체제, 2지역자치정부를 골자로 하는 연방제를 실시하고 3단계에서 완전통일국가를 이룩한다는 것이다.

남북연합단계는 정부안인 '민족공동체 통일방안'에도 들어 있다. 그러나 차이점은 정부안이 연합단계를 화해협력단계를 거친 이후로 가정하고 연방단계를 생략했지만 김 대통령은 1단계를 연합단계로, 2단계를 연방단계로 정한 점이다.[1]

김 대통령은 현시점에서 남북관계를 연합단계로 끌어올리는 데 대북정책의 중점을 두고 있다. 이를 위해 김 대통령은 남북정상회담 이

---

1) 조국통일범민족연합 남측본부는 2001년 5월 13일자 성명[6·15남북공동성명으로 연방조국통일건설은 시작되었다]에서 한국정부가 말하는 국가연합은 통일방안이 아닌 분단고정화정책이라고 주장하고 있다.

후 '북의 낮은 단계의 연방제와 남의 연합제간의 공통성이 있음'을 인정했다. 이후 여러 차례 남북장관급회담을 열었고 남북정상회담의 정례화를 위해 북한 김정일 국방위원장의 답방을 부단히 촉구해 왔다.

남북연합회의를 유도하기 위해 각계각층 인사들의 '8·15 평양축전' 참가를 허용하고 남북의 노동자단체들이 금강산에 모여 통일노동자회의를 구성하고 북의 연방제 주장과 유사한 통일강령 채택을 묵인했다. 김 대통령은 재임 중 연합단계가 실현될 것으로 전망하고 이런 정책을 밀고 나갈 주체세력과 후계자 문제를 염두에 두었을 것이다.

그러나 김 대통령의 연합단계 진입 노력은 난관에 부닥쳐 있다. 우선 북한이 김 대통령의 연합단계를 연방제의 아류로 받아들이고 있다. 여기서 국민적 오해와 저항의 소지가 생긴다. 둘째, 민족공동체 통일방안이 국가 차원의 공론화 과정을 통한 의견수렴의 산물임에 비해 3단계 통일론은 국민적 공감대 형성과정이 부족했다. 셋째, 통일과정이 단계적으로 전개된다는 것은 논리적 가정일 뿐이다. 연합단계 이후 연방으로 갈지, 내전이 일어날지도 불분명하다. 넷째, 3단계 통일론은 통일체제가 지향하는 가치에 대해 중립적이다. 이 점에서 통일체제의 가치를 중시하는 사람들에게 의구심을 갖게 한다.

김 대통령의 3단계 통일론은 냉전 상황에서 불가능하게만 보이던 평화통일을 가능성 있는 비전으로 논리화한 구상의 하나이며 본질은 희망론이다. 이에 집착해 복잡한 한반도 상황을 해결하려는 것은 무리가 아닐 수 없다. 중국식 개혁 개방을 거부하며 '우리식 사회주의'만 고집하는 북한과, 북한에 대해 우리 국민이 갖고 있는 좌절감, 주변국들의 상충되는 이해를 극복하려면 새로운 차원의 통일방책이 요구된다.

통일에는 훌륭한 지도자가 필요하지만 그에 못지 않게 중요한 것은

지도자 한 사람의 집념이 아니라 국민적 합의에 바탕을 둔 힘과 지혜
일 것이다.

한반도 비핵화만이 통일의 길을 연다

(월간 憲政誌 2007년 1월호)

북한은 6·15선언을 남북화해와 교류협력이 아닌 한국내정에 간섭하는 명분으로 악용하고 있다.

2007년 1월 1일 북한은 그들의 공동사설 형식의 신년사를 통해 "한나라당을 비롯한 남측의 보수반동세력이 6·15통일시대의 흐름을 가로막고 재집권의 야망을 실현하기 위해 피를 물고 날뛰고 있다"고 비난하고 특히 지난 4일에는 북측의 조국평화통일위원회가 "한나라당 재집권은 남조선 내부문제만이 아니다"면서 "통일운동단체들이 6·15민족공동위원회를 모체로 하여 (중략) 남조선에서 반보수 대연합을 결성, 친미반동 보수세력을 짓부수라"고 선동했다.

북한은 이처럼 6·15선언을 들먹이면서 전례 없이 남한 내정에 간섭해 오고 있는데 이 추세를 방치하면 조만간 "6·15선언"의 "우리 민족끼리"를 명분으로 한국이 북한의 핵우산 밑으로 들어오라고 요구할지도 모른다.

현재 북측이 내세우는 6·15선언은 김대중 전 대통령이 김정일과의 평양회담 후 국민들에게 밝힌 선언과는 뉘앙스가 다르다. 김 전 대통령은 "이제 한반도에서 전쟁의 위험은 완전히 사라졌고 김정일 위원장은 통일 후에도 미군의 한국주둔을 양해했다"고 밝혔다.

또 조만간 북한도 중국처럼 변화할 것이고 그 변화의 연장선상에서 평화와 통일의 꿈이 실현될 것이라는 환상을 심어주었다. 6·15선언은 이런 정치효과를 발휘함으로써 김대중 대통령에게 노벨평화상 수상의 영예를 안겨주었던 것이다.

그러나 지금 우리는 김대중 씨가 말 한 것과는 정반대의 상황을 맞고 있다. 현시점에서 한반도의 비핵화는 주변국가들 간에 합의된 동북아 안보의 관건적 과제다. 그러나 북한은 핵실험을 감행, 남북한이 합의한 한반도 비핵화선언을 일방적으로 깨트렸다.

동시에 그들은 중국의 지도층들이 북한을 방문할 때마다 권면했던 개혁개방은 거부하고 만류했던 핵실험을 단행하여 그 성공을 전체 인민의 대축제로 환호하고 있다. 지금 북한의 지향은 핵 포기가 아니라 핵보유국으로 대우받겠다는 것이다.

북한의 핵실험은 결과적으로 남북한 간에 유지되어온 군사균형을 깨트렸고 한국을 포함한 주변국들의 안보상황에 심각한 위기를 조성하였다.

북한은 핵전장터(Theatre nuclear)이기에는 국토가 협소하여 핵 선제공격을 받은 후 보복공격을 단행할 전략적 종심(縱深)이 없다. 따라서 북한이 핵무장을 한다고 해서 그들의 안전이 확보되는 것도 아니고 오히려 핵을 보유함으로 해서 핵공격을 받을 구실만 제공하게 된다. 또 핵확산방지에 역행함으로써 국제적 제재만 불러온다.(유엔안보리 결의 1718).

주지되는 바이지만 북한의 핵실험은 북한이 이룩한 경제발전, 산업발전, 과학발전의 결과가 아니다. 전체인민을 굶주리게 하면서 핵 암시장에서 고가로 매입한 핵기술로 추진되고 시도된 핵실험이었다. 북한 핵이 대량살상무기로 확고히 자리를 잡으려면 더 많은 시간, 돈, 기술을 투입해야 할 것이다. 따라서 국제사회는 아직 북한을 핵보유국으로 인정하지 않는다.

북한의 핵실험은 남북한 관계에서 6·15선언을 무효화시켰다. 한반도의 평화통일에 대한 희망을 앗아갔기 때문이다. 북한이 핵을 포기하지 않는 한 '핵무장으로 치닫는 북한'과 '비핵화를 지향하는 한국'은 이제 안보체계마저 근본적으로 달라졌기 때문에 그 단계가 높건 낮건 간에 서로 연합(Commonwealth 또는 Confederation)이나 연방(Federal Government)으로 묶이는 것이 불가능해졌다.

더욱이 유엔의 제재가 계속되는 한 인도적 차원 이외의 남북교류협력도 어려워졌다. 한국은 또 작년 10월 한미국방장관회담에서 본 바와 같이 1992년 한반도 비핵화선언으로 미국이 이 땅에서 빼내간 핵무기에 다시 의존하지 않고는 북한의 핵 공갈로부터 국가의 안전을 지킬 수 없게 되었다. 이 같은 상황변화로 6·15선언은 사문화되었다.

이제 정부는 존재이유를 잃은 6·15선언의 폐기를 공식화해야 한다. 북한이 남한의 친북세력을 앞세워 북한의 핵우산이라도 수용하여 전쟁을 막고 평화를 누리자고 떠들 꼬투리도 없애고 북측이 한국의 대통령선거에 끼어드는 내정간섭의 빌미를 없애기 위해서라도 6·15선언의 폐기를 서둘러 공식화해야 한다. DJ의 노벨평화상 수상으로 그 용도가 오래 전에 끝나버린 6·15선언을 북한이 더 이상 악용하도록 방치해서는 안 되기 때문이다.

통일비전의 공유가 시급하다

(2005년 11월10일 내일신문 칼럼)

남북한관계가 발전하면 할수록 통일비전의 공유가 절실히 요구된다. 이 비전은 남북한 간에서도 중요하고 필요하지만 한국내의 국론통일을 위해서도 그 필요성이 날로 절감된다. 지난 6월 21일부터 24일까지 서울에서 열린 제15차남북장관급회담은 분단 이후 남북 간에 진행된 대화사상 가장 많은 실질적 합의를 생산한 점에서 2000년의 6·15선언에 버금가는 남북합의라고 볼 수 있다.

가장 난제인 북핵문제에서도 남북한은 한반도 비핵화를 최종목표로 평화적 해결을 위한 실질적 조치를 취하기로 합의한 것을 비롯하여 이산가족의 만남을 위한 면회소 설치공사를 시작키로 하고 화상상봉(畵上相逢)의 길도 열었으며 국군포로들의 생사문제도 협의하기로 하였음은 물론 남북한의 군장성급회담, 서해 해상에서의 군사충돌 방지를 위한 남북한의 수산당국자 회의개최, 남북경협과 식량문제의 근원적 해결을 겨냥하는 농업협력 등 다방면에 걸친 합의를 이룩하였다.

대화성과 커도 국민감동은 적어

이러한 수준의 합의가 회담성과로 나왔다면 우리 사회는 마땅히 축제분위기에 휩싸여야 하며 감동의 물결이 온 누리에서 출렁이어야 할 것이다. 그러나 유감스럽게도 국민들의 마음속에 큰 감동을 불러일으키지 못했다. 정권에 대한 국민들의 낮은 지지도도 회담 이전에 비해

결코 향상되지 않았다. 이 회담을 주도한 통일부장관에 대한 지지도도 별로 나아지지 않았다.

분단국가에서 가장 실효성 있는 집권자의 통치밑천인 통일문제가 지금 이 정권 하에서는 전혀 효용을 발휘하지 못하고 있는 것이다. 이렇게 된 데는 남북합의의 이행에 임하는 북한의 그간의 행태에 대한 신뢰가 낮다는 사실도 간과할 수는 없다. 그러나 이것보다 더 중요한 것은 통일비전에 대한 국민적 공감대가 마련되어 있지 못한데 그 참된 원인이 있는 것이다. 즉 "어떤 통일인가"에 대한 국민적 합의 부재에 가장 큰 원인이 있다.

그간 정부는 김영삼 정권 당시 제1단계로 화해협력단계, 제2단계로 남북연합단계를 거쳐 제3단계로 총선거를 통한 단일의 통일정부를 세운다는 입장을 천명해 왔고 국민적 공론화과정을 거친 점에서 국민적 합의의 산물로 볼 수 있다. 그러나 이 방안이 현 정부가 추진하는 대북정책의 준거인지는 분명치 않다. 김대중 대통령의 3단계통일방안은 제1단계로 남북연합단계, 제2단계로 남북연방단계, 제3단계로 완전통일단계를 제시하고 있다. 이 방안은 국민적 차원의 공론화과정을 거친 바 없기 때문에 국민적 합의는 아니며 또 "어떤 통일인가"에 대한 입장도 분명히 밝히지 않고 있다. 여기에 3단계통일방안에 대한 국민적 의구심이 깔려 있는 것이다.

6·15선언은 아직도 살아있는가

그러나 2000년 6·15남북정상회담 이후에는 이른바 6·15선언 제2항에 '북한의 낮은 단계의 연방제와 남한의 연합제 간에 공통점이 있다'는 북측의 주장을 남측이 수용한 것으로 표현된 문면이 있는데 북한은 이를 근거로 남북대화가 열릴 때마다 매번 6·15선언의 이행을 강력히 촉구하고 있다. 그러나 현재 6·15선언이 남북한 관계를 규율할 실효적 선언인가도 따져보아야 한다.

6·15선언이 유효한 합의가 되기 위해서는 6·15선언 제5항에 따라 김정일 위원장의 답방은 반드시 이루어져야 한다. 그러나 정부는 대북송금 특검을 수용, 6·15선언을 이끌어내는 과정에 들어있는 남북거래의 불법성을 모두 파헤쳐서 관련자들을 모두 사법처리하였다. 이런 사정 하에서 김정일 위원장의 답방은 끝내 실현되지 않았다. 따라서 과연 김대중-김정일 간의 합의인 6·15선언이 아직도 유효한 것인지 그리고 이 선언이 지향하는 통일이 무엇인지도 정부는 분명히 밝혀야 한다.

일방주의는 국론분열만 유발

지금 국민들은 정부가 "어떤 통일인가"에 대한 비전을 확실히 정립하고 그 비전에 국민들이 공감하고 지지하는 합의의 창조를 열망하고 있다. 이 합의가 전제된다면 우리 국민들은 국채를 구입하는 한이 있더라도 정부가 유럽의 전후복구를 지원한 마셜플랜 같은 대대적인 북한지원계획을 마련하고 실천하는 것을 적극 지지할 것이다. 그러나 통일비전에 대한 국민의 공감과 합의 없이 정부가 일방적으로 대북지원계획을 세우고 밀어붙인다면 그러한 일방주의(Unilateralism)는 반드시 극도의 국론분열과 갈등을 유발할 것이다.

최근 강정구 교수의 통일에 관한 언동, 맥아더 동상을 철거하라는 이른바 반미자주통일의 비전 등에 대해서도 정부는 색깔론을 방패삼아 비판을 피해가거나 사법부에 판단에 미루지 말고 정부 자신의 입장을 분명히 밝혀야 한다. 지금 통일의 시계는 "통일이면 무조건 좋다"는 통일지상주의로 국민을 승복시킬 수 없는 시점임을 가리키고 있다. 정부는 남북협력기금 증액보다 더 중요하고 시급한 문제가 통일비전의 국민적 공유임을 명심하고 국론통일에 가일층 노력을 기울여야 할 것이다

중국식 사회주의와 북한식 사회주의

(2001년 10월 5일 내일신문)

중국의 장쩌민 국가주석의 북한 방문과 김정일 북한 국방위원장과의 회담이 양측 발표대로 성공적으로 끝났다. 북한이 중국의 개혁개방 정책을 수정주의라고 비판하고 한중수교를 이념적 우방에 대한 배신으로 간주함으로써 조성되었던 북한과 중국 간의 10년간의 불편한 관계가 이번의 방문과 회담(9월3일~5일)으로 일단 해소되었다. 이에 앞서 북한의 김정일은 두 차례에 걸친 공식, 비공식의 중국방문(2000년 5월과 2001년 1월)을 통해 양국관계의 정상화를 위한 길을 닦아놓았다. 즉 김정일은 지난 1월의 방중 시 중국의 개혁정책을 긍정적으로 평가했고 그에 앞선 작년 5월 방중 시에는 남북정상회담계획을 사전에 협의함으로써 한중수교가 더 이상 양국 간의 걸림돌이 되지 않을 것임을 분명히 했다.

북한은 '우리 식' 사회주의 고수를 선언

그러나 이번 장쩌민 주석의 북한방문은 중국과 북한이 이념적 맹방임을 확인해 주었던 과거의 방문과는 여러 면에서 차이가 난다. 이번 장쩌민의 방북에서는 북한과 중국은 친선관계를 발전시켜야 할 이웃국가이지만 국가경영의 이념과 철학을 같이하는 맹방이 아니고 별개의 국가철학을 가진 인방(隣邦) 국가임을 확인하고 있다.

우선 이번 정상회담에서는 양국관계의 설명에서 이념적 우방관계임을 나타내는 기왕의 모든 수사(修辭)들이 사라지고 각기 별개의 사회주의, 즉 '중국 특색적 사회주의'와 '조선 식 사회주의'의 길을 걷고 있음을 양국이 서로 확인하고 있다. 중국은 김정일이 중국을 처음 방문했던 1983년 이래 꾸준히 북한으로 하여금 중국식 개방, 개혁정책을 따르도록 권고해 왔다. 그러나 북한은 이를 수용치 않고 자기 방식대로 살아갈 것임을 이번에 분명히 했다. 이것은 북한과 중국과의 지난 50년간의 역사를 아는 사람들에게는 매우 충격적 사건이 아닐 수 없다.

과거 북한은 60년대와 70년대를 통하여 중국에서 체제강화운동, 예컨대 사회주의 총노선이나 삼면홍기운동(三面紅旗運動)이나 대약진운동 등이 일어나면 2, 3년을 사이에 두고 예외 없이 그대로 본받아 유사하거나 상응한 운동을 일으켜 왔기 때문이다. 이 시기들이야말로 이른바 중조우호(中朝友好)의 절정기 내지 황금기였다고 할 수 있을 것이다.

순망치한(脣亡齒寒) 관계에서 산수상련(山水相連) 관계로

둘째로 이번 회담에서는 양국 안보협력의 상징적 표현이었던 순망치한(脣亡齒寒=입술이 떨어져 나가면 이가 시리다) 관계라는 표현이 사라지고 그 대신 산수상련(山水相連=산과 물이 잇대어 있다) 관계라는 새로운 표현이 등장했다. 결국 양국관계가 더 이상 과거와 같이 "너 없이는 내가 살 수 없다"는 식의 이념적 맹방이 아니고 서로 친선과 협력을 발전시키는 인방(隣邦)관계로 변했음을 나타내는 것이다. 지난 6일 북한 방송들이 이번 양국정상들이 자주권의 호상존중과 내정불간섭원칙에 합의했음을 힘주어 보도한데서도 양국관계의 변화의 일단을 엿볼 수 있는 것이다.

디젤유 3만 톤과 식량20만 톤 무상원조 약속 공개는 이례적

셋째로 이번 정상회담에서는 중국이 북한에 권고와 당근을 동시에 제시하고 있다. 즉 장쩌민 주석은 북한을 향하여 나라의 자주적 평화통일을 이룩하기 위한 남북쌍방의 노력과 특히 남북관계개선을 위하여 최근 북한이 취한 조치를 평가하고 지지한다면서 북한이 앞으로 미국, 유럽 등 여러 나라들과 관계를 개선하는 것을 지지한다는 형식의 표현을 통해 남북관계개선과 대 서방관계 정상화를 강력히 권고하고 있다.

특히 장쩌민 주석이 남북정상회담을 한반도와 아시아와 세계평화를 위해 크게 공헌한 사건으로 평가한 것 역시 남북정상회담에 대한 우회적 권고라고 볼 수 있다. 이런 권고들에 대한 북한 측의 반응이 무엇인지 즉각 알려지지 않았다. 그러나 장쩌민 주석은 이런 권고와 함께 식량과 에너지를 무상으로 원조할 것을 약속(디젤유 3만톤과 식량 20만톤)함으로써 권고와 당근을 동시에 제시했다고 볼 수 있다.

종신제와 세습제로 수령절대주의 지킬 터

넷째 양국정상회담의 결과가 공동성명 형식으로 정리, 발표되지 않고 방송보도를 통해 회담내용과 합의사항이 발표되고 있다는 점이다. 중국 측은 11년 전의 장쩌민 총서기의 북한방문 때도 공동성명이 없었음을 들어 별 의미가 없다고 설명하고 있지만 지난달 김정일－푸틴 정상회담에서 장문의 8개항 공동선언이 발표되었던 것과는 크게 대조를 이룬다.

결국 이번 정상회담은 양국이 공동성명을 발표할 만큼 관계를 정상화한 것이라기보다는 차이점을 확인하고 그 바탕 위에서 선린우호관계를 발전시키는데 합의한 것이라고 보아야 할 것이다. 이러한 결과는 오늘날 북한과 중국 간의 체제차이가 현저하게 달라진데 기인할 것이다. 중국이 당 지도체제를 공산당 회의(예컨대 北戴河의 간부회의 등에서)에서 임기제로 선출하고 있는데 반해 북한은 세습제, 종신제로 지도체제를 유지하고 있다.

또 중국은 모택동의 교시 중에서 오류가 있는 것을 적출해서 폐지하고 있는데 반해 북한에서는 김일성 교시를 절대화, 신조화, 무조건화하고 있다. 중국식의 개혁개방을 선택할 경우 종신제와 세습제를 본질로 하는 수령절대주의체제를 지킬 수 없기 때문에 북한은 결국 중국방식이 아닌 우리 식 사회주의노선을 걷겠다는 것을 이 기회에 분명히 중국 측에 밝히고 양해를 얻은 것이다.

북의 중국식 개혁개방거부로 햇볕정책은 재검토돼야

결국 이번 장쩌민 주석의 북한방문은 탈냉전상황을 배경으로 그간 소원했던 양국관계를 변화된 현실의 요구에 맞게 정상화하는 실용주의 외교활동이라고 할 수 있다. 그러나 중국은 그들이 개혁개방을 하면 할수록 한국과는 체제차이가 줄지만 북한과의 차이는 갈수록 커질 수밖에 없는 상황에 놓여 있다. 특히 김대중 대통령의 햇볕정책은 북한이 중국식 개혁개방을 따를 것이라는 가정에 입각하고 있는데 북한이 이를 정면으로 중국을 상대로 거부한 것은 햇볕정책에 걸고 있는 우리의 기대를 재정립해야할 사정에 직면할 수도 있을 것이다. 이러한 현실에서 중국의 한반도정책은 계속해서 변할 수밖에 없고 여기에 우리 외교의 기회와 도전이 있다하겠다.

중국식 개혁개방이 북한에서도 가능할 것인가

(2006년 3월 16일 내일신문)

　　김정일 국방위원장의 연초 중국 방문을 계기로 북한이 앞으로 중국식 개혁개방을 벤치마킹하는 개혁노선을 택할 것이라는 전망이 널리 확산되고 있다. 이러한 예측은 그 나름의 설득력을 가진다. 우선 김정일 위원장의 방중 일정이 중국에서 개혁개방을 주도한 등소평(鄧小平)의 남순강화(南巡講話)가 행해진 중국 남부의 개혁개방의 상징도시들을 순방하는 것으로 진행되었다.

　　또 이보다 3개월 전인 작년 10월 북한을 방문한 후진타오 주석은 평양에서 행한 만찬연설의 3분의 1 가량을 중국에서의 개혁개방의 성과를 설명, 중국이 이룩한 오늘의 발전이 개혁개방 때문임을 강력히 시사하고 북한도 중국처럼 개혁개방에 나서줄 것을 권고하고 있다. 특히 후진타오(胡錦濤) 주석과 김정일 위원장 간에는 앞으로 북한이 개혁정책을 펴는데 필요하다면 총규모 20억 달러의 경협을 고려할 것이라는 이야기가 오간 것으로 알려지고 있다.

　　김정일 위원장도 연초 비공식 방중(訪中)의 명분을 후진타오 주석의 초청에 의한 것이라고 말하고 있다. 이 때문에 한국의 일부 학자들 가운데는 등소평의 남순강화를 본 딴 김정일의 '귀국강화'(歸國講話)가 곧 나올 것이며 북한에서도 중국식 개혁개방이 뒤이어질 것이라는 성급한 예측을 내놓기도 했다.

　　김정일 위원장의 이번 중국 방문은 1983년 등소평의 초청으로 그가 처음 중국을 방문한 이래 횟수로는 공식, 비공식을 포함 5회째 방문이며 중국은 김정일 위원장을 만날 때 마다 북한 측에 개혁개방을 권고했고 그때마다 김정일은 각국은 자국의 실정에 맞는 사회주의를 추진해야 한다는 입장을 견지했다. 특히 2001년 9월 장쩌민 주석이 북한을 방문, 중국의 개혁개방을 설명하고 북한 측에 중국식 모델을 권고했을 때 김정일 위원장은 중국의 개혁개방이 높은 성과를 얻고 있음을 상하이 방문에서 보았음을 시인하면서도 북한은 중국특색사회주의와 구별되는 북한식 사회주의를 밀고 나갈 것임을 밝힘으로써 장쩌민의 방북에 따른 공동성명마저 발표되지 않는 이례(異例)를 남기기도 했다.

중국은 북한 측에 개혁개방을 권고하고 있지만 개혁개방은 중국에서도 결코 쉬운 일은 아니었다. 중국도 개혁개방의 시대를 열기 위해 생사를 건 투쟁을 전개했고 심각한 난관을 넘어서야 했다. 등소평이 극복해야 했던 가장 큰 난관은 량거빤쓰(兩個凡是)를 극복하는 것이었다. 즉 모택동의 교시와 정책은 절대적인 것으로 무조건 따라야 한다는 모택동의 후계자 후아꾸어펑(華國鋒) 주석의 집권명분과 싸워 이겨야했다. 당시 중국 공산당 당 학교 상무부교장 후야오방(胡耀邦)은 1978년 5월11일 광명일보(光明日報)에 '실천이야말로 진리를 검증하는 유일한 표준'이라는 논설을 발표, 개혁을 향한 여론몰이의 횃불을 올렸고 여기에 등소평을 비롯한 각계각층의 개혁세력이 가세함으로써 실증 되지 않은 모택동 주석의 교시와 정책을 거부할 수 있는 환경을 조성했다. 사상해방(思想解放)의 기틀을 만든 것이다.

이 투쟁을 통해 중국 공산당 제11기 3차 중앙위원회는 등소평 중심의 개혁세력이 중국 공산당의 중심에 서는 정권변환을 이루었다. 이어 1981년 모택동의 위상과 이론과 업적에 대한 평가를 마무리하는 역사결의를 통해 개혁개방의 대로가 열렸던 것이다. 그러나 북한에는 이러한 투쟁이 있을 수 없다. 김일성 주석의 교시와 정책에는 오류가 있을 수 없으며 김일성 주석의 가르침과 정책은 그대로 대를 이어 승계되어야 한다는 세습유훈통치(世襲遺訓統治)가 김일성 주석의 사후에도 이어지고 있다.

때문에 중국에서 말하는 량거빤쓰 극복투쟁이 북한에는 있을 수 없다. 중국처럼 북한에는 체제운영방식을 둘러싼 대내논쟁도 없었다. 농업생산성의 감퇴로 인한 식량난, 원자재난, 에너지난 등은 그 원인이 천재지변이나 외부환경에 있을 뿐 김일성 주석의 교시나 정책에는 흠결이 없다는 것이다. 기아와 이로 인한 탈북사태가 초래되어도 북한 지도층은 누구도 이에 책임질 이유가 없다. 이른바 자연재앙이나 미국의 북한 압살정책에 그 원인이 있다고 말하기 때문이다.

그러나 현재 북한은 더 이상 개혁과 개방을 늦출 수 없는 내외환경을 맞고 있다. 중국적 기준에서 보면 개혁의 대상이어야 할 현 집권층이 개혁의 주체가 되어서라도 '위로부터의 개혁'에 착수하지 않을 수 없는 상황을 맞고 있다. 대내적 결핍과 중국의 권유형식에 의한 개혁 압력을 더 이상 외면할 수 없기 때문이다. 또 현실적으로도 개혁개방을 통해 산업재건, 경제회생을 기하지 않는 한 체제유지가 갈수록 어려워지기 때문이다. 그러나 북한은 그들이 비록 개혁개방에 나선다고 하더라도 새로운 개혁주체세력 없이, 새로운 개혁철학 없이 개혁의 대상이 개혁의 주체로 변신해야 하는 한계성 때문에 개혁개방이 소기의 성과를 얻는 데는 중국보다 더 많은 시간이 걸리고 시행착오를 피하기 힘들 것이다. 그러나 북한은 시대의 대세인 개혁개방을 더 이상 늦추지 말고 하루라도 빨리 개혁의 길로 떨쳐나서야 할 것이다. 여기에 북한의 살길이 있기 때문이다.

신중히 접근해야 할 대북송전 제안

(2005년 7월 20일 내일신문)

정부는 2005년 7월 12일 정동영 통일부장관 회견을 통해 북한이 6자
회담에서 핵 폐기에 합의할 경우 한국 정부가 200만Kw의 전력을 북한
에 제공하겠다고 김정일 국방위원장에게 제안했다고 밝혔다. 이어 정
동영 장관은 "6자회담에서 핵 폐기 합의문이 발표되면" 송전선 건설에
착수하고 3년 내에 전력을 공급할 것이라고 구체적인 실천 일정까지
밝혔다.

정부의 이러한 조치는 현재 중단되고 있는 북핵문제의 평화적 해결
을 위한 6자회담의 재개를 유도하고 나아가 한반도를 자칫 새로운 긴
장 속으로 몰아넣을 수 있는 위기극복을 위한 새로운 이니셔티브라는
점에서 긍정적으로 평가될 수 있다. 북한 측이 6자회담에 다시 나와
정부의 이러한 제의를 수용할지는 앞으로 두고 볼 일이지만 한국이
6자회담에 참가한 후 북핵문제의 실질당사자라는 입장에서 처음으로
당사자다운 제안을 내놓았다는 점에서 그 의의가 있다고 하겠다.

뿐만 아니라 이번에 다시 열리는 6자회담이 아무 성과 없이 실패로
돌아갈 경우 북핵문제의 평화적 해결전망은 어두워지고 남북한이 미
국과 중국 간의 갈등구조에 휘말려 민족적 차원에서 심각한 위기상황
을 살아야 한다는 답답한 전망을 생각할 때 정부의 대북 제의는 중요
한 이니셔티브로 받아들여진다. 현재 북한은 식량난, 원자재난, 에너지
난으로 심각한 경제침체의 늪에 빠져 있다. 많은 공장이 조업을 중단

한지 오래고 수많은 산업시설이 방치된 지 오래 되었다. 제구실하는 공장 기업소를 찾기 힘들다고 한다.

북한은 1999년 이래 한국에 200만Kw의 전력지원을 요청했고 단기적으로는 우선 50만Kw 정도라도 지원해 줄 것을 누차 요구해왔다. 그러나 북한에 대한 한국의 전력지원은 1994년의 미·북 간의 제네바 합의에서 100만Kw씩의 전력을 생산할 경수로 2기를 북측에 건설, 제공하고 공사기간 중 매년 중유 50만 톤을 미국이 북한에 제공키로 했기 때문에 제네바 합의 이행과 별개로 한국이 북한에 전력을 지원할 수는 없는 것이다. 그 대신 경수로 공사비의 상당 부분(이미 11억 2000만 달러를 소진)을 한국 측이 부담해왔던 것이다.

그러나 정부가 이번에 북한에 200만Kw의 전력을 제공키로 한다면 이 제안은 6자회담 타개를 위한 제의라는 측면 이외에 북핵문제와 관련된 1994년 제네바 합의체제의 중도폐기를 의미하는 것으로 해석될 수 있다.[2] 즉 한반도 에너지개발기구(KEDO)가 북한의 신포에 건설 중이던 경수로 공사는 무위로 끝나고 북한 에너지난 해소를 위한 새로운 접근이 시작되었음을 말해주는 것이기 때문이다.

정부의 이러한 제안이 실효성을 갖기 위해서는 첫째 핵개발에 나선 북한의 입장에 대한 정확한 평가가 선행되어야 한다. 북한이 핵개발에 착수한 동기가 핵 공갈을 통해 국제사회, 특히 미국이나 한국으로부터 자체의 경제난 타개의 수단을 얻어내고 자기 정권의 존립을 보장받는 것이 북의 진의라면 북핵 해결을 위한 경제적 접근은 일면의 타당성이 인정될 수 있다.

그러나 독자적으로 핵개발에 성공한 정부들이 단순히 경제적 보상

---

2) 로버트 매닝, 대북 전력지원은 제네바 합의 위반이라는 견해를 밝혔다. 2001년 3월 14일 한겨레에 의하면 로버트 매닝 미외교관계협의회(CFR)아시아국장이 자유아시아의 소리와의 인터뷰에서 이렇게 밝혔다고 말했다.

이나 대가를 얻는 것만으로 핵 폐기에 동의한 선례가 거의 없었다는 사실에 주목할 필요가 있다. 특히 북한은 그들이 지난 2월 10일 성명에서 주장하고 있는 대로 핵무기 개발에 성공했다면 이 성공은 북한의 경제적 풍요나 높은 수준에 도달한 과학발전의 산물이 아니고 조국통일이라는 목표를 놓고 심각한 경제난을 감내하면서 이룩한 간난신고의 산물일 것이다. 이점에서 경제적 접근은 핵 폐기를 위한 필요조건일 수는 있어도 그것이 핵 폐기를 가져올 충분조건이 될 수 있을지는 한 차원 더 높은 고찰이 있어야 할 것 같다. 남북한의 평화공존을 가능케 할 새로운 정책구상의 일부로서 전력공급 같은 경제지원 문제가 단일 아닌 복합적 처방으로 제안되었더라면 더 매력 있는 제안이 되었을 것 같다.

둘째로 어떠한 제안도 국민적 공감과 지지를 받는 것이어야 한다. 북한에 대한 전력지원은 국민에게 부담을 지우는 조치이다. 또 지원하는 전력규모도 북한의 실제발전량을 300만Kw로 추정할 경우 북한 전력생산량의 3분의 2를 충당하는 대규모 에너지 지원이다. 또 송전은 일단 시작되면 근본적인 파국을 각오하지 않는 한 임의로 중단하기가 결코 쉽지 않은 경제협력이다. 그간의 국민여론 추이를 살펴보면 응답자의 평균 55%가 북한에 대한 경제지원의 필요성을 긍정하고 있지만 전력지원은 이미 시행해 온 식량이나 비료지원과는 성격이 전혀 다르다.

박정희 정권도 1972년 돌연히 7·4남북공동성명을 발표하여 남북한의 대결구조를 대화구조로 전환, 월남전 이후의 한반도 안보위기를 극복하는데 성공하였지만 이때도 국론통일을 위해 집중적인 후속조치가 뒤따랐다. 대북 송전제의도 국민의 이해와 지지를 얻기 위해서는 이 제안의 득실론을 놓고 필요성, 현실성에 대한 국민설득을 위해 후속적 노력을 적극화해야 할 것이다. 현재 대통령과 여당에 대한 국민지지율이 지극히 저조한 상황임을 감안할 때 대국민 설득에 더 많은 노력을 쏟아야 할 것 같다.

"맡겨놓은 물건 내놓으라"는 식의 남북협력

(내일신문 2006년 6월 16일)

남북경제협력추진위원회 제12차 회의가 끝났다. 북측은 이 회의에서 남측에 경공업건설에 필요한 자재, 비료, 지하자원 및 시베리아 벌목, 석탄채굴사업을 위한 투자지원 등을 요구했다. 그간 남북협력은 1995년 말 북한이 엄청난 수재로 식량난에 봉착했다면서 유엔에 식량원조를 호소한 이래 인도적 차원의 대북경협이 주종을 이루었다. 그러나 현 단계 남북협력의 과제는 인도적 차원을 넘어서서 북한산업의 재건지원으로 그 중점이 대폭 옮겨지고 있다.

작년 5월 북경에서 열린 북한지원NGO 세계대회에서는 지난 10년 동안 북한에서 인도적 지원업무를 수행하기 위해 활동해 왔던 각국의 NGO들이 오늘날 북한 상황은 인도 차원을 넘어선 개발협력 단계에 접어들었다면서 인도적 지원 단체들의 임무는 사실상 종료되었다고 보고했다. 여기서 우리가 주목해야 할 것은 인도적 지원 사업과 개발협력 사업은 그 성격이 다르다는 것이다. 인도적 지원적 사업은 무조건적이며 지원에 대한 보상이나 대가를 요구하지 않지만 개발 협력 사업은 보상과 상환계획을 수반한 개발계획을 놓고 국가 간 협력을 실시하는 것이다. 여기에서는 상호주의 원칙이 적용되고 이 원칙이 준수될 때 비로소 협력의 실효를 거둘 수 있는 것이다.

이번 남북경제협력추진위원회의 합의는 남북경협이 시작된 이후 인도적 차원의 일방적 지원형식이 아닌 개발협력 차원의 합의를 도출했다는 점에서 다소 진전한 것이다. 남북한은 이번 제주(濟州)회담에서 '경공업·지하자원개발 협력 합의서'를 채택하고 남측이 북측의 신발, 비누, 옷 등을 만들 수 있도록 8000만 달러(800억 원) 상당의 원자재를 지원하기로 하고 여기에 상환기일과 연체이자에 관해서까지 구체적으로 명시하는 개발협력에 합의하였다. 그러나 여기서 우리가 간과할 수 없는 것은 남측에 협력을 요구하는 북측의 태도이다.

북측이 한국에 대하여 개발협력을 요구하는 태도는 중국이나 다른 나라에 대한 것과는 사뭇 다르다는 점이다. 북측은 처음부터 대남협상의 주도권을 장악한 가운데 남측에 대해 "마치 맡겨놓은 물건을 내놓으라는" 식으로 협력을 요청하고 남측은 개발차관 공여에서 반드시 요구되는 상대방 측 사업계획의 타당성이나 실현가능성을 검토할 기초 자료조차 변변히 받아내지 못하고 있다. 북측은 비록 경제지원을 받더라도 어떠한 내정간섭적 요구도 받아들일 수 없다면서 자료제출 요구를 묵살하기 때문이다. 김대중·노무현 정권은 지금까지 북측의 이러한 태도를 그대로 수용해 왔고 이를 대북포용정책이라고 정의했다. 이 결과 북측은 작년도에 국회에서 통과된 1조원 이상의 남북협력기금을 마치 자기네들 예산인 것처럼 내용을 소상히 파악하고 경추위(經推委)를 통해 그들의 필요를 충족시키고 있다.

대북경협에 임하는 남측의 태도가 이러하기 때문에 북측은 언제나 협상주도권을 행사하면서 남북 간에 이루어진 합의들을 자기들 편의에 따라 수시로 파기했다. 남북철도시험운행약속을 북측이 하루아침에 취소한 것은 그 대표적 실례이다. 당초 남북철도연결사업은 북한쪽이 맡아야 할 공사지역의 원자재, 공사비까지를 남측이 사실상 전액 부담함으로써 성사되어 시험운행이 합의된 것인데 북측은 철도운행과 전혀 무관한 문제를 들고 나와 남측과의 약속을 일방적으로 파기했다. 물론 정부가 항의했다지만 그 항의는 일방적 약속파기의 대가가 얼마나 무서운 결과를 가져오는지를 북측이 실감할 수준에는 훨씬 못 미치는 것이었다. 정부는 북한의 이러한 태도까지를 포용해야만 남북 간에 전쟁을 막고 북한의 변화도 촉진할 수 있다고 했다.

그러나 국민들은 현재의 남북관계는 남측이 북측의 눈치를 보거나 비위를 맞추거나 저자세를 취하지 않고 협상의 주도권을 쥐더라도 남북관계가 단절되거나 안보 위기가 조성될 상황이 결코 아님을 잘 알고 있다. 북한은 지금 북한체제의 급작스런 붕괴를 바라지 않는 남한과 중국의 협력과 지원에 의존하지 않고는 정권을 지탱하기 힘든 처지에 놓여 있기 때문이다.

다행히 이번 제주합의는 비록 문서로 명시하지는 못했지만 남북철도시험운행을 북한에 대한 경협발효의 중요한 선행조건으로 내세웠다는 점에서 기왕의 합의들보다는 진일보한 것이다. 그러나 우려스러운 것은 북측이 또다시 군부의 반발을 평계 삼아 시험운행 약속을 지연시킬 경우 현 정부가 과연 이에 단호히 맞설 수 있을까 하는 것이다. 지금까지의 경험은 남측이 이럴 경우 북측에 언제나 양보해왔기 때문이다. 그러나 정부는 더 이상 국민들의 조소나 울분을 유발할 편무적 대북포용정책을 지양하고 "약속준수"라는 상식차원의 경협관(經協觀)을 정착시켜 남북협력을 정상화해야 한다. 북측의 요구를 받아들이지 않으면 안보가 위태로워진다는 주장은 시효가 이미 지났기 때문이다.

대북경협의 전면유보로 핵보유선언에 맞서라

(2005년 2월 17일 내일신문)

북한은 2월 10일 핵무기 보유를 선언함과 동시에 북핵문제의 외교적 해결장인 6자회담 참가를 거부한다고 발표했다. 북한 외교부가 발표한 이 성명은 유엔회원국으로서의 북한 정부의 공식입장을 밝힌 것이기 때문에 이 발표에 담긴 모든 내용에 대해서는 북한 당국이 국제사회에 책임을 지는 분명한 의사표시로 받아들여야 한다.

북한의 이 성명은 6자회담 참가국 모두에게 외교적으로 큰 부담을 줄 뿐만 아니라 북한의 핵무장을 결코 용인하지 않을 것이라고 대내외에 누차 입장을 천명한 한국정부를 외교적으로 매우 난처한 입장에 놓이게 했다. 왜냐하면 김대중 전 대통령의 이른바 햇볕정책과 이를 승계한 노무현 정권의 평화번영정책을 통한 대북 경제협력이 결과적으로는 북한의 핵무기 개발 지원정책으로 평가받아야 할 상황이 초래되었기 때문이다.

이러한 궁지를 벗어나기 위해 정부는 북한 외무성 성명이 대미협상력을 높이기 위한 협상전술에서 나온 것이라고 평가절하하면서 북한의 핵개발의 심각성을 일부러 외면하려는 태도를 보이고 있다. 물론 경제상황이 어려울 때 경제부총리들이 선뜻 어렵다는 여론에 동조하지 않고 흔히 우리 경제의 기초(Fundamental)가 튼튼하기 때문에 경기가 곧 회복될 것이라고 말하는 것 같은 의미의 평가절하라면 일단 시국관리 차원에서 그러한 입장을 취할 수 있다고 수긍할 수 있다. 그러나 북한의 핵무장선언은 결코 경제의 경기상황판단과는 비교도 할 수 없는 민족생존의 실존적 도전이기 때문에 모든 분석과 평가와 대처에서 희망론(wishful thinking)을 철저히 배제하고 냉엄히 대처하지 않으면 안 된다.

지금 국내정치권의 태도는 일본의 도요토미 히데요시(豊臣秀吉)를 만나보고 온 두 사신의 임란고사(壬亂古史)를 연상케 한다. 야당인 한나라 당은 북의 핵 보유선언을 안보위기로 강조하는데 비해 여당인 '열린우리당'은 대미협상용 엄포로 평가절하하는 분위기다. 초당적 대비태세의 구축이 실로 아쉽다.

현재 한국의 안보외교는 북한 측의 이른바 민족공조 요구와 미국의 한미공조 요구의 중간에서 우왕좌왕하다가 어느 편의 공조도 제대로 이루지 못하는 외교적 미로를 헤매는 것 같다. 노무현 대통령은 작년 말 미국과 유럽을 순방하면서 북한의 입장을 세워주는 것 같은 발언을 해주었으나 북한은 한국에 한 마디의 협의나 통고 없이 핵무기 보유와 6자회담 불참을 선언했다. 미국도 한국정부에 대한 신뢰가 약해질 경우 북한과의 양자회담을 현재는 거부한다지만 어느 경우에는 한국과의 사전협의 없이 비공식으로 미·북 양자회담을 가질지도 모른다. 미국은 자신의 힘은 물론 일본카드, 중국카드가 있으나 우리는 아무 카드도 없이 표류하고 있다.

이러한 상황을 극복하는 유일한 수단은 한국정부가 원칙에 충실하는 것이다. 우리가 남북교류와 협력을 추진하는 가장 큰 이유는 평화를 지키기 위한 것이며 한반도 비핵화라는 큰 목표를 실현하기 위한 것이다. 이 목표가 깨졌을 때, 또 노무현 대통령이 강조한 북핵 불용 입장을 북한이 어겼을 때 한국이 취할 원칙적인 입장은 무엇인가.

그것은 북한이 6자회담을 통한 협상을 거부하고 핵무장을 고집하는 한 한국은 정부수준에서의 일체의 대북 경협(민간 NGO들이 중심이 되는 인도적 차원의 대북지원은 별개)을 유보할 것—바꾸어 말하면 햇볕정책의 유보를 명백히 선언하는 것이다. 즉 북핵을 용납하지 않는다고 밝힌 대통령의 입장이 대북 화해와 협력의 중요한 조건임을 행동으로 분명히 보여야 할 때다.

현 상황에 비추어 볼 때 북한의 김정일 정권이야말로 햇볕정책의 효용을 기대하기 가장 어려운, 기대 불가능한 상대인 것으로 보인다. 이제 햇볕정책을 전면에 내세웠던 우리의 안보외교태세를 새롭게 점검하고 핵무장을 포기하지 않는 북한을 정부가 그대로 지원한다면 역사는 그것을 지원이 아닌 조공(朝貢)으로 평가할 것이다. 현시점에서 우리는 북핵 포기를 강력히 촉구하는 일전불사(一戰不辭)의 결연한 자세를 굳히는 것만이 당면한 도전에 효과적으로 대응하는 선택이 될 것이다.

국제제재 없이 북핵 해결은 불가능하다

이 글은 한중문화협회 총재 자격으로 2006년 11월 2일 ASEM연구원이 주최한
"북한의 핵실험이 동북아 정세에 미칠 영향"을 주제로 한 국제학술회의에서
발표한 발언 전문이다.

북한의 핵실험은 오늘의 북한을 보는 세계 각국의 태도에 큰 영향을
끼치고 있다. 지난 7월의 미사일 발사와 10월 핵실험 실시 이전까지만
해도 북한은 서구인들에게는 1995년 이래 인도적 지원대상국이었다.
북한이 1995년 엄청난 자연재해로 유엔에 식량과 의료지원을 호소해
왔을 때 세계식량기구(WFP)는 말 할 것도 없고 미국, 프랑스, 독일,
영국, 노르웨이, 덴마크, 스위스, 일본 등 전 세계의 주요 선진국들은
앞 다투어 북한 지원에 나섰고 한국에서도 정부수준뿐만 아니라 민간
에서도 50여 개의 NGO단체들이 여러 가지 형태로 북한지원을 펼쳤다.

이러한 지원을 통하여 북한은 1999년부터 수백만의 아사자(餓死者)
를 냈던 최악의 상황에서 벗어났다. 2005년 5월 중국의 베이징에서는
지난 10년 동안 인도주의적 차원에서 북한을 지원해 온 세계 각국의
NGO대표들이 모여서 이제 대북지원은 인도지원 단계를 넘어 개발협
력단계로 전환할 때가 되었다면서 금년부터는 북한의 산업재건을 목
표로 개발협력을 추진하기로 뜻을 모았다. 나도 이 회의에 한국대표단
의 일원으로 참여하여 기조연설을 한 바 있다.[3]

---

3) 대북 지원세계 NGO총회가 제1차 동경회의에 이어 2005년에는 북경 靑華大學 연구센
터에서 열렸다.

핵실험은 NGO 기부자들을 없앴다

그러나 북한의 미사일 발사와 핵실험은 유엔안전보장 이사회가 북한에 대한 제재결의를 만장일치로 채택함으로 말미암아 개발협력의 꿈은 북한의 핵포기 이후의 과제로 밀려나게 되었다. 왜냐하면 이제 정부수준의 지원도 납세자들의 동의를 얻기가 힘들게 되었고 국내외의 NGO들도 기부자를 모으기가 어렵게 되었기 때문이다. 한국의 경우 북한지원에 앞장섰던 교회들에서 헌금이 심각히 줄어들었으며 또 지금까지 북한지원에 앞장섰던 국내외 NGO들은 북한의 미사일 발사와 핵실험사태에서 엄청난 배신감을 느끼게 되었기 때문이다.

외부 침략을 막기 위한 핵개발이 아니다

북한의 핵개발은 북한 자체가 이룩한 경제발전의 결과도 아니고 고도로 발전된 과학기술의 산물도 아니다. 전체 인민의 배고픔과 어린이들의 영양실조 위에서, 지구 최빈국이라는 열악한 경제 환경 하에서 이루어진 것이다. 또 외부로부터의 침략위협을 막아 내야 할 절박한 상황 때문에 핵개발이 착수된 것도 아니다. 물론 북한은 미국의 압살정책에 대한 방어수단으로 핵개발을 하지 않을 수 없었다고 주장하지만 오늘의 세계에서 만성적인 빈곤국가인 북한을 군사적으로 침공할 나라는 없다. 북한에는 이라크처럼 전후 복구를 김딩할 지하자원도 없다. 미국의 부시 대통령도 북한에 대한 군사공격을 하지 않을 것임을 누차 강조하고 다짐했다. 그러나 북한은 핵실험을 했고 이제 유엔안전보장이사회는 대량살상무기 비확산이라는 인류공동의 염원을 명분으로 하여 북한에 대한 경제, 금융, 무역 면에서 제재를 만장일치로 가결했다.

나는 미·북 양자회담을 반대한다

북한 핵문제를 해결하기 위해서는 미국과 북한간의 양자회담을 열어야 한다는 주장이 나오고 있다. 그러나 나는 그러한 견해에 동의하지 않는다. 우선 북한의 핵은 미국과 북한 두 나라만의 문제가 아니다. 한국, 중국, 일본, 러시아의 안보와도 직접 관계되는 문제이다. 따라서 관련 당사자들이 모인 6자회담에서 마땅히 논의하고 해결해야 할 문제이기 때문이다.

둘째로 만약 미국과 북한 간에 양자회담이 열린다면 정치심리전면에서 한국은 정신적인 패닉상태에 빠지게 된다. 한국은 반세기전 엄청난 전쟁의 참화를 딛고 일어서서 시장경제와 개방사회의 이점을 살려 오늘날 GDP세계랭킹 13위의 국가로 성장했는데 북한은 그 정반대의 길을 걸어 지구 최빈국으로 전락했다. 그런데 미국과 북한 간에 양자회담이 열린다면 세계의 관중석에서는 시장경제에 성공한 한국보다는 핵실험에 성공한 북한이 마치 한반도의 현재를 대변하는 것처럼 투영될 것이다. 이것은 한국 국민들의 사기를 극도로 저하시키고 한국도 핵개발을 서둘러야 한다는 여론에 점화할 우려가 있다.

셋째로 미·북 양자회담이 열릴 경우 북한은 전 세계의 반미여론과 약자동정(弱者同情)론을 등에 업고 미국에 일방적 양보만을 계속 요구할 것이고 미국이 이 요구를 수용하지 않을 경우 북한은 미국 핑계를 대면서 오히려 북한 자체의 핵무장을 정당화하려 들 것이다. 핵 포기 아닌 핵 보유의 명분만을 얻게 될 것이다. 양자회담을 요구하는 북한의 진의 가운데는 이러한 계산이 깔려 있을 것이다. 나는 이런 견지에서 미국과 북한간의 양자회담은 북핵문제의 해결방도가 될 수 없다고 생각한다.

햇볕정책, 포용정책은 핵실험으로 끝장났다

현재 북핵문제는 한국정부가 그동안 추진해 온 이른바 햇볕정책 (Sunshine Policy)이나 포용정책을 위기로 몰아넣었다. 햇볕정책이나 포용정책(Engagement Policy)은 서로 적대하는 국가들과의 관계를 협력과 화해로 유도하는데 주효한 정책이다. 한국의 경우에서도 북한정권의 목표가 경제재건에 있었다면, 또 개혁개방을 통해 시장 경제적 개혁을 추진하는데 있었다면 북한에 대한 한국의 햇볕정책은 성공한 정책으로 평가받았을 것이다. 한국은 1998년 이래 약 7조 4천억 원 상당의 대북지원을 했지만 북한 경제는 아직 개선되지 않았으며 오히려 전 세계가 원치 않는 핵실험을 낳고 말았다.

김대중 정권과 노무현 정권의 햇볕정책은 이론상 틀린 정책은 아니었지만 정책을 적용받을 상대방을 잘못 선정한 데 문제가 있었다. 북한은 항상 강성대국(强盛大國)과 선군정치(先軍政治)를 부르짖었을 뿐 개혁이나 개방을 통한 경제발전을 말하지 않았다. 그들은 중국식의 개혁개방의 성과를 칭찬하면서도 자기들은 그 노선을 벤치마킹하지 않고 "조선식 사회주의"를 발전시킨다고 주장해왔다. 그러나 한국의 김대중 전 대통령은 북한이 개혁개방을 통한 경제개발을 추구할 것이라면서 햇볕정책을 추진했는데 이것은 선의로 말해서 김대중 씨 개인의 희망론(wishful thinking)에 지나지 않았다. 결국 김대중 정권의 햇볕정책과 이를 승계한 노무현 정권의 포용정책은 후란시스 후쿠야마 (Francis Fukuyama)가 지적한 것처럼 북한의 긍정적 변화를 유도하지 못했으며 핵개발을 돕는 결과를 초래했다.

북한 핵실험은 민족공조나 "우리 민족끼리"라는 표현의 허구성 기만성을 입증했다. 핵실험의 가장 큰 희생자는 한국일 수밖에 없기 때문이다. 이제 한국의 북핵 대책은 민족공조 아닌 한미공조, 국제공조를 기본으로 하면서 한미안보협력을 강화하는 길 뿐이다.

북한에 대한 유엔의 제재는 효과적이다

지금까지 유엔의 제재결의는 소기의 성과를 거둔 실례가 적다는 비관론이 있다. 그러나 북한의 경우 비록 북한 주민들이 그간 어려운 고통을 많이 감내해 왔다고는 하지만 북한이 놓여있는 지정학적 위치에서 보건데 주변국들이 돕지 않는다면 유엔제재를 극복하기가 매우 어려울 것이다. 또 회교국가도 아니기 때문에 종교적 유대를 통한 국제지원을 얻어낼 수도 없다.

유엔제재에 중국이 소극적이라는 관측이 있으나 그 예상은 정확치 않다. 우선 중국은 유엔제재결의안에 찬성하였으며 북한이 핵실험을 했을 때 중국의 당과 군이 크게 분노했고 그 분노가 해소되었다는 증거는 아직 없다. 중국은 북한의 핵실험으로 말미암아 동북아시아에서 중국이 누리던 핵 독점체제가 깨졌고 일본의 핵무장여론을 자극했기 때문이다. 따라서 한반도 주변 국가들이 유엔헌장 103조가 헌장상의 의무와 그 밖의 어떤 국제협정상의 의무가 저촉하는 경우 헌장상의 의무가 우선한다는 규정을 상기하면서 유엔의 제재결의를 철저히 준수한다면 북한은 반드시 핵을 포기하게 될 것이라고 나는 확신한다.

지금이야말로 6·15선언을 폐기해야 할 때다

2006년 7월20일 내일신문 칼럼

6·15선언은 아직도 남북한의 평화공존, 통일을 위해 유용한 선언인가. 이 선언이 발표된 지 6년이 지난 현시점에서 우리는 이 선언의 존폐를 진지하게 검토해야할 상황을 맞고 있다. 최근 북한이 6·15선언에 대한 북한 측의 본심을 적나라하게 드러내고 있기 때문이다.

우선 북한은 6·15선언에 전혀 개의치 않고 지난 7월 5일 스커드 미사일, 노동 미사일, 장거리 탄도 미사일을 발사했다. 정부의 일각에서는 북한의 미사일 발사는 군사적이 아니고 "정치적"이라고 평가하지만 북한이 한국을 사정권 안에 둔 미사일을 예고 없이 발사한 행위는 임의의 시기에 남한에 미사일 공격을 가할 수 있다는 위협으로서 한국에 대한 군사도발이 아닐 수 없다. 특히 한국은 한미동맹에 근거한 연합방위전력의 지원에 의존하지 않고는 북한의 스커드미사일 공격에 자주적으로 대처할 준비가 취약한 상태에 있다.

둘째로 북한은 6·15선언을 명분으로 미군철수 선동과 한국의 내정에 간섭하고 있다. 지난 6월 북한 측은 한나라 당이 집권하면 6·15선언은 날아가고 남북교류도 없어지고 전쟁으로 한반도는 불바다가 될 것이라면서 한나라당의 집권반대를 명백히 했다. 우리나라 정치공동체의 존립원리를 부정하는 내정간섭이 아닐 수 없다.

셋째로 북한은 6·15선언을 내세워 답례도, 고마움의 표시도 없이 남한의 일방적인 대북지원만을 요구하면서 그들의 '선군정치'로 남한의 광범한 인민들이 덕을 보고 있다고 주장했다. 또 그들의 지원요구에 남측이 호응치 않을 경우 남북 간에 민족적 차원에서 진행되어 오던 이산가족 상봉도, 면회소설치공사도 중지한다고 일방적으로 발표하고 있다. 6·15선언에 대한 북측의 입장이 이렇게 표현될진데 이 선언이 유용할 수 있는가를 근본적으로 따져봐야 한다.

당초 6·15선언을 만든 남북정상회담은 북한 측의 필요가 아닌 김대중 전 대통령의 간청과 특검의 고발로 관련자 전원이 사법 처리된 대북불법송금을 통해 이루어졌다. 따라서 6·15선언은 애초부터 김 전 대통령이 수세적 입장에서 북한 측 주장을 그대로 수용할 수밖에 없었다. 한국이 북측에 요구해야 할 1991년의 남북한 기본합의서나 한반도 비핵화선언의 이행을 포함한 한반도 평화보장방안이나 인권문제는 아예 거론도 못했다. 장기복역수 문제는 문서에 담으면서도 납북자 문제가 빠진 것도 여기에 연유한다.

김 전 대통령은 선언 제5항에서 김정일 위원장의 서울 방문을 요청하여 합의를 얻어내고 김정일 위원장의 방한 시 한반도 평화보장문제 등 한국 측 요구를 제기, 필요한 합의를 추가할 심산이었는지도 모른다. 그러나 김정일 국방위원장의 답방은 이루어지지 않았고 그 전망도 없다. 6·15선언 직후 김 전 대통령은 "이제 한반도에는 전쟁의 위험이 없어졌으며" 김정일 위원장은 합리적이고 판단이 분명한 사람으로서 통일 후에도 미군의 한국 주둔의 필요성을 인정했다고 기자회견에서 밝혔다. 이것은 6·15선언의 엉성함을 보완해보려는 김 대통령의 희망사항 같았다. 그러나 선언발표 이후의 정세는 김 전 대통령의 주장을 뒷받침하지 않았다.

물론 6·15선언 이후 남북한 관계는 교류와 협력이라는 측면에서 보면 몇 가지 진전을 보였다. 남북당국자 회담만도 19회에 이르는 장관급회담을 포함하여 169회 열렸고, 이산가족상봉도 지난 5년간 14회에 걸쳐 1만 여명이 참가하였다. 인적교류, 교역량도 대폭 늘었고 끊어진 철도가 연결되었으며 개성공단도 설립되었다.

그러나 6·15선언 이후 남북교류는 솔직히 말해서 남북한이 신뢰할 만한 평화장치를 마련하지 않은 상태 하에서의 남북교류였고 교류협력의 주도권도 항상 북측에 있었으며 북측의 요구사항을 하나씩 실현해주는 절차였다. 정부는 남북한 간의 긴장을 줄이고 북측의 점진적 변화를 유도하기 위해서는 이러한 협력이 필요하다고 하지만 북한 주민들과의 접촉이 완전히 차단된 상태하의 교류와 내왕이 북한의 변화를 가져오려면 오랜 시간을 필요로 할 것이다. 더욱이 북한은 남북관계의 이러한 외형적 발전에도 불구하고 핵과 미사일 등을 포함한 한반도 군사문제에서는 철저히 남한무시 정책을 고수하고 있다. 7·5미사일 발사가 이를 단적으로 말해주고 있다.

현시점에서라도 6·15선언이 김대중 대통령의 노벨평화상 공적조서 첨부자료로 유용했던 것처럼 남북관계의 장래에 유용한 선언이 되려면 새로운 협상을 통해 선언의 내용을 최소한 남북한 기본합의서 수준으로 끌어올리고 남북한 간에 인식차이를 보이는 공존, 공조, 연합과 연방, 납북자, 국군포로문제 등의 갈등요소를 해소시켜야 한다. 또 남측이 대북지원을 계속하기 위해서는 양적 상호주의는 아니더라도 질적 상호주의(예컨대 쌀 지원에 대해 납북자를 송환해주는 식)는 반드시 관철되어야 한다. 정부는 북측이 이를 위한 새로운 협상에 성의를 보이지 않는다면 6·15선언의 폐기를 선언하고 대북접근의 새로운 방도를 모색해야 할 것이다. 북한이 남한내정에 간섭하거나 지원요구의 명분만 주고 자기네들은 어떠한 책임과 의무도 지지 않는 선언은 더 이상 붙들고 있을 가치가 없기 때문이다.

한중공조로 북핵 폐기를 촉진하자

이 글은 저자가 한중문화협회 총재 자격으로 2006년 12월 8일 18시 서울 로열 호텔 에메랄드룸에서 열린 '한중친선의 밤'에 행한 송년사 중에서 "북핵 관련 부분"을 발췌한 것이다.

북한의 핵실험은 동북아 안보정세를 극도로 긴장시켰다. 우선 한반도에서 남북한 간에 군사균형이 붕괴되고 중국이 이 지역에서 누리던 핵독점질서도 깨졌다. 일본은 공식적인 것은 아니지만 북한의 핵 폐기가 외교적 방법에 의해 해결될 전망이 없을 경우 독자적으로 핵무장을 서두르게 되고 한국 역시 미국 등 핵보유 강대국들이 외교협상을 통해 한반도 비핵화를 보장하지 못한다면 NPT를 탈퇴하고 핵무장에 나설 도리 밖에 없을 것이다. 결과적으로 북한의 핵실험은 동북아지역에서의 군비경쟁을 유발할 위험을 증대시켰다. 그러나 이보다 더 심각한 문제는 북한의 핵실험이 한국 국민들의 마음속에 오랫동안 간직되어 왔던 평화통일의 꿈을 빼앗는다는 사실이다.

우리 국민들은 조국통일이라는 명분으로 북한이 도발한 1950년대의 6·25동란에서 동족간의 처절한 유혈참극을 겪은 후부터 앞으로는 남북한 간에는 더 이상 통일의 수단으로 전쟁이나 무력수단이 사용되어서는 안 되고 조국통일은 오직 평화적 수단으로만 이루어져야 한다는 값비싼 교훈을 얻었다. 통일이 평화적으로 이루어지기 위해서는 영연방(英聯邦)(The British Commonwealth)처럼 남북한을 느슨하게 묶는 협력의 길을 걷다가 영연방보다는 협력의 강도를 심화시킨 국가연합(Confederation)으로 남북한 관계를 발전시키고 이 단계에서 상호간에 신뢰가 축적되는 정도에 비례해서 마지막 단계에 자유총선거를 통한 단일의 통일정부를 이룬다는 접근방식이 꾸준히 모색되어 왔다. 정부의 평화통일 접근방식이나 김대중의 소위 3단계 통일방안도 다소 차이는 있지만 큰 맥락에서는 모두 이러한 접근방식에 연계되어 있다.

그러나 북한의 핵실험은 이러한 통일접근 가능성을 근본적으로 어렵게 만들었다. 국민의 인권을 유린하면서 핵무장의 길을 걷는 북한과 인권을 존중하고 비핵화의 길을 걸으면서 시장경제를 통해 세계 13위의 경제력을 갖게 된 한국을 하나의 울타리에 묶는 다는 것은 그것이 느슨하건 견고하건 간에 사실상 불가능하기 때문이다. 국가형성에 대한 이념적 기초가 다른데다가 국가안보 방식마저 근본적으로 달라진 남북한을 하나의 연합이나 연방으로 묶을 수는 없기 때문이다.

남북한 간에 핵이 없는 상태 하에서라도 연합이나 연방을 실시할 경우 남북한관계는 2인3각(脚)체제로 되어 공존공영이 불가능 한 상태인데 여기에 '반인권핵무장체제(反人權核武裝體制)와 인권존중비핵화체제(人權尊重非核化體制)를 하나의 통일국가로 발전시킨다는 것은 더더욱 불가능 할 수밖에 없기 때문이다. 김대중과 김정일 간에 합의된 이른바 6·15선언 제2항은 남한의 연합제와 북한의 낮은 단계의 연방제 간에 서로 공통성이 있다고 보고 통일은 이 방향에서 추진하자는 것인데 그러한 무실(無實)한, 가공적인 합의조차도 북한이 핵실험을 자행한 순간 그 효력을 가질 수 없게 되었다.

더욱이 북한의 핵은 유엔 상임이사국들의 공인된 핵처럼 핵 무력행사가 국민수준의 동의나 국제여론에서 통제되는 핵이 아닌 심성일 개인의 집권유지수단인 점에서 더욱 위험스럽기 짝이 없다. 또 요즈음 세계적으로 유행하고 있는 평화운동의 핵심개념은 반전, 반핵이다. 이 명분을 내세워 이른바 남한의 진보세력과 환경운동가들은 전라북도의 부안군수가 추진한 원자력발전소 폐기물 처리장 유치운동까지를 반핵의 이름으로 저지투쟁을 벌여 주민폭력사태를 일으켰다. 그러나 그들은 북핵에 대해서는 왜 침묵하는가를 묻지 않을 수 없다.

북한 핵실험은 중국에게도 결코 바람직한 상황이 될 수 없다. 우선 중국은 자체의 핵무장을 통해서 동북아시아 세력균형의 한 축이 되어 왔는데 북한의 핵실험은 아시아대륙에서의 중국의 핵 독점적 지위를 붕괴시킬 뿐만 아니라 일본, 한국의 핵무장을 부채질할 명분이 됨으로 해서 주변의 안보상황을 극도의 불안 속에 빠트렸다. 중국이 추구하는 화평굴기(和平掘起) 노선에 심각한 위기를 조성한 것이다.

지금까지 중국은 북한의 핵개발을 만류하면서 북한정권의 존속에 필요한 식량과 에너지를 공급해 왔고 중국식의 개혁개방을 권고해 왔다. 그러나 북한은 동맹국으로서의 중국의 충고를 완전히 무시하고 폐쇄주의와 핵개발을 강행하고 말았다. 중국이 유엔안전보장이사회의 대북제재 결의에 두 차례나 찬표를 던진 것은 북한에 대한 중국의 당과 군부의 분노가 얼마나 심각했는가를 웅변한다. 이제 한국과 중국 앞에 나서는 당면한 긴급과제는 하루 속히 북한의 핵을 폐기시키는 것이다. 한국은 평화통일의 길을 트기 위해, 중국은 자국발전의 주요 여건인 동북아시아의 평화와 안정을 위해 북한의 핵 폐기를 위해 서로 뜻과 지혜를 모아야 할 시점에 이르렀다.

지금까지 유엔의 제재결의는 소기의 성과를 거둔 실례가 적다는 비관론이 있다. 그러나 북한의 경우 비록 주민들이 그간 어려운 고통을 많이 감내해왔다고는 하지만 북한이 놓여있는 지정학적 위치에서 보건데 주변국들이 돕지 않는다면 유엔제재를 극복하기가 매우 어려울 것이다. 또 회교국가도 아니기 때문에 종교적 유대를 통한 국제지원을 얻어낼 수도 없다.

북한의 핵개발은 북한 자체가 이룩한 경제발전의 결과도 아니고 고도로 발전된 과학기술의 산물도 아니다. 전체 인민의 배고픔과 어린이들의 영양실조 위에서, 지구 최빈국이라는 열악한 경제 환경 하에서 이루어진 것이다. 따라서 중국과 한국은 질질 끄는 6자회담이나 미국의 대북정책변화에만 내맡기는 자세를 넘어서서 유엔의 제재결의를 액면대로 성실히 이행함으로써 북한이 핵을 포기하지 않을 수없는 환경을 적극적으로 만들어 나가야 한다. 이러한 환경조성이 이루어질 때 비로소 6자회담도 실질적 진전을 기대할 수 있을 것이다. 한국과 중국이 공조하면서 유엔헌장 103조가 헌장상의 의무와 그 밖의 어떤 국제협정상의 의무가 저촉하는 경우 헌장상의 의무가 우선한다는 규정을 상기하면서 유엔의 제재결의를 철저히 준수한다면 북한은 반드시 핵을 포기하게 될 것이다. 여기에 북핵 폐기를 위한 한중 공조의 필연성이 있다 할 것이다.

평양이 노리는 노무현 대통령과의 남북정상회담

(2007년 8월 9일 브레이크 뉴스에 올린 칼럼)

남북정상회담이 2007년 8월 28일 7년 만에 다시 평양에서 열린다고 청와대가 발표했다. 남북한 최고지도자가 서로 만나 민족의 현재문제와 장래문제를 격의 없이 논의할 자리가 마련되었다는 것은 듣기에 반갑고 환영할만한 일이다.

그러나 이번 회담은 흔히 국제정치에서 말하는 정상회담과는 성격이 판이하게 다른 것 같다. 우선 정상회담의 장소가 서울이 아니라 다시 평양이라는 것이다.(6·15선언 5항에 어긋난다)

또 의제가 구체성이 없고 정상 간의 합의를 빛나게 할 사전협의도 충분하지 않았다. 정상회담 전에 있었던 제 19차 남북장관급 회담은 서로 낯을 붉히면서 끝났다.

또 이번 회담 개최는 이니셔티브도 북측이 가졌으며 그쪽 요청으로 한국의 국정원장이 비공식으로 방북, 북측의 대남통일전선부장과 만나 정상회담의 일정을 잡았다는 발표가 있을 뿐이기 때문이다.

이번 정상회담 개최소식을 접하고 많은 사람들이 한반도의 평화정착과 북핵문제의 평화적 해결의 전기가 마련될 것 같다거나 남북협력이 활성화될 것이라는 등 희망론적 관측들이 나오고 있다.

그러나 남북한을 둘러싼 국제관계를 보면 이런 남북정상회담에 대한 정책적 수요가 전무하고 남북한 관계 역시 솔직히 말해서 아직 그러한 관측들을 충족시킬 상황이 아니다. 노무현 대통령의 임기가 끝나가고 있는 시점이기 때문에 북측은 노무현 대통령을 결코 진지한 협상

파트너로 대하지 않을 것이다.

그러나 차기 정권이 출현할 대선을 앞두고 북한은 남북정상회담을 열어달라고 보채는 노무현 대통령을 이용해서 두 가지 실리를 챙길 수 있다고 본 것 같다.

하나는 노무현 대통령의 대북송금특검 수용으로 사실상 무효화된 6·15선언을 한국의 현직 대통령을 통해 다시 선언 준수의 약속을 받아내 선언의 시효를 연장, 차기정부에도 이 선언의 이행을 보장하라고 요구할 근거를 만들어두자는 것이다.

아직도 6·15선언은 살아있다고 말할지 모르지만 6·15선언 작성에 관련된 인사들 중 김대중 대통령을 뺀 관련자 전원이 사법 처리된 사정을 생각하면 6·15선언은 사실상 효력을 상실한 것이나 다름없다.

둘째는 북한의 악화일로에 있는 식량난을 해소하기 위해 남한으로부터 긴급 식량지원을 얻어보자는 것이다. 현재 북한의 식량난은 이른바 제2의 고난의 행군을 연상케 할 만큼 심각의 극에 이르러 아사자들이 속출하고 있는 것으로 알려졌다.

북한은 이상 두 가지 실리 이외에 한반도 평화체제나 북핵문제나 서해북방한계선 문제 같은 국제정치적으로 의미 있는 한반도 실질문제는 임기가 4개월 정도 밖에 남지 않은 노무현 대통령을 상대로 진지하게 협의할 까닭이 없고 또 그러한 문제는 남북정상 간에 논의된다고 하더라도 국제정치적으로 효력을 갖는 유효한 합의로 될 수 없다고 생각할 것이다.

특히 핵문제는 북한이 대미협상에서 사용할 가장 중요한 카드인데 노무현 대통령을 상대로 핵문제를 의제로 올려놓고 김정일이 진지하게 협상할 것으로 기대할 수는 없을 것이다.

이렇게 볼 때 한국 입장에서의 남북정상 간의 만남은 노무현 대통령이 분단국가의 대통령으로서 남북관계 발전에 한 건 실적을 쌓는 것이 거나 아니면 대선에서 사용할 여권의 홍보자료 즉-남북관계를 평화적 으로 유지 관리할 세력은 한나라당이 아니라 오직 열린당 뿐이며 전쟁 을 원하지 않는다면 여당 후보를 지지하라는 홍보자료를 만들기 위한 회담 이상의 의미를 갖기 힘들 것이다.

노무현 대통령이 현시점에서 남북정상회담에 어떠한 의미를 부여 하더라도 자기 임기 말을 앞두고 자기의 한 건 업적을 만들기 위해서 거나 국내정치적 목적으로 남북정상회담을 이용하는 선례를 남기는 것은 결코 소망스러운 일은 아니다.

앞으로 여야 정치인들은 과거도 그렇고 현재도 또 앞으로도 역사에 서 반 통일세력으로 낙인찍히지 않으려면 국내정치적 취리(取利)를 위 해 남북한 문제를 이용해서는 안 될 것이다.

제8장 연변조선족 동포들과의 통일 대화

2008년 6월 18일

한중문화협회를 맡아 운영한지 10년이 되었고 그간 연변조선족 자치주에도 이런 저런 명목으로 여러 차례 방문했지만 조선족 동포들과 조국의 통일문제를 놓고 허심탄회하게 대화할 기회를 갖지 못한 것이 못내 아쉬웠다. 그러나 이번에는 다행히도 한중문화협회가 3년째 계속 사업으로 중국 낙후지역을 몇 개 지역으로 나누어 추진하는 극빈어린이 무료수술사업단을 인솔하고 마침 연길에 오게 되어 3박4일간 머무르게 되었다. 한중문화협회는 외교통상부 산하 국제협력단의 지원과 LG, GS 홈쇼핑그룹의 협찬을 얻고 서울대학교 소아병원의 심장외과 전문의와 심장내과 전문의들의 자원봉사를 결합시켜 올해까지 3년간 중국 길림성의 연길, 흑룡강 성의 하얼빈, 섬서성의 시안, 중경 등지에서 도합 60명의 중국 극빈가정 어린이 심장병환자들에게 무료로 수술을 지원하는 사업을 성공적으로 끝마쳤다.

필자는 의사는 아니지만 심장병 수술지원단을 인솔하고 중국지역의 수술현장을 방문, 현지 언론과의 인터뷰, TV대담 등을 통해 한중우호증진활동에서 심장병수술지원 사업이 갖는 의의를 설명하고 현지 정부기관들과의 간담모임을 갖기도 하고 또 나름대로 일정을 마련, 한중친선, 환자위로, 자원봉사에 나선 의사님들의 격려 등의 활동을 해 왔다.

그간 여러 차례 조선족 동포사회인 연변을 방문했지만 통일문제를 가지고 대화를 나눌 기회가 없었는데 이번에는 연길 체재 중 연변대학 동북아연구소가 대학원 학생들을 상대로 21세기와 한국 통일문제를 주제로 강의해 달라는 특청이 있어서 뜻밖에 조국의 통일문제를 함께 생각할 기회를 가졌다.

1시간 반에 걸친 강의가 끝난 후 질의응답 시간이 이어졌는데 아마 강의시간보다 더 흥미롭고 유익했던 것 같았다. 강의가 일방통행이라면 질의응답은 쌍방통행이기 때문이다.

한 대학원생이 나에게 질문을 했다. "지금 연길에서는 남한에 친척을 둔 사람은 경제적으로 유복해졌으나 북한에 친척을 둔 사람은 하나같이 먹을 것이나 입을 것을 도와 달라, 돈을 좀 꾸어달라는 부탁 등으로 지난 10년 동안 너무 시달려 왔기 때문에 지금은 북녘 친척들을 고의로 피하는 실정이라면서 언제쯤 북한 경제형편이 좋아질 것으로 전망하느냐"면서 앞으로 통일의 전망은 있느냐고 비꼬는 듯이 질문했다. 또 하나의 질문은 한국에도 경제적으로 어려운 가정에 심장병 어린이들이 있을 텐데 그들을 돕지 않고 일부러 멀리 연변까지 와서 무료수술지원 사업을 펼치는 까닭이 무엇이냐고 묻기도 했다.

지구의 온대권에서 밥 못먹는 나라는 북한 뿐이다

나는 한마디로 지금 지구상에서 온대권에 속하는 나라로서 먹고 사는 문제로 걱정하는 나라가 있다면 북한뿐인데 이 점에서 북한은 세계의 큰 흐름에서 벗어난 예외지대에 있다고 볼 수 있다. 만일 북한도 등소평 같은 지도자를 만나 중국처럼 개혁개방을 했던들 오늘날 중국보다 더 잘사는 나라가 되었을 것임에 틀림없다. 그러나 북한이 아직도 개혁개방을 외면하고 김일성 주석의 교시와 정책을 절대불변의 진리로 받드는 한 앞으로도 경제상황이 개선되기는 힘들 것이다. 이어 내가 알기로는 그간 중국지도자들은 지금까지 북한의 김정일 위원장을 상대로 직접 초청도 하고 김정일 위원장의 공식, 비공식 방문시마다 기회 있는 대로 북한이 중국처럼 개혁개방에 나서도록 권면해 왔다. 특히 1983년에는 등소평이 김정일을 북경에서 만나 개혁정책의 효과를 직접 설명하면서 북측의 개혁착수를 권고하기까지 했다. 또 2005년도에는 후진타오 주석이 평양에서 가진 만찬석상의 연설에서 만찬시간의 3분의 2를 중국이 행한 개혁개방의 성과를 설명하는데 할애하면서까지 북한의 개혁개방을 권면하였다.

그러나 북한 측은 중국 측의 개혁개방의 성과는 인정하면서도 선뜻 중국방식을 받아들이지 않고 "우리식 사회주의"의 길을 고수한다는 입장을 굳히고 있다. 이 태도에 변화가 생기지 않는 한 북한의 형편은 갈수록 세계사의 큰 흐름에서 예외지대로 남게 되고 주민들의 삶은 더욱 악화될 것이라고 말했다.

이 답변이 떨어지기가 무섭게 나의 맞은편에 앉아있던 교수 한분이 북측이 중국의 충고를 거부하는 이유가 무엇이냐고 캐물었다.

진리는 실천에 의해 검증되어야 한다

나는 중국의 경우 모택동 주석의 교시와 정책은 무조건 옳은 것이기 때문에 이를 관철해야 한다는 화궈펑(華國鋒)주석의 양거빤스(兩個凡是)주장과 비록 모택동 주석이 내린 교시와 정책이라 할지라도 실천에 의해 검증되지 않으면 진리로 받아들일 수 없다는 양거빤스(兩個凡是) 반대주장이 대립하다가 마침내 진리에 대한 실천검증론이 승리함으로써 개혁개방이 시작된 것은4) 중국에 계신 여러분들이 나보다 훨씬 잘 아는 일이라고 말했다.

그러나 북한에서는 그러한 토론이나 투쟁이 김일성 주석의 생시는 물론, 사후에도 일어난 일이 없고 지금도 김일성유일사상10대 지침을 높이 받들자고 강조하고 있다. 이것이 오늘날 북한에서 개혁개방의

---

4) 1978년 5월 12일 중국공산당 당학교 상무부교장 후야오방은 인민일보 자매지인 광명일보에 진리는 실천에 의하여 검증되어야 한다는 논설을 발표, 화궈펑의 양거빤스론을 반박, 개혁개방과 사상해방의 기치를 들었다.

길을 막는 첫째 이유라고 할 수 있다.

지금 여러분들도 잘 아시다시피 김일성 주석은 육신은 비록 죽었으나 당적(黨的)으로는 아직도 살아서 주석직(主席職)을 지키고 있기 때문에 북한노동당이 그의 사망(死亡)을 당 차원에서 선고, 확인하지 않는 한 그는 영생하는 존재로 북한 정치 안에 계속 살아있게 되어있다. 아직도 북한에서는 김일성의 교시와 정책, 주체사상은 불변의 진리로 되고 있으며 김일성이 주석의 지위를 가지고 있는 한 김정일 위원장은 국방위원장은 될 수 있어도 주석은 될 수 없는 실정이다.

북한이 개혁개방을 못하는 둘째 이유로는 북한정권이 지금까지 주민들에 대해 실시해온 정치사상 교육 때문이다. 즉 북한은 정권성립 이래 시종여일 헐벗고 굶주리는 남조선 인민의 해방이 곧 통일이라는 정치사상교육을 실시해왔는데 개혁개방을 하면 그러한 교육의 허구성이 바로 백일하에 들어나기 때문에 개혁개방을 두려워하고 있다. 오늘날 북한 동포들이 겪는 배고픔과 가난은 모두 김일성 부자에게 그 책임이 돌아가지 않을 수 없기 때문이다.

김정일은 東北工程보다 長白工程이 터져 나올까 더 걱정

셋째로는 김일성·김정일 가계우상화(家系偶像化)의 실체가 들어날 것을 두려워하는 측면도 개혁개방을 꺼리는 무시할 수없는 요소가 되고 있다. 그 예로 그간 북한은 한국이 신라의 삼국통일을 대표하는 데 비해 그들은 고구려의 법통을 계승하며 이를 입증한다는 취지에서 동명성왕능을 평양에 복원까지 했으면서도 중국이 동북공정에서 고구려사를 중국의 지방사로 왜곡 날조할 때 지금까지 단 한마디도 반론을 제기하지 못하고 오히려 남한 학계와 정부가 나서서 고구려의 역사왜

곡을 중국에 항의하고 그에 대한 이론적 대항조치로 고구려역사연구소-이제는 명칭을 바꾸어 동북아연구소를 만들어 이론투쟁을 전개하고 있음을 여러분들은 잘 알고 있을 것이다. 특히 2005년도 동북공정으로 한중관계가 위기에 처해지자 중국에서 자칭린 인민정치협상회의 주석과 우다웨이 중국외교부 부부장이 서울을 방문, 과거사에 대한 학술차원의 연구는 가능하지만 학자들의 연구를 중국정부는 아직 국가의 정책으로 채택한 바 없음을 해명하여 위태로웠던 한중관계의 어려운 고비를 넘겼다는 것은 잘 알려진 사실이다.

그러나 북측은 중국이 고구려사 왜곡을 들고 나올 때에 한마디의 대응이나 비판을 제기하지 못했다. 왜냐하면 북한은 중국이 그들의 소위 장백공정(長白工程)을 까발릴까 두려워했기 때문이다. 장백공정이란 한마디로 김일성 가문의 우상화와 김정일의 출생지를 백두산으로 왜곡선전하는 일련의 북한판 가계우상화사업인데 중국이 이 실상을 너무 잘 알고 있어 이를 폭로하지 않을까 두려워했기 때문이다. 중국공산당 지도자들은 모택동 주석을 포함하여 어느 누구도 자기 가계의 역사를 날조하거나 우상화한 사실이 없었음을 나는 지적했다. 이 답변에 청중들은 모두 수긍하는 태도를 보였다.

이때 다른 학생이 일어나서 새로운 질문을 던졌다. 선생님의 말씀대로라면 북한이 변하지 않는 한 통일은 당분간 기대할 수 없는 것 같은데 한국정부의 햇볕정책이 북한의 변화를 유도하는데 도움이 되었느냐고 물었다.

중국처럼 변해야 실질적 통일을 향한 길로 갈 수 있다

나는 지금 중국과 대만관계를 보면 많은 교훈을 얻을 수 있다고 지적하면서 오는 7월부터 중국과 대만 간에 자본이동이 가능하고 양안 간에 관광객을 태운 항공기의 입출항이 허용되었고 환전업무도 순조로이 진행될 만큼 좋은 관계가 진전하고 있는데 이 까닭은 중국이 개혁개방을 통해, 사상해방을 통해 변화되었고 그 결과로서 경제적으로나 정치적으로 자신감이 생겼기 때문이 아니겠느냐고 말하고 따라서 북한이 이렇게 변하지 않는 한 통일은 당분간 힘들 수밖에 없다고 솔직히 인정했다.

나는 이어 여기 계신 분들 가운데도 북한을 다녀오신 분들이 많을 텐데 현시점에서 북한은 인민이 권리의 주체가 아니고 수령에게 종속된 존재인 데 반해 한국은 대통령이 국민을 섬기고 국민의 지지에 권력이 유지되는 체제이기 때문에 남북한 간에 존재하는 이러한 체제차이로 인해 대화를 위한 대화, 교류를 위한 교류는 있어도 평화와 통일을 진전시킬 가치 있는 교류나 협력은 기대하기 힘들다고 말했다. 특히 인민을 수령의 목숨을 지키기 위한 도구로 규정하는 북한의 김정일 정권을 상대로 대화하는 것이 과연 옳은 대화의 길인지를 항상 고민하면서 대화에 임하는 것이 우리의 솔직한 상황임을 토로했다.

인민을 권력의 주체로 보거나 정권의 존재이유가 인민의 복지증진일 경우에는 서로간에 진지한 대화가 가능하고 이런 점에서 중국과 한국 간에는 항상 진지한 대화와 교류와 협력이 생활의 각 방면에 걸쳐서 가능하다고 말했다. 지금 중국정부는 인민에게 사랑받는 공산당이라는 기치를 내세우고 화해(和諧)사회건설에 매진하고 있기 때문에 이러한 중국과는 언제나 인민을 위한 진지한 대화가 가능하다고 말하고 그러나 오늘의 남북한 간의 대화는 한국과 중국 간의 대화수준에도 훨씬 못 미친다고 대화의 어려움을 이야기 했다.

남북한 동포들간의 민간수준의 자유로운 접촉은 철저히 차단된다

그러나 한 대학생은 6 · 15선언 이후 우리민족끼리라는 말을 앞세우면서 남북한을 오가는 교류와 협력이 진행되고 또 철길이 뚫리고 이산가족이 상봉하는 일들이 일어난 것은 좋은 일이 아니겠느냐면서 토론에 끼였다.

나는 그 학생에게 이산가족의 만남은 아주 좋은 일이지만 그러나 이때의 만남도 감시와 지도아래 제한된 범위 내에서만 이루어져야 하는 한계가 있다는 것을 외면해서는 안 된다고 말했다. 그밖에도 남북한 간에는 접촉이 있어 왔지만 우리가 북한을 방문한다고 해서 북한의 평범한 주민을 자유스럽게 만나서 대화하다는 것은 거의 불가능하며 특히 북한정권은 남북교류시마다 남북한 민간인들 간의 자유로운 접촉을 적극 차단하고 있기 때문에 교류가 있고 철길이 뚫리고 이산가족이 만나기는 하지만 그러나 그런 행위가 있다는 것은 형식적일 뿐 실질적인 의의를 찾기 힘들다고 말했다. 그 예로 나는 2001년부터 2007년까지 여섯 차례 북한을 다녀왔지만 북한노동당의 통일전선부 간부나 그들이 만나도록 권면하는 사람들만 만났을 뿐 평범한 북한동포를 한 명도 만나서 대화를 나눠본 일이 없다고 증언했다.

내가 보기엔 북한 주민은 민족의 혈맥을 같이 나눈 우리 민족이라고 느껴지기보다는 하나같이 "김정일 동지를 수반으로 하는 혁명의 지도부를 목숨으로 옹위해야 할 존재"로 규정되어 있어 개인으로서의 민족을 실감할 수가 없었음을 실토하고 6 · 15선언에 씌어있는 "우리민족끼리"라는 말이 사실상 허구임을 나는 절감하고 있다고 말했다.

나의 이런 직설적 표현과 주장에 대해 반론을 말하는 사람은 하나도 없었고 말을 끝맺자 박수로 화답해 왔다. 말을 끝마치려는데 한 학생이 마지막으로 한마디 묻겠는데 이명박 정부가 전 정권들이 북한과 맺은 6 · 15선언이나 10 · 4남북정상간 합의를 승계할 것으로 보느냐는 매우 민감한 질문을 했다.

김정일의 서울 답방 없는 한 6·15선언이나 10·4합의는 무의미하다

남북한 정상간의 합의는 매우 중요하기 때문에 준수하는 것이 원칙이겠으며 또 정권이 바뀌더라도 전 정권의 합의를 새 정권이 승계하는 것이 마땅하다고 본다고 전제한 후 그런데 문제는 6 · 15선언의 경우 가장 중요한 합의의 하나라고 생각한 김정일의 남한 답방이 이루어지지 않았다는 사실을 상기시켰다. 당시 김대중 씨는 비싼 방북료를 내고 김정일 위원장을 만나 북측의 일방적인 주장만을 받아들이는 선언에 합의했지만 그 합의를 남북한이 공동으로 받아들이고 준수할 수 있는 합의가 되기 위해서는 김정일 위원장이 답방을 하고 이 기회에 한국측이 주장하는 요구사항을 북측이 수용하는 절차를 밟을 때 비로소 남북양측이 준수할 선언이 될 수 있지 않겠느냐고 반문했다. 그러나 김정일 위원장은 답방약속을 저버렸고 그의 답방으로 실천이 뒷받침되지 않는 남북공동선언은 북의 일방적 선언이나 다름없기 때문에 전 정권이 합의해 놓은 것이라고 해서 새 정권이 무조건 받아들이기는 힘들지 않겠느냐고 말했다.

따라서 6 · 15선언이나 10 · 4남북정상간 합의는 김정일의 답방이 없는 한 정상적 의미의 정상회담으로 볼 수 없고 김정일을 단순히 만나고 온 행위를 통해 이루어진 합의를 과연 승계할 가치나 의미 있는 합의로 보기는 힘들 것이라고 내다보았다.

특히 김대중 씨는 김정일과의 정상회담 후 한국에서의 기자회견에서 김정일 위원장이 주한미군은 통일 후에도 한국에 남는 것을 반대하지 않는다고 말했다면서 이제 한반도에는 영원히 전쟁의 위협이 없어졌다고 말했는데 우리는 그러한 소리를 서울을 답방한 김정일 자신으로부터 그 이야기를 직접 들을 때 다소라도 믿음이 갈 수 있을 것이라고 말했다.

10·4남북공동합의도 김정일 위원장의 서울 답방을 통해 그의 입술로 확인되어야 남북한 모두에게 준수를 말할 수 있는 합의로 보여질 것이다. 김정일의 답방 없는 남북합의는 지금까지 준수되지 않고 휴지화되어버린 남북한 간의 무수한 합의에 불과할 것이기 때문이다. 그리고 덧붙여 중국과 대만 간에는 별다른 문서상의 합의 없이도 양안관계가 잘 발전하고 있음을 볼 때 지금 중요한 것은 합의보다는 실천이며 더 중요한 것은 북한이 중국처럼 바뀌는 것이라고 말했다.

서방측의 북한 식량생산량 과대평가가 문제다.

토의 맨 끝에 북한 식량사정 문제도 튀어나왔다. 연변대 교수는 자기가 지금까지 북한농업을 연구하면서 서방측 분석에 불만인 것은 북한의 식량생산량을 과대평가하는 경향이 있다는 사실이라고 말했다. 중국이나 한국에서는 1정보당 쌀 생산량이 6.5톤에서 7.5톤에 이르지만 북한에서는 평균 1정보당 2톤에서 3톤 정도 밖에 되지 않는다는 것이다. 모내기, 잡초 뽑기, 김매기 전투가 모두 눈 가리고 아웅 하는 식으로 해치우는데다가 비료나 제초제, 농약 등이 제대로 공급되지 않기 때문에 소출이 늘어날 수 없는 공유지의 비극이 되풀이되고 있다면서 항상 200만 톤 이상의 식량부족이 이어져오는 형편이라고 말했다.

그러나 세계식량계획이나 한국 통일부는 식량부족분을 많게 볼 때는 150만 톤, 적게 볼 때는 50만 톤으로 평가하고 있다고 말했다. 이 말은 인센티브가 주어지지 않는 한 식량생산에서 큰 앙양이 일어날리 만무하고 현재처럼 개혁개방을 하지 않는 한 북한은 만성적인 기근지대로 남게 될 것이라고 비관적인 전망을 내놓았다.

이야기들이 너무 비관적인 쪽으로만 흐르는 것 같아 나는 이야기를 마치면서 한마디 첨언했다. 역사에서 보면 민족통일처럼 의미 있는 큰 사건은 우리의 조국광복처럼 돌연히 찾아올 가능성이 있기 때문에 너무 비관하지 말고 내외정세의 흐름을 주시하면서 변화의 씨앗을 찾아내자고 말을 맺었다.

끝으로 한국에서는 6세 이하의 어린이 심장병 환자는 국가에서 무상으로 치료하기 때문에 어린이 심장병문제는 이제 한국에서는 걱정대상이 아니라고 답했다.

나는 토의과정에서 북한의 식량문제를 들으면서 요즈음 법륜스님이 제보하는 [좋은 벗들]에서 북한의 식량사정이 악화되어 다시 아사자들이 나날이 늘고 있다는 보도가 떠올랐다. 나는 즉시 차편을 빌려 타고 북한의 식량사정을 알아보기 위하여 중국과 북한을 잇는 삼합(三合)쪽을 살펴보기 위해 그쪽으로 향했다. 삼합은 북한의 회령이 내려다보이는 중국의 국경도시인데 중국에서 식량을 실은 트럭들이 북으로 들어가는 통로이다.[5] 식량 실은 차들은 하나도 보이지 않고 삼합에서 보이는 북녘 땅의 세관 창고도 텅 비어 있었다. 외신기자들에 의하면 요녕성 단동(丹東)의 다리 위에도 식량을 실은 차들이 보이지 않는다던데 이쪽 통로도 비었다면 법륜스님이 말하는 북한의 식량난이 정말 사실인 것처럼 생각되었다. 걱정하는 마음을 안고 귀국길에 올랐다.

---

5) 삼합은 연길시에 있는 두만강변의 소도시로서 회령으로 통하는 관문이다.

_ 저자후기

조그마한 생각의 편린들을 모아 한 권의 책으로 엮어 보았습니다. 이것은 단순한 에세이도 아니고 제대로 된 역사이야기도, 체계를 갖춘 논술도 아니기 때문에 비사비론(非史非論)의 칼럼으로 보아야 할 것 같습니다. 여기에 담긴 주장이나 견해에 공감하는 분도 계시겠지만 반대로 격분하는 사람도 계실 것입니다. 그러나 한 가지 자기와 견해가 다르다고 해서 그것을 틀렸다고 한다면 올바른 사고방식은 아닙니다. 틀린 것과 다른 것은 엄연히 구분되어야 합니다. 그러나 우리 사회에는 자기와 견해가 다르면 무조건 틀린 것으로 몰아치는 경우가 많았습니다. 유엔감시하의 평화통일을 당의 정강으로 내세웠다가 1959년 7월 30일 서대문 형무소에서 형장의 이슬로 사라진 죽산 조봉암 선생의 불행은 "다른 것을 틀린 것"으로 몰아부친 역사의 비극이었습니다.

여기에 실린 글들은 21세기의 시작과 더불어 제가 직접 관찰하고 감지하고 학습한 것들을 제 나름의 깊은 숙고와 성찰을 통해 정리한 바를 적은 글들이기 때문에 일단 심독하고 공정한 평가를 해주시기 바랍니다. 남북한관계와 통일문제를 주제로 글을 쓴다는 것은 결코 쉬운 일이 아닙니다. 상황변동이 많고 어제의 일이면 과거의 일로도 변하고 곧 새로운 상황이 펼쳐지기 때문에 집필된 책의 수명이랄까 시효도 그렇게 길지 않습니다. 그러나 저는 1981년 도서출판 전예원을 통해 칼럼집 『분단시대의 통일논리』를 출판했고 이번에는 그때로부터 27년 만에 『햇볕정책의 종언』이라는 제목으로 두 번째 통일 관련 칼럼집을 내놓습니다.

이 글은 체계적인 이론서가 아닙니다. 또 2년 내지 3년 간격으로 발표했거나 강의했거나 기고했던 글들을 재편한 것입니다. 제2장의 "햇볕정책의 종언"과 제3장의 "21세기와 통일문제" 그리고 이 증보판의 제1장으로 추가된 "서론-대북정책을 원점에서 재조명하자"는 금년 들어 집필하였습니다. 또 이 증보판에는 마지막 제8장 "연변조선족 동포들과의 통일대화"도 추가했습니다. 제가 이런 글들을 엮어 한권의 단행본으로 출판할 수 있는 것은 관련 논술이나 연설내용들이 내재율(內在律)을 공유하고 있다고 보았기 때문입니다. 북한의 핵문제와 한미관계가 이 책의 주제이기 때문에 북측의 핵보유기도나 보유선언, 핵실험 이전이나 이후에 발표한 글들 간에 시차는 있으나 담긴 메시지나 연관성, 그 논리나 내재율에서는 체계적 저술이라고 해도 무방할 만큼 거의 차이가 없습니다. 저는 이 책을 통일꾼으로서의 문제의식에서 집필했지만 국제정치학도로서의 모습을 다소라도 간직하고 싶어서 필요한 주석을 챙겨 달아 보았습니다. 그러나 논문작성 훈련 부족과 불민한 탓에 출처를 다시 찾기가 힘들거나 망실할 경우 꼭 넣어야 할 주석을 누락시킨 대목도 없지 않음을 고백합니다.

이 책은 또 제가 21세기에 들어와서 평양을 네 번 방문하고 금강산과 개성방문까지를 포함하면 북한 땅을 여섯 차례 밟은 체험이 깔려 있습니다. 제가 1970년부터 80년까지 10년 동안 국토통일원에 근무할 때는 판문점만을 다녀왔지만 21세기에는 북한을 돕는 NGO단체 대표로서 북녘 땅을 다녀온 것입니다. 『분단시대의 통일논리』가 70년대 10년 동안 국토통일원의 정치외교정책담당관, 북한정치연구관, 남북적십자회담 전략지원 반장, 통일원 대변인 겸 교육홍보실장, 통일연수원장을 역임하면서, 또 분단국 문제 한독정책협의회 한국 측 실무수석대표로서 서독을 방문했던 경험을 토대로 한 것이었다면 『햇볕정책의 종언』은 제11대, 12대, 15대 국회의원으로서의 체험, 특히 통일외교통상위원회에서 얻은 체험과 한민족복지재단의 공동대표로 북한을 여러 차례 방문했던 체험에서 비롯된 것입니다. 그러나 이번에 저는 21세기의 통일문제를 다루면서 분단시대의 통일논리를 한 차원 업그레이드시킨 관점을 제시해 보았습니다. 그간 신장된 한국의 국력을 통일문제 접근의 중요한 변수로 인식했기 때문입니다.

저는 이 책을 내는데 많은 분들의 도움을 얻었습니다. 주요 논문의 원고를 직접 읽고 조언을 해주신 주섭일 박사(파리대학 정치학박사 및 중앙일보 파리 특파원과 대기자 역임)에게 감사를 드립니다. 또 디스크 수술 후 컴퓨터 앞에 오래 앉아 글 쓰는 것을 항상 걱정하면서도 남편 건강관리를 위해 꾸준히 애써준 아내의 사랑과 배려가 집필에 큰 힘이 되었습니다. 어찌 이뿐이겠습니까. 정치권을 떠나 있을 때 교수로 초빙하여 연구 활동을 계속하도록 도와주신 호남대학교 박기인 이사장님 내외분, 한성대학교 국제대학원 유현상 원장님, 한라대학교 전 총장인 이창훈 박사님과 중국 관련 강의를 위해 대학원 강의를 일부러 맡겨주신 전주 우석대학교의 서창훈 이사장님을 고맙게 기억합니다. 또 항상 제 저서 출판을 흔쾌히 수락해 주신 도서출판 전예원의 김진홍 박사 내외분에게 감사드립니다. 그리고 여러 차례 북한을 함께 방문하면서 나의 북한연구 지평을 넓혀준 동역자로서 한민족복지재단 회장이신 김형석 박사님에게도 감사드리며 부족한 이 사람에게 귀한 지면의 칼럼란을 할애하여 남북한관계의 주요 변동기마다 제 생각을 발표하게 해주신 장명국 내일신문 사장님 내외분에게도 깊은 사의를 표하는 바입니다.

여러 가지로 부덕하고 부족한 사람이 남다른 경력과 체험을 가짐으로 해서 후학들에게 다소라도 참고가 될 한 권의 에세이집이랄까 칼럼집을 내놓게 된 것을 기쁘게 생각하며 앞으로 보나 체계적이고 통찰력 있는 새로운 저술을 약속드리면서 후기에 가름합니다.

2008년 10월 반포동 우거에서

저자 이 영 일

햇볕정책의 종언 증보판

지은이 | 이영일 펴낸이 | 양계봉 만든이 | 김진홍
펴낸곳 | 도서출판 전예원 주소 | 경기도 용인시 처인구 모현면 초부리 519-6
전화번호 | 031-333-3471 전송번호 | 031-333-5471
e-mail | jeonyaewon@lycos.co.kr
출판등록일 | 1977년 5월 7일 출판등록번호 | 16-37호
2008년 10월 30일 증보판 인쇄 | 2008년 11월 05일 증보판 발행
ISBN | 978-89-7924-116-7 03300

값 16,000원